中国近现代史纲要

学习指导

《中国近现代史纲要学习指导》编写组 编

国家开放大学出版社·北京

图书在版编目（CIP）数据

中国近现代史纲要学习指导/《中国近现代史纲要学习指导》编写组编．—北京：国家开放大学出版社，2018.10（2023.2 重印）

ISBN 978-7-304-09464-5

Ⅰ．①中… Ⅱ．①中… Ⅲ．①中国历史-近现代-开放大学-教学参考资料 Ⅳ．①K25

中国版本图书馆 CIP 数据核字（2018）第 223409 号

版权所有，翻印必究。

中国近现代史纲要学习指导
ZHONGGUO JIN-XIANDAI SHI GANGYAO XUEXI ZHIDAO
《中国近现代史纲要学习指导》编写组　编

出版·发行：国家开放大学出版社	
电话：营销中心 010-68180820	总编室 010-68182524
网址：http://www.crtvup.com.cn	
地址：北京市海淀区西四环中路 45 号	邮编：100039
经销：新华书店北京发行所	

策划编辑：杜建伟	版式设计：何智杰
责任编辑：苏雪莲	责任校对：宋亦芳
责任印制：武　鹏　陈　路	

印刷：天津嘉恒印务有限公司
版本：2018 年 10 月第 1 版　　　2023 年 2 月第 16 次印刷
开本：787mm×1092mm　1/16　插页：1 页　印张：11　字数：248 千字

书号：ISBN 978-7-304-09464-5
定价：18.50 元

（如有缺页或倒装，本社负责退换）
意见及建议：OUCP_KFJY@ouchn.edu.cn

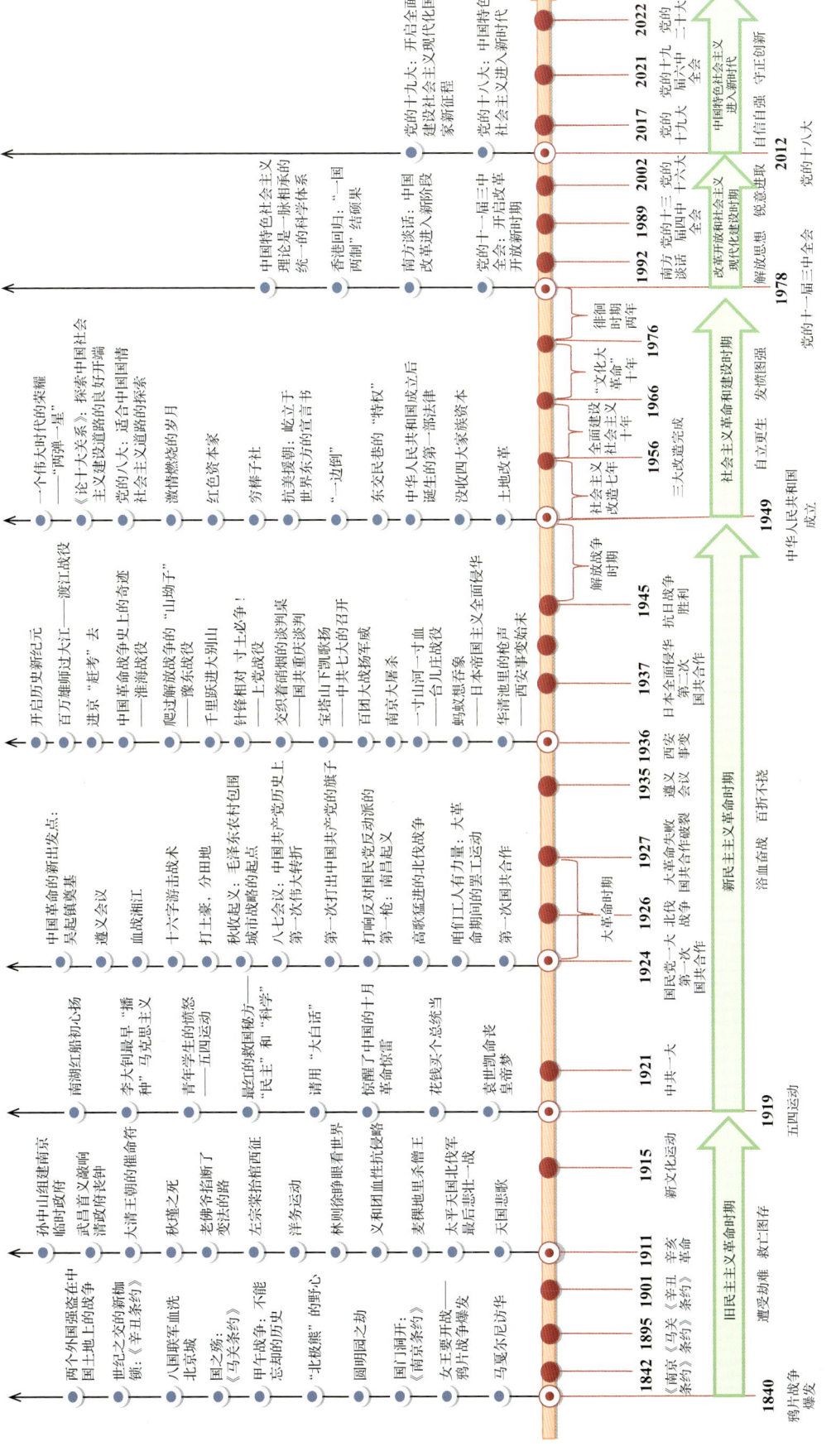

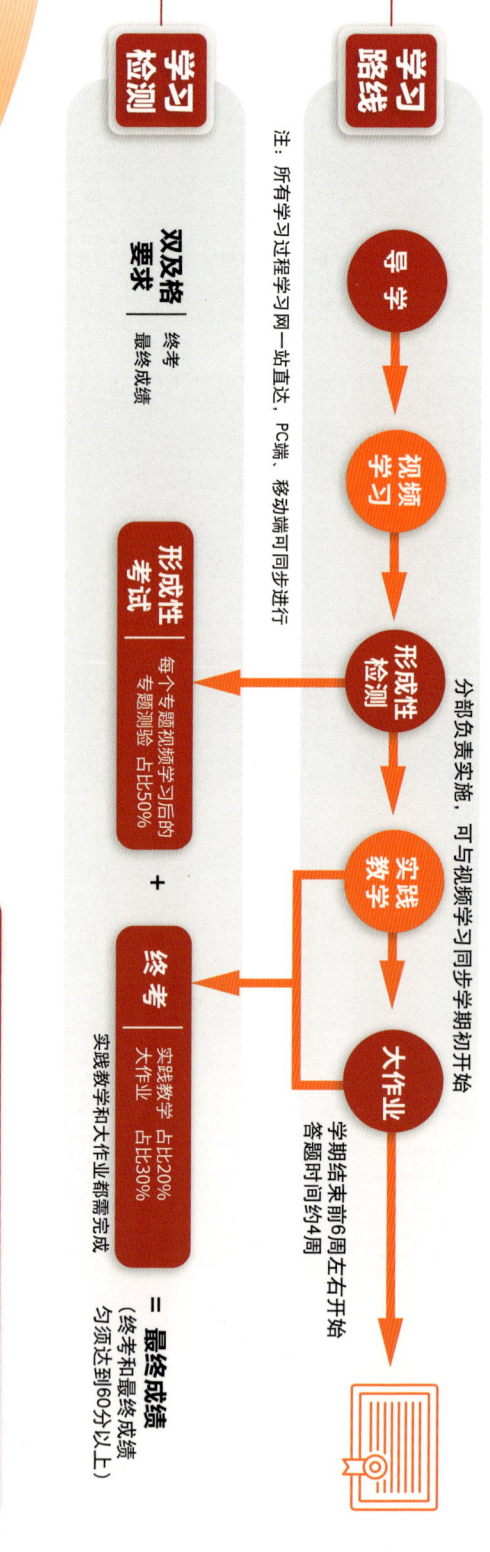

前　言

为全面贯彻党的教育方针，落实立德树人的根本任务，用好帮助大学生树立正确世界观、人生观、价值观的课堂主渠道，且在教育进入大众化、信息化时代，对思想政治教育课程的教育理念、教学目标、教学内容、教学方法都提出新要求的情况下，国家开放大学自觉承担起创新教学方法，强化新媒体、新技术运用，增强思想政治教育时代感和吸引力的历史使命，启动了基于网络的思想政治教育课程改革重点项目。其以教育部规定的课程教学大纲为基础，组建以马克思主义理论研究和建设工程专家为核心的课程建设团队，将课程建设与现代信息技术深度融合，强调借助信息技术回归事件原点的情景式学习，将价值观、理论评述"化整为零"地融入故事讲述中，建设出以"微课程"为核心学习资源的网络课程。

为配合"中国近现代史纲要"微课程的学习，使学生有更为清晰的学习路径，更深入地理解重要知识点，更好地完成以"微课程"为核心学习资源的网络课程的学习，增强学习兴趣，编写组在深入调研、广泛征集意见的基础上，特编写了与"微课程"相配套的具有导学性质的自学指导书。

本书在结构上和网络课程一致，共包括八个专题，每个专题由六部分组成。第一部分明确学习目标，让学生对应掌握的核心知识点做到心中有数，有的放矢。第二部分突出专题导学，由"背景""视频学习中的重要事件坐标""影响""想一想"组成。课程以"微课程"学习为主，但这些重要知识点之间的逻辑关系是什么？"背景"对此进行了概括性的总结和铺垫。"视频学习中的重要事件坐标"让学生对本专题要学习的核心知识点做到心中有数，这些核心知识点会带来什么样的影响，又该带着怎样的思考进入"微课程"的学习，专题导学对此都有清晰的交代，以期让学生进入主题学习之前先对本专题有一个清晰的学习地图。第三部分是视频内容简介，主要概述每个视频的重要内容，以免学生在观看微视频的过程中遗漏关键信息，帮助学生更好地回顾、消化和吸收核心知识点。第四部分是学习检测，这里包含了形考的全部内容，且题型对应，供学生练习，以帮助学生熟练掌握重要知识点及解答相关问题的方法，顺利通过课程考核。第五部分是重点·难点·热点，注重对问题的归纳、总结，引导学生在更高层次的意义上去探索隐藏在这些重要事件背后的带有规律性的认识，总结历史经验，以便更好地观察世界、认识世界、改造世界。本部分内容与前面微视频学习相呼应并相补充，也是终考大作业重点考核内容。第六部分是延伸阅读文献，为学有余力、渴望进一步学习的学生择出必要的阅读文献线索。

本书编写组成员多来自"微课程"建设团队。马克思主义理论研究和建设工程重点教材《中国近现代史纲要》第一首席张海鹏研究员、第二首席郑师渠教授为"微课程"脚本的审定专家。脚本撰写专家邵勇、何立波、吴修申、王海鹏、胡忆红、吕厚轩等均为来自各大高校的优秀的一线教师，具有多年教学经验，在本学科具有一定影响力，他们保证了视频课程和本指导书的权威性、科学性和实用性。本书的"学习目标""专题导学""视频内容简介""重点·难点·热点""延伸阅读文献"部分由国家开放大学主持教师轩红芹负责整理编写，"学习检测"由轩红芹和国家开放大学山西分部教师贾冰媚共同撰写。"微课程"建设团队专家为本书认真把关，对本书内容做了细致的审改。全书由轩红芹统一修改定稿。本次我们依据马克思主义理论研究和建设工程重点教材《中国近现代史纲要》（2023年版）最新精神对部分内容做了修订：全书由七个专题调整为八个专题，将"中国特色社会主义进入新时代"单列为专题八；调整了部分专题的学习目标，使其表述更加严谨且能够评价，方便学生在自主学习过程中检验学习成效；完善了部分专题的题目、重点·难点·热点问题，以便与最新版教材表述一致；重点修改了专题八的内容，将内容做了扩展延伸，科学、准确地体现出党的理论创新、实践创新和制度创新成果。

　　本书在编写过程中得到了国家开放大学校领导、马克思主义学院领导和同事的指导和帮助，也得到了国家开放大学出版社领导和相关编辑的大力支持，在此一并致以深深的谢意！

《中国近现代史纲要学习指导》编写组

目 录

专题一　落后挨打的屈辱史 ··· 1
　　学习目标 ··· 1
　　专题导学 ··· 1
　　视频内容简介 ··· 2
　　学习检测 ··· 8
　　重点·难点·热点 ·· 12
　　延伸阅读文献 ·· 21

专题二　救亡图存的多样探索 ····································· 22
　　学习目标 ·· 22
　　专题导学 ·· 22
　　视频内容简介 ·· 23
　　学习检测 ·· 33
　　重点·难点·热点 ·· 39
　　延伸阅读文献 ·· 47

专题三　中国历史和中国人民选择了马克思主义 ···················· 48
　　学习目标 ·· 48
　　专题导学 ·· 48
　　视频内容简介 ·· 49
　　学习检测 ·· 56
　　重点·难点·热点 ·· 60
　　延伸阅读文献 ·· 67

专题四　中国革命的新道路——从合作到土地革命 ·················· 69
　　学习目标 ·· 69
　　专题导学 ·· 69
　　视频内容简介 ·· 70
　　学习检测 ·· 80
　　重点·难点·热点 ·· 86
　　延伸阅读文献 ·· 93

专题五　从抗日战争到解放战争 ··· 94
学习目标 ··· 94
专题导学 ··· 94
视频内容简介 ··· 95
学习检测 ·· 108
重点·难点·热点 ··· 115
延伸阅读文献 ·· 119

专题六　中华人民共和国的成立与中国社会主义建设道路的探索 ······· 120
学习目标 ·· 120
专题导学 ·· 120
视频内容简介 ·· 121
学习检测 ·· 133
重点·难点·热点 ··· 138
延伸阅读文献 ·· 147

专题七　改革开放与中国特色社会主义的开创和发展 ····················· 148
学习目标 ·· 148
专题导学 ·· 148
视频内容简介 ·· 149
学习检测 ·· 153
重点·难点·热点 ··· 155
延伸阅读文献 ·· 160

专题八　中国特色社会主义进入新时代 ·· 161
学习目标 ·· 161
专题导学 ·· 161
视频内容简介 ·· 162
学习检测 ·· 164
重点·难点·热点 ··· 165
延伸阅读文献 ·· 169

专题一 落后挨打的屈辱史

学习目标

1. 列举落后挨打屈辱史中的主要战争、签订的条约，并能清晰描述其内容及由此给中华民族和中国人民带来的深重苦难；

2. 解释近代以来中国面临的争取民族独立、人民解放和实现国家富强、人民富裕这两项历史任务产生的原因；

3. 总结怎样做才能避免陷入落后挨打的境地？增强实现中华民族伟大复兴的责任感和使命感。

专题导学

1. 背景

中华民族具有顽强的生命力和强大的凝聚力，尽管历尽沧桑，却始终自强不息，绵延发展。中国封建社会自公元前5世纪的战国时代到1840年的鸦片战争，已延续两千多年。但至清朝嘉庆、道光年间，清王朝潜伏着许多危机，走向了封建社会的末世。而此时西方资本主义已经有了很大发展，西方殖民主义势力也随之向外扩张。封闭落后、故步自封又地大物博的中国成为列强觊觎的对象。古老的中国遇到了空前严重的挑战，陷入落后挨打的悲惨境地，面临极其深刻的生存危机。

2. 视频学习中的重要事件坐标

- 马戛尔尼访华
- 女王要开战——鸦片战争爆发
- 国门洞开：《南京条约》
- 圆明园之劫
- "北极熊"的野心
- 甲午战争：不能忘却的历史
- 国之殇：《马关条约》
- 八国联军血洗北京城

- 世纪之交的新枷锁：《辛丑条约》
- 两个外国强盗在中国土地上的战争

3. 影响

积贫积弱的中国无战不败、无约不损，神州陆沉，山河破碎，民不聊生，屹立于东方的古老帝国轰然倒塌，中华民族到了亡国灭种的边缘。这是中国近代史开端的国情，我们需要懂得历史向中国人民提出的两个十分紧迫的新任务：争取民族独立、人民解放和实现国家富强、人民富裕。中国能找到自己的出路吗？

4. 想一想

历史不仅是最好的教科书，也是最好的清醒剂。作为新时代的青年人，如何看待这种民族的苦难？苦难又教会了我们什么？造成近代中国如此深重的苦难，除了列强的原因，清政府自己又该负怎样的责任？清政府的洋务运动和日本的明治维新都是向西方学习，但清政府在甲午战争中惨败，为什么同样是向西方学习，结果差距这么大呢？

视频内容简介

1.1 马戛尔尼访华

1793年8月，英王精挑细选、以马戛尔尼伯爵为代表的庞大使团远涉重洋来到中国。使团名义上是来给乾隆皇帝补祝八十寿辰的，中国人将此理解为纳贡称臣，应以藩国之礼对待，因此使团所乘坐的船和轿子上都被挂上"英吉利贡使"的条幅，礼品被冠以"贡品"字样。因顾及要与清政府商谈通商与建交，开始时马戛尔尼伯爵还默然承受了，但在最后觐见乾隆皇帝时他对清廷要求的必须向中国皇帝行三跪九叩大礼提出抗议，要求清廷同样等级的官员在英王肖像前行同样之礼以示平等。

礼仪之争反映了刚刚接触的东西方两个大国文化背景的差异，反映了东方式的国际关系体系和西方式的国际关系体系的矛盾与冲突。礼仪之争的背后是利益之争。英国希望清政府开放更多的通商口岸，希望在沿海获得一个岛屿。而清政府对扩大通商没有多大兴趣。马戛尔尼此次访华无果而终。

在改善中英贸易关系的幌子下，英国派遣使团访华的真实目的是对中国进行殖民扩张。18世纪初，英国已开始工业革命，急于开辟原料产地和商品倾销市场，在世界各地掠夺殖民地。在亚洲，英国18世纪中期已控制印度，19世纪初占领了新加坡和缅甸的一部分，1838年又入侵阿富汗，还强迫伊朗签订了不平等条约。古老的中国，早已是英国觊觎的对象。

此次来访虽未达到预期目的，马戛尔尼一行却趁机收集了大量的中国情报，修正了西方对中国形象的认识。他们认为中国不足为惧，很快便把走私鸦片作为打开中国大门的工具。

西方资本主义的狂澜正汹涌澎湃，列强都在向外扩张，中国成为列强新一轮角逐的焦点。而江河日下的清政府却固执地不想从几千年繁荣昌盛的迷梦中醒来。这个还沉浸在自己世界体系的古老帝国必然在东西方两个世界的碰撞中付出巨大的代价。

1.2 女王要开战——鸦片战争爆发

1839 年 8 月初，林则徐在广东收缴和销毁鸦片的消息传到英国伦敦。英国工商业资产阶级和鸦片贸易集团发出一片战争喧嚣，纷纷致书英国政府，主张立即发动侵华战争。他们要利用侵略战争把中国变成英国资产阶级掠夺原料的基地和倾销商品的市场。英国政府早在第二次经济危机时期，就把使用武力打开中国市场作为其扩张政策的重要目标。

当英国磨刀霍霍准备对中国动手之时，大清王朝依然沉睡在"天朝上国""万邦来朝"的迷梦之中。1840 年 1 月，道光皇帝命林则徐"示以兵威，断绝贸易"，以此宣示大清王朝其实只把英国当作一个未开化的"蛮夷"来对待，想给它点颜色看看。

1840 年 6 月，乔治·懿律率领一支由 16 艘兵船、4 艘武装汽船、28 艘运输船、4 000 余名士兵和 540 门大炮组成的"东方远征军"，相继从印度、南非开普敦出发，浩浩荡荡地向中国广东海面驶来。

面对西方的坚船利炮，大清王朝可谓只有招架之功，并无还手之力。1793 年马戛尔尼访华时，曾赠送给乾隆皇帝当时英国规模最大并装备有 110 门大口径火炮的"君主号"战舰模型，以及榴弹炮、迫击炮等先进武器。但在乾隆皇帝及其大臣们看来，洋人的这些东西只不过是无用的奇技淫巧，而将大清王朝击溃的，正是这些被他们瞧不起的"无用玩意"。

鸦片战争是英国资产阶级破坏中国禁烟、坚持鸦片贸易，并以林则徐虎门销烟为借口而挑起的侵略战争。虽然西方一直回避"鸦片"一词而将鸦片战争称为"商业战争"，但是历史不容篡改，英国以中国销毁鸦片损害了其利益为借口发动战争的卑劣行径已经众人皆知。鸦片战争打开了中国的国门，使古老的中国遭遇到了空前严重的挑战，面临极其深刻的生存危机。

1.3 国门洞开：《南京条约》

为了打开中国市场，维持罪恶的鸦片贸易，1840 年 6 月，号称"日不落"殖民大帝国的英国派出舰队抵达中国广东珠江口外，借口虎门销烟损害了其利益，凭借坚船利炮，封锁了珠江海口和广东海面，发动了对中国蓄谋已久的战争。

道光皇帝和朝中的妥协派从盲目自大转为惊慌失措，不敢做任何抵抗，决定乞降求和。1842 年 8 月 29 日，清政府派钦差大臣耆英、伊里布与英国代表签订了丧权辱国、从此改变中国命运的《南京条约》。

《南京条约》是中国近代史上西方列强强迫清政府签订的第一个不平等条约，共 13 款。

条约规定：开放广州、厦门、福州、宁波、上海五处为通商口岸；割香港岛给英国；向英国赔款2 100万银元；英商进出口货物的税率，中国须与英国商定；等等。

五口通商后，中国逐渐被纳入世界殖民体系，日益成为世界资本主义的附庸；香港岛的割让，开启了列强侵占中国领土的恶劣先例；巨额的战争赔款，严重地削弱了清政府的财政收入，最终转嫁到广大劳动人民身上，加重了人民的苦难；协定关税，破坏了中国的关税主权，更方便了列强对中国进行变本加厉的掠夺。

英国政府于1843年10月又强迫清政府签订了《虎门条约》，作为《南京条约》的附件。通过该条约，英国在中国攫取了领事裁判权、片面最惠国待遇、在通商口岸租赁土地和房屋、永久居住等许多重要的特权，此后列强在中国建立起了租界，租界宛如"国中之国"。其他列强也趁火打劫，逼迫清政府援例立约。如1844年，软弱的清政府被迫与美国签订了不平等的中美《望厦条约》，同法国签订了不平等的中法《黄埔条约》。

鸦片战争和《南京条约》等一系列不平等条约的签订，是中华民族之国殇。从此，中国独立发展的道路被迫中断，开始逐步陷入半殖民地半封建社会的泥潭。

1.4 圆明园之劫

圆明园，始建于1709年（康熙四十八年），是康熙、雍正、乾隆、嘉庆、道光、咸丰六位皇帝在长达150多年的时间里不断营造、增建、改建、修缮、翻新而形成的皇家园林。伴随着漫长而繁复的营建，这座庞大的园林已经远远不仅是一座皇家苑囿，更是凝结了数代帝王心血的财富宝库与精神圣地。

然而，1860年10月18日，它在强盗的火把下，变为一片废墟，无数艺术典籍甚至精美石雕被抢掠流失。

1860年10月6日，英法联军绕经北京城，直扑圆明园。占领圆明园后，面对堆积如山的金银财宝和艺术珍品，他们再也无法抑制内心的贪欲，投入到抢劫中，上演了一场"有组织的劫掠"。

10月18日，3 000多名侵略者开进圆明园，放火焚毁。300多名太监、宫女、工匠来不及逃生，全部葬身火海。圆明园的大火烧了三天三夜，烟尘笼罩北京城，久久未散。

洗劫、烧毁圆明园是第二次鸦片战争期间英法联军野蛮、残暴行径的一个缩影，也是清政府软弱、腐败和无能，连连向侵略者屈服的表现。在这熊熊烈焰之中，一个由大理石建造的梦破碎了，庞大的清王朝、曾经盛极一时的文明大国也像一个伤痕累累的巨人，缓缓倾颓。

1.5 "北极熊"的野心

沙俄原本是欧洲国家，与中国相距万里。但自16世纪末期，它就跨过欧亚交界线，逐步向西伯利亚一带鲸吞蚕食，并伺机侵占中国领土。康熙立志为大清永固疆土，先后于

1685年、1686年两次派军反击盘踞雅克萨的俄军。1689年，中俄两国经过平等协商，订立《尼布楚条约》，基本划定了中俄两国东段的边界。

正当清政府焦头烂额对付太平天国和英法联军时，殊不知更险恶的敌人——沙俄正准备趁火打劫，图谋侵吞中国黑龙江地区，夺取通往太平洋的出海口。

1858年5月20日，英法联军攻占大沽，天津告急，北京震动。沙俄东西伯利亚总督穆拉维约夫觉得时机已到，立刻率领俄军直逼瑷珲城下，假惺惺地说，他此行是为了"助华防英"。

双方交涉期间，沙俄兵船在瑷珲城外鸣枪放炮，不断以武力相威胁。穆拉维约夫以最后通牒的方式，拿出事先拟好的条约，强迫黑龙江将军奕山签字，并恫吓说："同中国人不能用和平方式进行谈判！"在沙俄淫威的逼迫下，奕山懦弱地屈服了。1858年5月28日，双方签订《瑷珲条约》。这是中国近代史上字数最少、丧失领土最多的不平等条约。根据《瑷珲条约》，黑龙江以北、外兴安岭以南60多万平方公里的中国领土划归俄国，乌苏里江以东，包括库页岛在内的约40万平方公里的中国领土划为中俄共管，黑龙江和乌苏里江只准许中国和俄国船只航行。

第二次鸦片战争前后，沙俄通过《瑷珲条约》《北京条约》和《勘分西北界约记》等一系列不平等条约，先后侵占中国东北、西北140多万平方公里的土地。中国的主权和领土完整遭到自鸦片战争以来最严重的破坏。历史证明，只有国家富强、民族振兴，才能切实维护国家主权和领土完整。

1.6 甲午战争：不能忘却的历史

甲午战争是中国近代史上的一个重要转折点。清政府战败，丧权辱国，从此国势愈衰，民族愈危。而战后的日本，更加疯狂地走上了野蛮扩张的不归路，成为中国最凶残的敌人。

1894年，朝鲜爆发东学党起义。日本诱使清政府出兵，日本也趁机出兵。当东学党起义被镇压后，日本不仅拒绝撤兵，反而蓄意挑衅。1894年7月25日，日本在丰岛海面袭击中国的护航军舰和运兵船，引爆了其蓄谋已久的甲午战争。

1894年9月17日，日本联合舰队在鸭绿江大东沟附近的黄海海面挑起一场激烈的海战。战斗伊始，北洋舰队的劣势便显现出来。北洋舰队主力舰虽然有射程的优势，但射速慢，炮弹爆炸威力不足。日本联合舰队则装备有最先进的速射炮，火力强，破坏力大。更要命的是，由于北洋舰队的舰只航速比日本的舰只航速慢，且战术落后，队形被冲乱，北洋舰队陷入各自为战的艰难处境。双方激战至黄昏时分，日本联合舰队率先退出战斗。黄海海战，北洋舰队损失5艘军舰，日本军舰5艘虽受到重创，但一艘未沉。

黄海海战双方只能算是打了个平手，北洋舰队的损失更大一些，日本联合舰队损失也不小。重要的是，此战后李鸿章战略指挥失误，为了"避战保船"，不允许北洋舰队巡海迎敌，只许舰队在威海卫军港停泊，将黄海制海权拱手让给了日本联合舰队。1895年2月，日军从山东半岛登陆,很快占领威海卫炮台,然后从海陆两面攻击停泊在刘公岛的北洋舰队,致使北洋舰队全军覆没。

清政府对侵略者的野心认识不足,又盲目自大;北洋水师也是买官卖官,疏于训练,纪律败坏;军官和士兵昏聩、腐败。在这种情况下,战争岂有不败之理?甲午战争是中国近代史上一道惨痛的伤痕。它不仅预示了清政府在这场中日战争中终将败北的结局,也宣告了历时30多年、以"自强""求富"为目标的洋务运动的失败。

1.7 国之殇:《马关条约》

甲午一战落败后,1895年3月中下旬,清政府按照日本的旨意,派直隶总督李鸿章为头等全权大臣前往日本马关,与日本全权代表、首相伊藤博文议和。4月17日,李鸿章被迫与日本签订了丧权辱国的《马关条约》。该条约的主要内容有:中国割让辽东半岛(后因俄、法、德干涉而未能得逞)、台湾全岛及其所有附属各岛屿、澎湖列岛给日本;赔偿日本2亿两白银(后又增添3 000万两"赎辽费",以及威海卫日军"守备费"150万两,共计赔款2.315亿两白银);增开沙市、重庆、苏州、杭州为通商口岸;允许日本商民在通商口岸投资办厂等。

《马关条约》是继《南京条约》后清政府与列强签订的最屈辱的不平等条约,割地之多、赔款之巨都是空前的。仅赔款一项就相当于清政府三年财政收入的总和,中国由此更加贫弱,并不得不大借外债,列强又借此控制了中国的经济命脉。而日本用中国的巨额赔款,继续扩充军备,海陆军扩充费及军需工业费等占赔款总数的85%,使日本军国主义势力在甲午战争后迅速膨胀,日本很快挤进帝国主义列强的行列。台湾等地的割让,大大刺激了列强瓜分中国的野心,并激化了列强争夺中国的矛盾,从而进一步加深了中国的民族危机。俄、德、法三国以干涉还辽"有功"为由,要求租借中国港湾作为报酬。德、俄、英、法、日等国于1898—1899年竞相租借港湾和划分势力范围,掀起了瓜分中国的狂潮。又因《马关条约》规定允许日本商民在中国通商口岸兴办工厂,外国资本以其雄厚的实力、先进的技术、超大的规模争先恐后地涌入中国,从而严重阻碍了中国民族资本主义的发展。《马关条约》是中国难以忘却的奇耻大辱,它使中国面临空前严重的民族危机,大大加深了中国半殖民地化程度。

1.8 八国联军血洗北京城

原本以"反清复明"为使命的义和团,因西方列强教案频仍,转而竖起"扶清灭洋"的旗帜,斗争矛头直指帝国主义侵略势力。1898年10月,持续多年的山东冠县梨园屯教案成为义和团运动的导火线。

1900年6月,北京地区的义和团人数超过10万人,出现了"官兵任其猖獗,城门由其出入"的情形。俄、英、美、日、德、法、意、奥等国公使眼见清政府无法控制形势，便勾结在一起，组建八国联军，直接出兵镇压义和团运动。8月14日，北京失陷。

八国联军攻陷北京后，犹如一群野蛮的强盗，露出贪暴、凶残、野蛮的狰狞面目，制造了举世震惊的烧杀抢掠惨案。他们肆意放火，疯狂洗劫，惨绝人寰的大屠杀也随时随地发生。

百年国耻不可忘，"中国是在首都北京被八国联军占领的奇耻大辱中进入二十世纪的"。八国联军在北京赤裸裸的暴行，是当时苦难中国的真实写照。残酷的历史再次告诉我们，落后就要挨打。

1.9 世纪之交的新枷锁：《辛丑条约》

曾表示要与列强"决一雌雄"的慈禧太后，在1900年8月14日八国联军攻进北京后，带着光绪皇帝及亲贵大臣们仓皇西逃。同时，她又急令议和大臣奕劻、李鸿章赶快进京，向列强乞和。

11月初，侵略者照会李鸿章和奕劻，并提出议和谈判的六项要求：惩办祸首；索取赔款；禁止军火输入中国；使馆驻扎卫兵；拆毁大沽炮台；天津至大沽间驻扎洋兵，保障大沽与北京之间的交通安全、自由。所谓议和谈判，不是中国和11国（注：除参加武装侵略中国的8国之外，再加上使馆设在东交民巷的比利时、西班牙、荷兰3国）谈，而是11国内部谈，11国间利益交换完成，达成共识后，再向清政府提出来，李鸿章等很难辩驳。

1900年12月24日，11国在是否惩办慈禧太后的问题上达成共识，向清政府提出"议和大纲十二条"，声称这些条件"无可更改"。1901年9月7日，奕劻、李鸿章与11国签订《辛丑条约》，除正约外，还有19个附件。条约中最重要的是道歉与惩戒。所谓道歉，是指清政府必须派亲王级头等专使到德国道歉，派侍郎级专使到日本道歉。核心是惩戒，包括惩办祸首、赔款、在北京设立由外国军人守卫的使馆区、在北京至山海关铁路沿线12处驻扎外国军队，以及禁止进口军火、发生过反帝斗争的地区暂停科举考试、禁止结成反帝组织等。

《辛丑条约》第六款议定，清政府赔偿白银4.5亿两。因为当时中国的人口大约为4.5亿，4.5亿两白银的用意就是要每个中国人交1两白银的"罚金"，以此表示对所有中国人的惩罚和羞辱。由于清政府不可能一次性拿出这么多钱，约定分39年还清，年息4厘，本息合计9.8亿两，以海关税、盐税等税收作担保。赔款付清之前，列强有权在华驻军。这实际上决定了列强军队可以长期在中国部分地方进行军事占领。

《辛丑条约》是中国近代史上签约国家最多、赔款数目最大、国家主权丧失最严重、国人遭受屈辱最深重的不平等条约。它暴露了列强的残暴和贪婪、清政府的昏聩卖国，最终使中国完全陷入半殖民地半封建社会的深渊，清政府沦为列强统治中国的工具，变成了"洋人的朝廷"。无怪乎，继义和团运动之后，孙中山领导的资产阶级革命派便将斗争的锋芒径直指向了这个卖国的政府。

1.10 两个外国强盗在中国土地上的战争

1901年《辛丑条约》签订后,帝国主义各国陆续从华北撤走军队,但沙俄制造种种借口,十几万大军赖在中国东北不走,其长期侵占中国东北的野心昭然若揭。沙俄的贪婪野心与日本夺取中国东北的侵略政策发生了严重的冲突,两国为宰割中国东北举行了多次谈判,但未能达成分赃协议,一场战争不可避免。

1904年2月9日,沙皇尼古拉二世宣布对日宣战敕令。2月10日,日本天皇下诏对俄宣战,日俄战争正式爆发。旅顺是日、俄两国厮杀的重要战场。旅顺攻坚战是日俄战争中时间最长、战斗最惨烈的战役。

1905年俄国国内爆发革命,沙皇政府为镇压革命,急于结束战争。日本虽然在海陆两个战场都取得了胜利,但已精疲力竭,难以继续作战。9月5日,在美国的调停下,日、俄双方经过激烈的讨价还价,签订了《朴次茅斯和约》,俄国将其在中国东北取得的有关权益转让给日本。

在这场抢夺中国东北权益的强盗战争面前,腐朽的清政府竟然宣布"局外中立",并划定"辽东交战区",任凭两个外国强盗在中国的土地上肆意绞杀。

日俄战争给中国人民的生命财产带来空前浩劫。两国强拉中国百姓为它们修筑工事、运送弹药,许多人冤死在炮火之下。更有成批的中国平民被日、俄双方当作间谍,惨遭杀害。战争让中国人民饱受耻辱和苦难,也让中国有志之士反躬自省。他们对卖国的清政府已不抱希望,喊出了"俄败何喜,日胜何欣,吾党何日醒"的警言,从而加快了中国变革和革命的步伐。

学习检测

一、判断题

1. 18世纪中期,英国已基本完成工业革命,急于开辟原料产地和商品倾销市场,在世界各地掠夺殖民地。(   )

2. 马戛尔尼访华时的礼仪之争反映了刚刚接触的东西方两个大国文化背景的差异,反映了东方式的国际关系体系与西方式的国际关系体系的矛盾与冲突。礼仪之争的背后其实是利益之争。(   )

3. 英国派遣使团访华的真实目的是改善中英贸易关系。(   )

4. 鸦片战争是英国资产阶级破坏中国的禁烟、坚持鸦片贸易,并以林则徐虎门销烟为借口而挑起的侵略战争,目的是把中国变成英国资产阶级掠夺原料的基地和倾销商品的市场。(   )

5. 1842年6月，乔治·懿律率领一支"东方远征军"，相继从印度、南非开普敦出发，向中国广东海面驶来。鸦片战争爆发。鸦片战争是中国近代史的起点。（　　）

6. 当英国磨刀霍霍准备对中国动手之时，大清王朝依然沉睡在"天朝上国""万邦来朝"的迷梦之中，只把英国当作一个未开化的"蛮夷"来对待。（　　）

7.《南京条约》是中国近代史上西方列强于1842年8月强迫清政府签订的第一个不平等条约。（　　）

8. 1843年10月，英国政府又强迫清政府签订《虎门条约》，作为《南京条约》的附件。通过该条约，英国在中国攫取了领事裁判权、片面最惠国待遇、在通商口岸租赁土地和房屋、永久居住等许多重要的特权。（　　）

9.《南京条约》规定，割香港岛给英国，向英国赔款2 100万银元；英商进出口货物的税率，中国则可以做主。（　　）

10. 1858年5月20日，英法联军攻占大沽，天津告急，北京震动。沙俄东西伯利亚总督穆拉维约夫立刻率领俄军直逼瑷珲城下，其目的是"助华防英"。（　　）

11.《瑷珲条约》是中国近代史上字数最少、丧失领土最多的不平等条约。（　　）

12. 根据《瑷珲条约》，黑龙江以北、外兴安岭以南60多万平方公里的中国领土划归俄国，乌苏里江以东、包括库页岛在内的约40万平方公里的中国领土划为中俄共管。（　　）

13. 圆明园始建于康熙四十六年，历经包括雍正、乾隆、嘉庆、道光、咸丰等在内的几位皇帝长达150多年的经营而形成，被誉为"万园之园"。1864年，这座人类艺术的宝库在英法联军的抢劫和焚烧中仅剩一片废墟。（　　）

14. 面对英法联军的入侵，清政府虽试图以僧格林沁的蒙古铁骑来抵抗联军的进攻。但战败的消息一传至京城，咸丰皇帝就仓皇逃往热河。（　　）

15. 英法联军火烧圆明园的逻辑是："彻底焚毁圆明园，不但可以留一不易泯灭、永久保存在人们脑海的痕迹，而且可以证明联军已经旗开得胜，耀武扬威地占领了北京。"（　　）

16. 日本作为中国的邻居，历史上曾经大规模地向中国学习，但"不甘处岛国之境"，数百年来一直觊觎中国。1868年，日本开始了明治维新，国力大增，这更助长了其侵略气焰，开始向中国和朝鲜伸出贪婪的魔爪。（　　）

17. 封建统治阶级中的部分成员"仿效西法"，大搞洋务运动，并于1888年建成当时雄踞亚洲、实力第一的北洋舰队，后面又争取军费购买了几艘新舰。（　　）

18. 1894年恰逢慈禧太后六十大寿，耗费在大寿庆典上的经费竟然是拨给前线军费的2倍多。在大连、旅顺战事紧张之时，慈禧太后却和诸大臣在听戏。在这种情况下，战争岂有不败之理？（　　）

19. 1895年4月17日，李鸿章和伊藤博文分别代表中日两国，在马关春帆楼签订了《马关条约》。（　　）

20.《马关条约》规定，中国割让辽东半岛（后因俄、法、德干涉而未能得逞）、台湾全岛及其所有附属各岛屿给日本。（　　）

21.《马关条约》规定,中国赔偿日本 2 亿两白银。（　　）

22. 1898 年 10 月,持续多年的山东冠县梨园屯教案成为义和团运动的导火线。义和团主要是反抗清政府的残暴统治。（　　）

23. "世界有史以来最大的百科全书"——《永乐大典》及《四库全书》所辑图书的多种底本在八国联军洗劫北京城时被摧毁,其文化价值损失无法估算。（　　）

24. 邓小平曾说:"我们永远不会忘记,中国是在首都北京被八国联军占领的奇耻大辱中进入二十世纪的。"（　　）

25. 1901 年 9 月,11 国列强逼迫清政府签订的《辛丑条约》是中国近代史上签约国家最多、赔款数目最大、国家主权丧失最严重的不平等条约。它最终使中国完全陷入半殖民地半封建社会的深渊,清政府沦为列强统治中国的工具,变成了"洋人的朝廷"。（　　）

26. 1900 年 11 月初,侵略者照会李鸿章和奕劻,并提出议和谈判的六项要求:惩办祸首；索取赔款；禁止军火输入中国；使馆驻扎卫兵；拆毁大沽炮台；天津至大沽间驻扎洋兵,保障大沽与北京之间的交通安全、自由。（　　）

27.《辛丑条约》第六款议定,清政府赔偿白银 4.5 亿两。因为当时中国的人口大约为 4.5 亿,4.5 亿两白银的用意就是要每个中国人交 1 两白银的"罚金",以此表示对所有中国人的惩罚和羞辱。（　　）

28. 日俄战争虽然是两个外国强盗之间的鏖战,但主战场在中国东北,争夺的也是在中国东北的权益。（　　）

29. 日俄战争的结果是,日、俄双方在美国签订《朴次茅斯和约》,俄国将其在中国东北取得的旅大租借地、长春到旅顺间的铁路以及与上述租借地、铁路相关的一切权益转让给日本。（　　）

30. 1904 年 2 月 12 日,清政府发布上谕:"现在日俄两国失和用兵,朝廷轸念彼此均系友邦,应按局外中立之例办理。"公开允许日、俄两国在中国土地上打仗,是为了保护中国百姓免受战争之苦。（　　）

二、单项选择题

1. 中国的封建社会前后延续了（　　）。
    A. 一千多年　　　　　　　　B. 两千多年
    C. 三千多年　　　　　　　　D. 四千多年

2. 标志着世界进入资本主义时代的事件是（　　）。
    A. 1640 年英国资产阶级革命　　B. 1680 年俄国彼得一世改革
    C. 1789 年法国大革命　　　　　D. 1868 年日本明治维新

3. 中国进入近代社会的标志性事件是（　　）。
    A. 15 世纪前期郑和下西洋　　　B. 1644 年清兵入关,清王朝建立
    C. 1840 年鸦片战争爆发　　　　D. 19 世纪六七十年代中国资本主义产生

4. 认识（　　）是认识近代中国一切社会问题和革命问题的最基本的依据。
   A. 近代中国的社会性质　　　　　B. 近代中国社会的主要矛盾
   C. 近代中国社会的主要任务　　　D. 近代中国社会的阶级结构

5. 中国近代史上第一个不平等条约是（　　）。
   A.《北京条约》　　　　　　　　B.《天津条约》
   C.《望厦条约》　　　　　　　　D.《南京条约》

6. 近代中国的社会性质是（　　）。
   A. 封建社会　　　　　　　　　　B. 半殖民地半封建社会
   C. 资本主义社会　　　　　　　　D. 旧民主主义社会

7. 近代中国社会最主要的矛盾是（　　）。
   A. 帝国主义和中华民族的矛盾　　B. 地主阶级和农民阶级的矛盾
   C. 封建主义和人民大众的矛盾　　D. 工人阶级和资产阶级的矛盾

8. 有人说，英国是用三样武器打开中国大门的，三样武器使用的先后顺序是（　　）。
   A. 商品→鸦片→炮舰　　　　　　B. 鸦片→商品→炮舰
   C. 商品→炮舰→鸦片　　　　　　D. 炮舰→鸦片→商品

9. （　　）不是西方列强发动殖民扩张的目的。
   A. 传播资本主义文明　　　　　　B. 实现更多的剥削、掠夺
   C. 攫取巨额财富　　　　　　　　D. 获得经济上、政治上的附庸

10. 近代中国社会的性质是半殖民地半封建社会，对其正确理解不包括（　　）。
    A. 是一种从属于资本主义世界体系的畸形的社会形态
    B. 是逐步从封建社会向资本主义社会过渡的社会
    C. 资本-帝国主义侵略势力逐渐成为支配中国的决定性力量
    D. 仍然维持着独立的国家和政府，还有一定的主权

11. 在两大历史任务的关系问题上，下列表述错误的是（　　）。
    A. 争取民族独立、人民解放和实现国家富强、人民富裕既相互区别又相互联系
    B. 争取民族独立、人民解放和实现国家富强、人民富裕互为前提
    C. 争取民族独立、人民解放为实现国家富强、人民富裕创造前提，开辟道路
    D. 只有争得民族独立、人民解放以后，中国人民才能集中力量进行现代化建设，才能实现国家富强、人民富裕

12. 在近代中国，侵占中国领土最多的国家是（　　）。
    A. 英国　　　　　　　　　　　　B. 日本
    C. 沙俄　　　　　　　　　　　　D. 法国

13. 1895 年，日本强迫清政府签订（　　），割去台湾全岛及其所有附属各岛屿和澎湖列岛。
    A.《南京条约》　　　　　　　　B.《北京条约》

C.《马关条约》　　　　　　　　D.《辛丑条约》

14. 规定外国军队有权在中国领土上驻兵的条约是（　　）。
   A.《南京条约》　　　　　　　　B.《北京条约》
   C.《马关条约》　　　　　　　　D.《辛丑条约》

15. 在近代中国，通过战争向中国勒索赔款最多的国家是（　　）。
   A. 英国　　　　　　　　　　　B. 沙俄
   C. 法国　　　　　　　　　　　D. 日本

16. 在近代中国，规定中国向列强支付赔款最多的条约是（　　）。
   A.《南京条约》　　　　　　　　B.《北京条约》
   C.《马关条约》　　　　　　　　D.《辛丑条约》

17. 火烧圆明园发生在（　　）期间。
   A. 鸦片战争　　　　　　　　　B. 第二次鸦片战争
   C. 甲午战争　　　　　　　　　D. 八国联军侵华战争

18. 规定外国人在中国享有领事裁判权的条约是（　　）。
   A.《南京条约》　　　　　　　　B.《虎门条约》
   C.《黄埔条约》　　　　　　　　D.《天津条约》

19. 规定允许外国在中国开设工厂的条约是（　　）。
   A.《南京条约》　　　　　　　　B.《北京条约》
   C.《马关条约》　　　　　　　　D.《辛丑条约》

20. 近代以来中国反侵略战争失败的最根本原因是（　　）。
   A. 帝国主义的强大　　　　　　B. 社会制度的腐败
   C. 经济技术的落后　　　　　　D. 中国军队军事素质低下

21. "三国干涉还辽"中的"三国"不包括（　　）。
   A. 美国　　　　　　　　　　　B. 法国
   C. 俄国　　　　　　　　　　　D. 德国

22. 资本-帝国主义对中国的侵略，首先和主要的是进行（　　）。
   A. 军事侵略　　　　　　　　　B. 政治控制
   C. 经济掠夺　　　　　　　　　D. 文化渗透

重点·难点·热点

一、资本-帝国主义的侵略到底给中国带来了什么？

可以从以下四个方面做概括性总结：军事侵略、政治控制、经济掠夺和文化渗透。

1. 军事侵略

资本-帝国主义对中国进行侵略，首先和主要的是进行军事侵略。它们依仗先进的武器和军事技术，或进行武力威胁，或发动侵略战争，或武装干涉中国的内政，甚至直接出兵镇压中国革命。这种军事侵略是逐步升级的，从骚扰、蚕食中国沿海和边疆，到割占中国大片领土，直至企图瓜分全中国。

（1）发动侵略战争，屠杀中国人民。

从1840年到1919年，八十年间资本-帝国主义发动了对中国的五次大规模的侵略战争。

- 五次大规模的侵略战争：

第一次鸦片战争（1840—1842年英国发动的侵略战争）；

第二次鸦片战争（1856—1860年英国、法国发动的侵略战争）；

中法战争（1883—1885年法国发动的侵略战争）；

甲午战争（1894—1895年日本发动的侵略战争）；

八国联军侵华战争（1900—1901年英、法、德、意、俄、美、日、奥发动的侵略战争）。

- 沙俄出兵占领新疆伊犁（1871年）；日本进攻台湾（1874年）；英军入侵西藏（1903—1904年）。

- 奇怪的战争：

日俄战争（在八国联军侵华战争结束不久，1904—1905年，日、俄为争夺在中国东北的权益而发生的一场帝国主义之间的战争）。

▲1894年11月，日军制造旅顺大屠杀惨案。日军在四天之内屠杀中国居民2万余人。

▲1900年八国联军攻进北京后屠杀义和团团民与平民不计其数，据史料记载，仅在庄王府一处，就烧死、杀死义和团团民与平民1 700多人。

▲1900年7月，沙俄在中国东北制造江东六十四屯惨案。沙俄军警把中国人居住的村庄烧光，把老百姓驱入黑龙江中活活淹死，枪杀和刺死手无寸铁的居民。

（2）侵占中国领土，划分势力范围。

资本-帝国主义通过各种手段多次发动对中国的侵略战争，与中国政府签订的不平等条约有几百个之多。这些不平等条约中最主要的有7个：《南京条约》《瑷珲条约》《天津条约》《北京条约》《勘分西北界约记》《马关条约》《辛丑条约》。

资本-帝国主义破坏中国领土完整，其表现可以概括为四个方面：直接割占中国领土；直接出兵；设立租界；强占租借地，划分势力范围。

- 直接割占中国领土。

近代以来，资本-帝国主义从中国割占的领土有：香港、台湾，中国东北100多万平方公里的土地，中国西北51万多平方公里的土地。资本-帝国主义国家中，沙俄是侵占中国领土最多的国家，例如，通过1858年《瑷珲条约》，割占黑龙江以北、外兴安岭以南60多万平方公里的土地；通过1860年中俄《北京条约》，割占乌苏里江以东约40万平方公里的土地；通过1860年中俄《北京条约》和1864年中俄《勘分西北界约记》，割占中国西北44万平方公里的土地；通过1881年中俄《改订条约》和5个勘界议定书，割占中国西北7万多平方公里的土地。

• 直接出兵。

这是在《辛丑条约》后开始的，日本在中国东北的关东军成为急先锋。

• 设立租界。

资本-帝国主义在中国16个城市设立了30多个租界，30多个租界俨然是"国中之国"。

租界的特点：

第一，行使独立于中国主权之外的行政、司法、税收权利（中国政府不能过问）。

第二，借口紧急状态，调集军队进驻租界。

第三，租界完全成为受外国人管理和统治的中国领土。

• 强占租借地，划分势力范围。

19世纪末，帝国主义列强强占租借地和划分势力范围，掀起了瓜分中国的狂潮。沙俄强租旅顺、大连及其附近海面，把长城以北作为它的势力范围。德国强租胶州湾，把山东作为它的势力范围。英国强租威海卫、香港九龙新界，把长江流域作为它的势力范围。法国强租广东的广州湾及其附近水面，把广东、广西、云南作为它的势力范围。

（3）勒索赔款，抢掠财富。

资本-帝国主义发动战争侵略中国、屠杀中国人民，却要中国加倍地承担其战争费用。

鸦片战争期间，英国强迫清朝地方政府交纳广州赎城费600万元（银元）。其后，更是通过《南京条约》攫取赔款2 100万银元。

第二次鸦片战争的结果是，英、法各得赔款800万两白银，即1 600万两白银，这相当于当时清政府财政收入的1/3（当时清政府财政收入大约为4 000万两白银）。

甲午战争后，日本通过《马关条约》强迫中国赔款2亿两白银，再加上"赎辽费"3 000万两、威海卫日军守备费150万两，共计23 150万两，相当于清政府三年的财政收入（当时清政府财政收入大约为8 000万两白银）。

八国联军侵华战争后列强强迫清政府签订的《辛丑条约》，规定中国应支付的赔款竟高达4.5亿两白银（相当于当时清政府4~5年财政收入的总和），分39年还清，本息合计9.8亿两。列强向中国勒索巨额赔款，造成了中国严重的财政危机，直接破坏和阻碍了中国经济的发展，拉大了中国与先进国家本已存在的差距。

2. 政治控制

为了统治中国，资本-帝国主义在政治上采取的主要方式，是操纵中国政府，镇压中国人民的反抗，控制中国的内政和外交，把中国当权者变成自己的代理人和驯服工具。

(1) 控制中国的内政和外交。

第一，允许外国公使常驻北京。实际上，当时西方列强的公使，是以战胜者的姿态进入北京的，他们不是普通的外交官，而是清政府的"太上皇"。外国公使可以在北京直接向中国政府发号施令。1900年，外国公使要求清政府派袁世凯到山东镇压义和团就是一个例子。

第二，享有领事裁判权。外国人在中国横行不法，清政府却无权审判。

第三，把持中国海关。中国海关的高级职员全部由外国人充任，如英国人赫德自1863年任总税务司开始，直到1908年回国，掌握中国海关大权达40余年之久。

(2) 镇压中国人民的反抗。

第一，直接动用陆海军，镇压太平天国。为了镇压太平天国农民起义，资本-帝国主义不但向清政府供应军火、船只，而且派外国军官指挥"洋枪队"，甚至直接动用陆海军，对太平军作战。

第二，1870年"天津教案"中，资本-帝国主义进行军事恫吓，迫使清政府判处20名民众死刑，流放天津地方官吏25人。

第三，镇压义和团。1899年，义和团运动在山东兴起后，美国公使康格公开要求清政府派所谓的"强有力"的人物袁世凯去山东进行镇压。袁世凯升任山东巡抚后，立即采取血腥手段屠杀义和团团民。

第四，《辛丑条约》规定，永远禁止中国人成立或加入任何反对它们的组织的承诺。这说明，资本-帝国主义不仅企图驯服清政府，而且企图驯服中国人民。

(3) 扶植、收买代理人。

中国人民表现出来的不屈不挠的牺牲精神和斗争精神使得西方列强意识到，无法把中国变成纯粹的殖民地。为了控制中国的政治，西方列强特别注意在中国政府中扶植、收买代理人。资本-帝国主义把清政府变成了"洋人的朝廷"。例如，支持袁世凯篡夺辛亥革命果实，建立北洋军阀政权；扶植皖系军阀等派系，导致军阀连年混战。

3. 经济掠夺

资本-帝国主义对中国进行经济掠夺，主要是通过控制中国的通商口岸，剥夺中国的关税自主权，实行商品倾销和资本输出，操纵中国的经济命脉，将中国纳入资本主义的世界经济体系。

(1) 控制中国的通商口岸。

从1840年到1919年，资本-帝国主义强迫中国开放的通商口岸有20多个。通商口岸是资本-帝国主义侵略中国的桥头堡，资本-帝国主义在这些地方享有种种特权，控制了当地的工商、金融事业，甚至设立租界，实行殖民统治。

(2) 剥夺中国的关税自主权。

关税自主权是国家重要的经济主权。《南京条约》却规定，英国商人进出口货物的税率,要由中、英两国"秉公议定则例",这就开了所谓协定关税的恶例,使中国丧失了关税自主权。进出口货物税率的降低,有利于资本-帝国主义在中国倾销商品和掠夺原料,使中国海关失去了保护本国经济发展的作用。同时,资本-帝国主义控制近代中国海关,是资本-帝国主义打击和压制中国民族工业,扩张其在华势力的重要手段。

(3) 实行商品倾销和资本输出。

《马关条约》签订以前,资本-帝国主义在中国投资的最主要部分是商业掠夺性资本。《马关条约》签订以后,资本-帝国主义在中国自由开设工厂、办银行、修铁路、开矿山等,获取超额利润。但这些资本不是由外国输入的,相当部分是它们在中国通过战争赔款等方式直接掠取的。

(4) 操纵中国的经济命脉。

在中国的近代工业中,外国资本很快形成了垄断地位。

资本-帝国主义不仅勒索中国的赔款,而且强迫清政府举借外债来偿付这些赔款。它们还通过贷款,来支持中国反动政府镇压人民革命。清政府举借外债,主要是以海关税和盐税等税收作担保的,而这两项收入,是清政府财政收入的重要来源。资本-帝国主义直接控制了这两项税收,就等于扼住了清政府财政收入的咽喉。

外国资本在中国设立的银行,是它们对中国进行资本输出的枢纽。这些银行不仅经营存款汇款业务,而且进行商业投机、工业铁路矿山投资、高利贷贷款、发行纸币、操纵汇价等。它们凭借各种特权及雄厚的金融实力,逐步控制了中国的财政金融,成为资本-帝国主义对华经济侵略的中心。

4. 文化渗透

(1) 披着宗教外衣,进行侵略活动。

资本-帝国主义的文化渗透活动,有许多是披着宗教外衣、在传教的名义下进行的。一部分西方传教士积极参与了对中国的侵略活动。比如,1832年德国基督教传教士郭士立受英国东印度公司派遣,以传教为掩护,在中国沿海进行了长达几个月的间谍侦察活动,刺探搜集了大量军事情报,并竭力鼓吹对中国发动武装侵略。部分传教士霸占土地、建造教堂、剥削佃户、出租房产。有的还包揽词讼,包庇教徒中的不法分子,或者强迫中国教民抛弃中国传统礼俗,甚至公开干涉中国内政。

(2) 为侵略中国制造舆论。

外国教会中的某些势力还利用宣传宗教和西学的名义,为资本-帝国主义侵略制造舆论。例如,广学会发行的刊物《万国公报》,在介绍西方史地、政治、文化的同时,也宣扬殖民主义奴化思想。资本-帝国主义为了制造侵略有理的舆论,还大肆宣扬"种族优劣论"和"黄祸论"("中国威胁论")。它们攻击诬蔑中华民族是愚昧落后的"劣等民族",应该接受"优等民族"白种人的开导和奴役等。但是,与它们的主观愿望相反,资本-帝国主义的侵略激起了中国人民的反抗,刺激了中国人民的觉醒,促使他们投入到反对资本-帝国主义侵略的斗争中。

二、历次的反侵略战争，都是以中国失败、中国政府被迫签订丧权辱国的条约而告结束。造成近代中国如此深重的苦难，除了列强的原因，清政府自己又该负怎样的责任呢？

从中国内部因素来分析，主要有以下两个方面：一是社会制度的腐败；二是经济技术的落后。而前者是最根本的原因。正是由于社会制度的腐败，才使得经济技术落后的状况长期得不到改变。

1. 社会制度的腐败

（1）吏治和军队腐败。

1840年以后，中国封建社会逐步变成了半殖民地半封建社会。统治中国的清王朝，从皇帝到权贵，大都昏庸愚昧，不了解世界大势，不懂得御敌之策。许多官员贪污腐化，克扣军饷。不少将帅贪生怕死，临阵脱逃。

鸦片战争中，禁烟抗英有功的大臣如林则徐、邓廷桢等被革职查办，甚至被发配充军，而主张对敌妥协的琦善等人反而受到重用。钦差大臣奕山到广东，竟然把人民群众诬蔑为"汉奸"，主张"防民甚于防寇"。清政府特别害怕战争持续下去，会引发农民起义，因而急于向英国侵略者谋求妥协，为此不惜割地、赔款。

（2）战争指导思想错误，既害怕列强，又惧怕人民群众。

战争指导思想的错误是与其政治立场分不开的。统治者以"和外安内"为战争指导思想。多数权贵害怕列强的坚船利炮，丧失了抵抗的信心，为了个人和统治者的私利不惜出卖国家和民族的利益。他们尤其惧怕人民群众，担心人民群众组织起来后会危及封建统治。所以，屡屡压制、打击和破坏人民群众和爱国官兵的反侵略斗争，甚至不惜通过割地、赔款向列强谋求妥协。

在中法战争后期，1885年3月，爱国将领冯子材指挥清军在中越边境大败法军，取得镇南关大捷和谅山大捷，使法国侵略者处于内外交困的地境，茹费理内阁还因此垮台。可是清政府当权者却力主避战求和，以此为和谈资本，加紧妥协求和活动，接受法国条件，签订《中法新约》，并下令前线清军停战撤兵。中法战争最终以"中国不败而败，法国不胜而胜"而告结束。

甲午战争时，慈禧忙于准备自己的六十寿辰，李鸿章则寄希望于列强的调停。既没有详细、周密的应战计划，也没有最高作战指挥机构，最高层内部更是为和与战问题相持不下。黄海海战之后，则被日军气势所吓倒，惧战心理十分突出。黄海海战北洋舰队虽然失利，但其仍有实力与日军拼死一搏。李鸿章一开始就为保存实力而消极应战，黄海海战北洋舰队失利后更是严令北洋舰队避战不出。北洋舰队、旅顺和威海卫军港举大清十余载国力建成，是当时亚洲最大的舰队和军港，但最终北洋舰队全军覆没。

八国联军侵华战争开始后，以慈禧为首的顽固派一度想利用义和团的力量与列强讨价还价，排斥异己。八国联军攻进北京后，慈禧带着光绪皇帝和亲贵大臣们西逃。1900年9月7日，她在逃亡途中发布上谕，称"义和团实为肇祸之由……非痛加铲除不可"，并命令各地文武官员对义和团要"严行查办，务绝根株"。同时，她又派李鸿章与庆亲王奕劻向八国联军乞降求和。此后，清军便公开与八国联军勾结起来，联合绞杀了义和团运动。

2. 经济技术的落后

近代中国反侵略战争失败的另一个重要原因，是国家综合实力特别是经济技术的落后和军队素质极差。19世纪中叶，西方资本主义强国经过工业革命，经济技术飞速发展，封建的中国已被远远地抛在后面。

（1）武器装备落后。

就武器装备来看，多数清兵尚使用刀、矛、弓箭等冷兵器，火器也不过是用火绳点放的鸟枪、抬枪，炮台所用大炮有些还是明末制造的。而英军普遍使用步枪，大炮则可打霰弹、开花弹，杀伤力强。中国水师的战船都是木船，吨位小，载炮少，经不起风浪，难以在海上作战。而英国舰队帆船吨位大，载炮多，还拥有少量蒸汽动力的轮船，船速快。

（2）战斗力较弱。

就军队的素质来看，清军军官不通兵法，不谙近代军事指挥，战斗力较弱。相对而言，英军训练有素，指挥统一，海军、步兵、炮兵、工兵各兵种协同作战，战斗力较强。

必须指出的是，经济技术的落后是中国反侵略战争失败的重要原因，但这并不意味着经济技术落后的中国就不应当进行反侵略战争或在战争中一定打败仗。因为武器是战争胜利的最重要的因素，但不是决定性的因素。决定性的因素是人而不是物。而当时的中国，不仅武器装备等很落后，而且统治阶级实行错误的方针、政策，压制人民群众的反抗。这样，中国的反侵略战争一再遭到失败，就不可避免了。

三、半殖民地半封建社会的主要矛盾与近代以来中国面临的两大历史任务及其关系是什么？

1. 主要矛盾

主要矛盾是：①资本-帝国主义与中华民族的矛盾，这是最主要的矛盾；②封建主义和人民大众的矛盾。

关系：两对主要矛盾互相交织在一起，贯穿整个半殖民地半封建社会的始终，并对中国近代社会的发展变化起着决定性作用。

（1）当资本-帝国主义向中国发动侵略战争时，为避免亡国灭种的危险，中国内部各阶级，除了汉奸、卖国贼，都能够暂时团结起来共同对敌，阶级矛盾暂时降到次要地位，而民族矛盾上升到主要地位。如鸦片战争、中法战争、甲午战争、义和团反帝运动中都曾出现过这样的情形。

（2）当资本-帝国主义同中国封建政权相勾结，共同镇压中国革命，尤其是封建地主阶级对人民的压迫特别残酷时，中国人民往往用战争的形式去反对封建政权，这时阶级矛盾就上升为主要矛盾。如太平天国起义、辛亥革命，就属于这种情况。

（3）当国内战争发展到直接威胁资本-帝国主义及其代理人中国封建地主阶级统治时，外国侵略势力往往直接出兵，镇压中国人民，援助中国的反动派。这时资本-帝国主义和国内封建统治者完全公开站在一条战线上。如太平天国后期中外反动势力相勾结,共同镇压太平天国起义,就属于这种情况。

2. 两大历史任务

两大历史任务是:①争取民族独立、人民解放;②实现国家富强、人民富裕。

二者的关系:既相互区别,又相互联系。

区别:主体、内容不一样。前者是要改变民族受压迫、人民受剥削的地位和状况,是要从根本上推翻半殖民地半封建的社会统治秩序,解决生产关系问题;后者是要改变近代中国经济文化和社会落后的地位与状况,是要充分发展近代民族工商业,解决生产力问题。

联系:完成第一大任务是为第二大任务的完成创造条件。

一方面,争取民族独立、人民解放是前提条件。因为只有实现民族独立、人民解放,才能废除列强强加的不平等条约,才能推翻封建专制制度,改变买办和封建生产关系,解放生产力,开辟走向现代化的道路。

另一方面,争取民族独立、人民解放的最终目的是使中国走向现代化,实现国家富强、人民富裕,使中华民族自立于世界民族之林。

四、怎样看待"侵略有功、殖民有利"的错误观点?

殖民侵略有功论是一种颠倒是非黑白的歪理邪说,是一种典型的强盗逻辑。可以从以下几个方面考虑:

(1) 在殖民主义者的殖民历史上,殖民主义的表现形式在各个历史时期是不一样的。在资本主义初期,殖民主义的表现形式大都为赤裸裸的暴力手段,如武装占领、海盗式掠夺、罪恶的奴隶贸易、海外移民等。到了自由资本主义阶段,殖民主义的表现形式有了某种改变,主要通过贸易形式把不发达国家、民族和地区变成自己的商品倾销市场、原料掠夺地以及廉价劳动力和雇佣兵的来源地。进入帝国主义阶段以后,除了继续采取上述各种手段,资本输出也成为殖民主义者剥削这些国家、民族和地区的主要形式。殖民主义者通过政治贷款来控制殖民地或半殖民地国家的政治、经济命脉。西方的殖民统治曾经大大地促进了西方自由资本主义的发展。可以这样说,殖民主义和资本主义本质上是联系在一起的。剥削和奴役殖民地或半殖民地,也就是将别国殖民地化,是资本主义生存和发展的必要条件。

(2) 当然我们也承认,西方殖民势力统治殖民地或半殖民地之后,为了最大限度地获取利益,必然要按照其面貌和意图去改造殖民地或半殖民地。在这个过程中,它们会不可避免地向这些国家和地区传播资本主义的文明,比如,把一些资本主义的生产方式、管理经验和科学技术引入这些殖民地或半殖民地国家和地区。再如,外国资产阶级为了倾销商品和掠夺原料,为了维护侵略权益,以及满足再生产的需要,也兴办了一些近代工业和设施。毫无疑问,这些在客观上会对这些国家和地区的发展产生一定的积极影响。诚如马克思所指出的,殖民主义者一定程度充当了历史的不自觉的工具。

(3) 但是,绝对不能因此过分夸大殖民统治的积极作用,更不能如前面所说,把殖民主义者看作传播文明的天使,看作引领历史前进的先贤,看作救世主。因为,更本质的是,殖民主义者实行殖民统治的根本目的决不是要把这些国家和地区变成资本主义国家，也决不容许这些国家和地区真正走上现代化，甚至让它们由自己的经济附庸变成自己的经济竞争对手。且不说殖民主义者在殖民掠夺中在这些国家和地区施行的种种令人发指的暴行，如通过战争赔款、投资利润以及欺诈贸易等攫取大量财富，仅仅通过强迫这些国家订立的各种条约，它们取得的政治、经济、外交、军事方面的种种特权，就像一根根巨大的绳索，把被压迫民族捆绑得死死的，从而扼杀了这些民族新政治、新经济的生机与活力，无耻地剥夺了这些国家和地区生存、发展的权利。因此，殖民主义的本质是资本-帝国主义通过军事征服、政治控制、经济掠夺以及文化渗透，占领、奴役和剥削弱小民族、国家和落后地区，并将它们变成附属于自己的殖民地或半殖民地。这种本质必然要给弱小民族、国家和落后地区带来灾难。

（4）无论是从主观动机还是从客观效果来看，殖民统治都没有使弱小民族、国家和落后地区真正走向现代化。殖民主义者来中国的主观目的正如马克思所批判的那样，是"为极其卑鄙的利益所驱使"，而决不是为了给中国带来近代文明，来帮助中国发展。殖民主义者如强盗般地在中国烧杀抢掠、走私鸦片、贩卖人口、掠夺资源、发动战争，其行径极其野蛮无耻。从客观效果来看，尽管殖民统治使中国出现了新的资本主义生产方式，但是它的殖民过程并没有促使中国自由地发展资本主义。相反，为了其自身的利益，殖民主义者还刻意扶持、保留腐朽的中国封建生产关系，这一做法严重阻碍了中国资本主义的发展，使中国走上了半殖民地经济的畸形发展道路。我们知道，近代中国社会的性质是半殖民地半封建社会，而不是独立的资本主义社会。因此，毛泽东有如下经典论断：正是近代西方殖民侵略，用血与火在中国制造了血迹斑斑的历史长卷，把中华民族一次又一次地推向了亡国灭种的境地，给中华民族带来了深重的灾难。正是资本-帝国主义对中国疯狂的殖民侵略，其才成为中国真正实现独立富强和走向现代化的拦路虎和最大障碍！

（5）一个国家要得到正常发展，必须挣脱殖民统治的枷锁，而不是感谢殖民统治。

20世纪80年代末，中国社会出现了一种美化殖民统治的思潮，有人甚至感叹，中国要发展，再被西方殖民统治150年甚至300年也不为过。世界上曾经那么多殖民地或半殖民地国家，都成了现代化国家了吗？印度并没有因为曾经是英国的殖民地而成为现代化国家。殖民统治造成的历史后果是：当今世界最不发达的国家，绝大多数都是历史上的殖民地国家。它们今天的贫穷与落后，正是当年殖民主义者疯狂掠夺和血腥榨取的结果。不仅如此，殖民统治遗留下来的种种问题，今天仍然严重困扰着这些国家的人民，成为这些国家发展道路上的障碍。德国《民进周刊》1999年发表的一篇文章就这样说过，"现在非洲后殖民遗留问题仍有许多，当年的殖民者应该要为此负责"。殖民地或半殖民地人民必须推翻殖民统治才能发展，这是被历史证明了的一个规律。所以第二次世界大战以后，民族独立成为历史潮流。为什么要脱离殖民统治？就是因为殖民统治不正常。一个国家要想正常发展，就必须挣脱殖民统治的枷锁。

延伸阅读文献

1. 马克思:《英人在华的残暴行动》(1857年3月)
2. 列宁:《对华战争》(1900年9—10月)
3. 林华国:《近代历史纵横谈》,北京大学出版社,2005年
4. 任继愈:《中华五千年的历史经验》,人民网-读书频道,2010年3月19日
5. 毛泽东:《中国革命和中国共产党》(1939年12月),第一章第三节、第二章第一节
6. 习近平:《实现中华民族伟大复兴是中华民族近代以来最伟大的梦想》(2012年11月29日)

 # 救亡图存的多样探索

学习目标

1. 描述近代以来中国的先进分子和人民群众为救亡图存而进行的艰苦探索、顽强奋斗的历程及其经验教训；

2. 比较农民阶级、地主阶级、洋务派、资产阶级维新派和革命派等不同社会力量救国方案的不同。

专题导学

1. 背景

资本-帝国主义侵略、压迫中国人民的过程，也是中国人民反抗侵略、反抗压迫的过程。为了争取国家独立，实现民族复兴，19世纪后期至20世纪初，中华民族的优秀儿女在屈辱苦难中奋起抗争，为探寻争取民族独立、人民解放和实现国家富强、人民富裕的出路，掀起了生生不息、再接再厉的英勇斗争。

2. 视频学习中的重要事件坐标

- 中国农民反帝反封建的斗争
    - ▲天国悲歌
    - ▲太平天国北伐军最后悲壮一战
    - ▲麦稞地里杀僧王
    - ▲义和团血性抗侵略
- 封建统治阶级的自救措施
    - ▲林则徐睁眼看世界
    - ▲洋务运动
    - ▲左宗棠抬棺西征
- 新兴资产阶级反帝反封建的斗争
    - ▲老佛爷掐断了变法的路
    - ▲秋瑾之死

▲大清王朝的催命符
▲武昌首义敲响清政府丧钟
▲孙中山组建南京临时政府

3. 影响

近代以来，中国的志士仁人怀着强烈的忧患意识和变革意识，历尽千辛万苦，探索挽救中华民族危亡、实现民族复兴的道路。中国社会各阶级在救亡图存、振兴中华这面爱国主义大旗下，从各自的阶级立场出发，对国家的出路进行探索，先后提出了不同的主张和方案，并进行了不同程度的斗争，无奈均以失败告终。无论是农民阶级、地主阶级，还是资产阶级，他们终究都未能改变中国的社会性质和中国人民的悲惨命运，无法为中国找到真正的出路，实现民族独立和国家富强。

4. 想一想

农民阶级在中国近代反帝反封建的斗争中谱写了气吞山河的华章，但其斗争最终都悲壮地失败了。失败的原因是什么？地主阶级为什么不能完成自我救赎？如何看待资产阶级在国家出路探索上取得的成绩？为什么资本主义在中国走不通？

视频内容简介

2.1 天国悲歌

1863 年 12 月，太平天国危在旦夕。天京城四周布满了曾国荃的湘军，城围粮断，湘军随时会破城而入。从苏南前线赶回天京的李秀成向洪秀全提出"让城别走"另辟新根据地的建议，但洪秀全训斥说："……朕之天兵多过于水，何惧曾妖者乎！"太平天国这一场反对腐朽的清朝封建统治的农民运动，因领袖陷入宗教迷信的泥潭，注定走不长远。

1843 年，洪秀全创立拜上帝教，自称"天父之子"，要代天父讨伐暴虐的清王朝，在中国建立一个平等、富裕的社会。拜上帝教宣传的平等思想对当时的广大人民有很大的号召力。1851 年 1 月 11 日，各地拜上帝教会众万余人云集广西桂平金田村，在洪秀全的率领下，发动起义，建号"太平天国"。随后，太平军从广西经湖南、湖北、江西、安徽，一路势如破竹，所到之处推倒官府，冲击纲常名教，沉重打击了堕落、腐朽的清王朝。1853 年 3 月，太平军占领南京，定为首都，改名天京，正式建立了与清政府相对峙的政权。太平天国定都天京后，先后进行了北伐、西征和天京城外的破围战，使政权得到巩固，军事上达到全盛时期。太平天国还颁布了《天朝田亩制度》，希望建立一个"有田同耕，有饭同食，有衣同穿，有钱同使，无处不均匀，无人不饱暖"的理想社会。

正当太平天国如日中天之时，农民小生产者的阶级局限性暴露了出来。农民领袖们迅速走向腐败，生活糜烂，结成宗派，由反封建、求平等的斗士，变为封建专制的维护者。宗教在政治上的危害也骤然而至。1856年8月,杨秀清自称"天父下凡",威逼洪秀全封其为"万岁",洪、杨二人的矛盾达到顶点,最终酿成"天京事变"。东王杨秀清、北王韦昌辉先后被杀,翼王石达开率部出走,后在四川全军覆没。天京事变成为太平天国由盛转衰的分水岭。

天京事变后,洪秀全重振朝纲,任命从香港归来的族弟洪仁玕总理朝政。洪仁玕提出了一个统筹全局的改革方案——《资政新篇》,希望将中国引向发展资本主义的道路。太平天国领导人仍在努力寻求一条自救与救国的新路。

然而,此时的太平天国面临中外反动势力联合进攻的严峻局面。第二次鸦片战争后,刚刚兵戎相见的清政府与英法侵略者握手言和。1862年2月8日,清政府颁发"借师助剿"的上谕,与侵略者共同剿杀太平军。而此时的洪秀全仍如痴如狂地迷恋着拜上帝教,一度改太平天国为上帝天国,即希望天父上帝来挽救人间的天国。1864年7月19日,湘军挖地道,用火药轰塌城墙20余丈,突入缺口,天京失陷,天国陨落。

这场历时14年之久的农民起义,达到了中国旧式农民战争的最高峰,严重削弱了清朝封建统治的基础,布下了革命的火种。后来孙中山等革命党人以太平天国事业的继承者自居,掀起了波澜壮阔的反清反封建专制斗争。

2.2 太平天国北伐军最后悲壮一战

北伐是太平天国定都天京后制定的一个大战略。为了推翻清朝统治,打乱清军围困天京的军事部署,天王洪秀全派遣精兵远袭北京,直捣清朝的统治中心。北伐军从扬州誓师,过安徽,进河南,渡黄河,入山西,直捣直隶,成为插入清朝心脏地带的一把尖刀。北京、天津震动,权贵之家准备北移避祸。可是,北伐军孤军远征,是一个轻敌冒进的战略失误,终于酿成悲剧,被清军围困。

1854年2月,距北伐军发出求援信已有3个月,杨秀清派出一支由夏官又正丞相曾立昌等人率领的不足8 000人的部队,援救北伐军。此时,林凤祥遭逢了一生中最为强悍的敌人——僧格林沁。僧格林沁采用马队紧追不舍、步队掘濠围困的战术,将静海、独流团团围住。北伐军以流动作战见长,一旦被困,就会被耗得弹尽粮绝。林凤祥久等援军不至,处境十分艰难,于是率部突围南走阜城。僧格林沁指挥清军马队紧追不舍,北伐军再度被围于阜城。

这时,曾立昌等人率领的北伐援军已渡过黄河天险,一路势如破竹,4月攻占临清,距阜城仅有200余里,只需两三天的路程。然而,此时北伐援军内部发生战略分歧。杨秀清再次派出援军,但都归于失败。从此,北伐军的斗争,进入了最艰苦、最悲壮的阶段。

1855年,北伐军与清军进入最后的决战阶段。僧格林沁指挥数万清军,在连镇四周构筑数十里的土城,企图将北伐军困死。北伐军即使在绝境之下,仍奋勇还击,多次击退清军的进攻。最后,李开芳轻信僧格林沁"投降不杀"的许诺,出降被俘,后被解送至北京杀害。至此，经过两年多艰苦卓绝的奋战，北伐军全军覆没。

北伐失败是太平天国自起义以来所遭受的最大一次损失。然而，北伐军将士英勇奋战，震撼了清朝心脏地带，牵制了北方大量的清军，对国内人民的反清斗争起到了支持作用。北伐军将士不屈不挠的意志和英勇无畏的精神也鼓舞着后来人。

2.3 麦稞地里杀僧王

19世纪中后期，历经两次鸦片战争的清政府无论是内政还是外交皆陷入困境，社会矛盾迅速激化，全国各族人民反抗清朝统治的起义风起云涌。早在嘉庆年间，中国北方就有捻子活动。1855年，黄河改道，皖北、苏北大批灾民流离失所，纷纷加入捻军，在皖、鲁、豫、苏等地形成了十余支独立的队伍，这些队伍逐步由分散斗争趋向联合作战。张乐行被各路捻军首领推为"盟主"。盟会决定以尹沟为首都，以雉河集为陪都，下设军师及黄、白、红、蓝、黑五旗总旗主，统率全军。捻军成为北方反清斗争的主力。

太平天国还没有荡平，又多出一个捻军，这让在第二次鸦片战争中逃到承德避暑山庄的咸丰皇帝焦头烂额。湘军、淮军在对付太平军，八旗军、绿营军又不堪重任，咸丰皇帝不得不重新启用僧格林沁，任命他为剿捻钦差大臣，前往直隶镇压捻军。

僧格林沁骁勇善战，所部蒙古铁骑为清军精锐，曾击溃太平天国北伐军，在大沽口曾重创英法联军。但在八里桥之战中，僧格林沁因兵败被革职。然而，在不到三个月的时间里，僧格林沁又被朝廷委以重任，他自然是感激涕零，誓言要一举消灭捻军。1863年春，僧格林沁率部攻陷捻军陪都雉河集，捕杀了捻军首领张乐行。张乐行死后，捻军在首领赖文光、张宗禹的率领下，整编成一支集中统一的部队，史称"新捻军"。新捻军"易步为骑"，发展成一支以骑兵为主的部队。新捻军大范围地流动作战，领着僧格林沁和蒙古铁骑玩起了"猫捉老鼠"的游戏，蒙古铁骑被拖得疲惫不堪。但狂妄自大的僧格林沁一意孤行，想一口吞掉捻军，仍穷追不舍。当他在山东曹州高楼寨追上捻军时，没想到等待他的是捻军设计的伏击圈。

1865年5月18日，僧格林沁率领久疲之师，进入高楼寨。埋伏在高楼寨的捻军从四面八方冲出。蒙古铁骑遭遇近战，几乎全被歼灭。僧格林沁在战斗中和大部队失去联系，仅率少数随从冒死突围，当逃至吴家店时，被小捻军张皮绠搜出杀死。僧格林沁就此了结了一生。

僧格林沁死后，蒙古铁骑从此一蹶不振。清政府丧失了八旗中最后一支劲旅，不得不依靠曾国藩的湘军、李鸿章的淮军，兵权逐渐落入汉人督抚手中。满汉之间的权力斗争由此一直延续到清朝灭亡。

2.4 义和团血性抗侵略

甲午战争后，中国的民族危机空前严重，中国面临被列强瓜分的危险。列强叫嚣要

"干净利落地解决中国问题，由欧洲有关的几个主要国家加以瓜分"，随后争相在中国抢夺路权、矿权，划分势力范围，掀起了瓜分中国的狂潮。民族危机愈加严重，终于爆发了义和团反帝爱国运动。

义和团最早兴起于山东、直隶交界地区。1897年，山东冠县梨园屯村民与教堂因土地问题起了冲突。村民阎书勤等人邀请威县著名的梅花拳师赵三多前来相助。1898年10月25日，赵三多等人在梨园屯附近的蒋家庄竖起"扶清灭洋"的旗帜，攻打教堂。随后一年多的时间里，这场反帝爱国运动犹如星星之火开始燎原。朴实健壮的"匹夫"挺起了民族的脊梁，心中燃烧着反帝的怒火，把斗争的矛头毫无畏惧地对准了帝国主义群魔。"义和团，起山东，不到仨月遍地红。"在短短数月的时间内，义和团如狂飙突起，震惊中外。

1900年5月28日晚，各国公使开会一致决定直接出兵镇压义和团。6月10日，英国驻华舰队司令官海军中将西摩率领英、日、俄、美、德、法、意、奥八国拼凑了2000多侵略军，乘火车由天津向北京进犯。得到消息的义和团与清军一起拆毁沿途铁路，砍断电线杆，切断通信，将侵略军阻截在廊坊。西摩率领的联军陷入义和团的围攻之中，伤亡惨重，不得不撤回天津。

6月16—19日，慈禧太后连续四次召开御前会议，商讨局势与对策。以载漪、刚毅为首的顽固派主张招抚义和团，与洋人抗衡；而奕劻、王文韶等人认为招抚义和团，授列强以入侵口实，将使中国蒙受更大损失，坚决主剿。6月16日夜，慈禧太后得到一份机密情报：列强准备勒令慈禧太后归政光绪皇帝。慈禧太后异常愤怒。21日，慈禧太后以光绪皇帝的名义发布"宣战谕旨"："与其苟且图存，贻羞万古，孰若大张挞伐，一决雌雄。"同时谕令各省督抚招抚义和团，抵御外侮。

义和团未能识破阴谋，接受了清政府的招抚。8月初，八国联军约2万人，装备精良，声势浩大，由天津进犯北京。义和团团民拿着大刀、长矛对抗洋枪洋炮，成为被清政府利用的牺牲品。八国联军攻进北京后，慈禧太后带着光绪皇帝及亲贵大臣们西逃。在逃亡途中，她发布"剿匪"谕旨，通令各地文武官员剿办义和团，要"严行查办，务绝根株"。中外反动势力联合镇压了义和团。然而，义和团运动显示出，中国社会底层蕴藏着巨大的反抗力量。这股力量一旦被调动起来，可以战胜任何侵略者。

2.5 林则徐睁眼看世界

广州，素有中国"南大门"之称，自唐宋以来便是中国首屈一指的对外贸易大港，但在清朝嘉庆、道光年间成为英国鸦片贩子向中国走私鸦片的集散地。为了打开中国的国门，扭转对华贸易逆差，英国资产阶级无耻地向中国走私鸦片，给中国人民带来了深重的灾难。林则徐到达广州后声称："若鸦片一日未绝，本大臣一日不回"，决心禁绝鸦片。然而，当林则徐询问贩烟国的情况时，在场的文武官员皆表示"实不知来历"。林则徐感到非常震惊，因为做不到知己知彼，何谈打赢这一场禁烟战！

西方文明对林则徐这一代人来说是非常陌生的。清政府实行闭关锁国政策，大多数国人沉浸在"天朝上国"的迷梦之中，闭目塞听，不知西方国家为何物，不愿与洋人打交道，视西方的科学技术为"奇技淫巧"。林则徐在禁烟、抗英、与西方人打交道的过程中，迅速开阔了眼界。一方面，他意识到国人的西学知识贫乏；另一方面，他预感到中国将面临一个强大的敌人，必须了解这个敌人，才能战胜之。

当时中国懂英文的人寥寥无几。1839年，林则徐派人从广州找来通晓英文和西方国家情况的袁德辉、林阿适，又派人从澳门用重金聘来翻译家梁进德。林则徐求贤若渴的精神和诚意打动了很多人。梁廷枏、张维屏、俞正燮等通晓夷务的学者纷纷表示愿意提供帮助。人员聚齐后，林则徐在钦差大臣行辕驻地——越华书院设立译馆，先让他们翻译《澳门新闻纸》《新加坡自由报》，以了解西方国家对中国禁烟运动的反应。林则徐还思考查禁鸦片是否可以找到国际法律的根据。后来林则徐在查禁鸦片和处理"林维喜事件"时都曾援引国际法，开启了中国近代公法外交的先河。

1839年12月，林则徐令梁进德负责编译英国人慕瑞写的《世界地理大全》，编成《四洲志》。该书使中国人开始有了"世界"的概念。后来，林则徐把自己收集的资料和《四洲志》书稿交给友人魏源。魏源在这本书的基础上，扩编成影响巨大的《海国图志》。

林则徐睁眼看世界，探求世界新知，开时代风气之先。在他的带动与影响下，一批先进的中国人开始向西方学习，寻求救国救民的真理，艰难地迈出了近代中国走向世界的第一步。

2.6 洋务运动

为了挽救清政府的经济危机和社会危机，清朝统治阶级中的部分官员如奕䜣、曾国藩、李鸿章、左宗棠、张之洞等，极力主张引进、仿造西方武器装备和学习西方科学技术，创设近代企业，兴办洋务。于是，以建立近代军事工业为直接目的的洋务运动应运而生。

洋务派的富国强兵之梦是从"自强"开始的，洋务派创办了一批军事工业，如江南机器制造总局（1865年创办）、金陵机器制造总局（1865年创办）等。企业由政府投资，朝廷委派地方大员总办。所造军火由政府无偿调用，用来装备海陆军。这些企业采用大机器生产，某些技术性工作还聘请专门的技术人员，所以其不完全等同于此前的封建官府企业，客观上促进了封建经济的解体。一些企业如江南机器制造总局还内设翻译馆，翻译出版西方国家的自然科学和技术书籍。

从19世纪60年代起，在镇压太平天国起义的过程中，洋务派认识到革新旧军队的重要性，京师和天津、上海、广州、福州等地的军队，如李鸿章的淮军、左宗棠的湘军，纷纷改用洋枪洋炮，聘用外国教练。

洋务派兴办军事工业不计成本、不求利润，因此必须依赖雄厚的国民经济基础。而中国此刻的传统经济和财税政策根本无法提供充足的经济支持，加上遍及各地的农民起义被镇压和外商在华投资设厂的刺激，以创办军事工业为主的洋务运动在后期逐渐创办了以"求富"为目的的民用企业。一大批采用官办、官督商办、官商合办等形式的民用企业创办起来，如轮船招商局（1872年创办）、开平矿务局（1878年创办）等，这些企业造就了一大批掌握近代生产方法和技能的技术工人，初步奠定了中国近代国民经济的格局，对外国的经济侵略也有一定程度的抵抗作用。

当时洋务企业的创办者和经营者，以及以"自强""求富"挽救民族危亡为己任的士大夫们，都很乐观地认为洋务运动内可平息各地区各民族的斗争，外可收回权利，与洋人进行商战。但是，无论是军事工业还是民用企业，它们都带有浓厚的封建色彩和对外国资本的依赖性。洋务运动持"中体西用"思想，企图以吸取西方近代生产技术为手段，来达到维护和巩固清朝封建统治的目的，这就决定了它必然失败的命运。军事工业由官府垄断经营，是地方军阀扩充势力的工具。民用企业的创办和发展全靠政府的支持，经营和管理大权都由官员操纵。虽然企业的主权属于中国，但由于主要机器设备从国外购买，生产的主要原料和燃料也从国外进口，从机器安装到生产，都要依赖外国技师的操作和指导，因而洋务派也不得不仰洋人之鼻息。

洋务运动历时30多年，洋务派在当时的历史背景下颇有胆识。他们经受住了来自守旧官僚很大的舆论压力，也冲破了过去那种"天朝上国"无所不有的思想藩篱，认为中国欲图自强，必须睁眼看世界，"师夷长技以制夷"，放弃了自大虚骄心态。但甲午海战一役，洋务派经营多年的北洋舰队全军覆没，标志着以"自强""求富"为目标的洋务运动的失败。洋务运动虽然办起了一批企业，建立了北洋舰队，但是没有使中国富强起来，未能为中国贫弱找到出路。

2.7 左宗棠抬棺西征

1871年7月，沙俄侵占伊犁的消息传到兰州陕甘总督署，总督左宗棠怒不可遏，拍案而起。他担心，若再不拿出强硬手段收复这些领土，中国将会彻底失去新疆。

19世纪60年代，新疆一些封建主和宗教上层人物趁太平天国和陕甘回民起义之机，割据地方，各自为王，给了外国侵略者可乘之机。1865年1月，中亚浩罕汗国派阿古柏率兵侵入新疆，占领喀什噶尔。1867年，阿古柏在喀什噶尔宣布建立"哲德沙尔汗国"，自立为汗。后又向天山北路扩张，攻占乌鲁木齐等地。居心不良的沙俄和英国，先后承认"哲德沙尔汗国"。沙俄更是赤裸裸地出兵占领了新疆的军政中心——伊犁，还狡辩说为中国代管，实际上是再一次蚕食中国的领土。

眼看整个新疆就要沦入侵略者之手，左宗棠寝食难安。疾病缠身的他本可以在平定陕甘回民起义之后急流勇退，但"身无半亩心忧天下"的使命感，促使他仍投身于为国家民族的前途和命运的奋斗之中，立即提出了收复新疆的用兵方略。

然而，此时中国东南海疆出事了。1874年5月，日本借"琉球事件"进犯中国台湾。

一边是东南万里海防，一边是西北万里塞防，均需要大把的银子。于是，在朝中出现了海防与塞防之争。

最终，左宗棠收复新疆的主张，得到清政府的采纳。而且通过争论，清政府意识到，既有信心和智慧，又有胆识和力量，足以担负起收复新疆这一重任者，唯左宗棠一人。1876年3月，左宗棠以65岁高龄，指挥湘军6万余众誓师西征。左宗棠采取"先北后南，缓进急战"的策略，在短短一年多的时间里，马踏天山，迅速歼灭了阿古柏势力。之后，为了配合曾纪泽与沙俄的谈判，左宗棠让士兵抬着一口空棺材，自己跟在身后，表示收复伊犁的决心。西征将士们也纷纷表示以死效命，收回伊犁。最后，贪婪成性的沙俄不得不将伊犁归还中国。左宗棠收复新疆，捍卫了国家的统一和领土的完整，反抗外国侵略者的壮举铭记人间。

2.8 老佛爷掐断了变法的路

在1894年的甲午战争中，中国惨败于"蕞尔小国"日本，让大清朝君臣上下颜面尽失。1895年，日本逼签《马关条约》，清政府被迫割让辽东半岛（后因俄、法、德干涉而未能得逞）、台湾全岛及其所有附属各岛屿、澎湖列岛，并赔款白银2亿两的消息传到北京，群情激愤。4月30日，18省举人1 300多人齐集宣武门外达智桥松筠庵草堂，商讨上书。会后，众人推举广东举人康有为起草"万言书"，提出"拒和、迁都、练兵、变法"的主张。此次"公车上书"对社会的震动很大。自此，变法救亡运动在全国蓬勃开展起来。

甲午战争后，帝国主义在中国抢夺路权、矿权，强占租界地，划分势力范围，掀起瓜分中国的狂潮。光绪皇帝不甘做亡国之君，不忍看到自己的国家一步步走向沉沦，一心想有所作为。1895年5月，光绪皇帝看到了都察院呈上来的康有为的《上清帝第三书》。光绪皇帝马上下令另行抄录，一份递呈慈禧太后，一份交军机处封存，一份发送各省督抚讨论，征求意见。光绪皇帝和维新思想产生共鸣。他决定接受康有为提出的变法主张，进行改革，以挽救民族危亡。

1898年6月11日，光绪皇帝颁布"明定国是"诏书。古老的中国上演了一场改革运动——戊戌变法。6月16日，光绪皇帝冲破阻力，在颐和园勤政殿召见康有为，商讨变法具体步骤和措施。之后，光绪皇帝任命康有为为总理衙门章京上行走，准其专折奏事，筹备变法事宜。在戊戌变法期间，光绪皇帝根据康有为等人的建议，颁布了一系列新政诏令，在政治、经济、军事、文教诸方面实行改革。然而，历史赐予了维新派一丝机会，却未给他们打开成功的窗户。

戊戌变法触动了顽固派的利益，遭到他们的强烈反对。慈禧太后也感觉到事情朝不可控的方向发展。6月15日，慈禧太后迫令光绪皇帝连下三道上谕：①免去翁同龢的军机大臣及其他一切职务，驱逐回原籍；②新授任的二品以上官员，须到慈禧太后面前谢恩；③任命荣禄署理直隶总督，统领北洋三军。慈禧太后仍牢牢控制着国家的最高权力，随时准备从幕后走到台前，再次"垂帘听政"。

9月11日，毫无实权的光绪皇帝，想奋力一搏，召袁世凯来京陛见。荣禄"颇觉骇异"，立即调动军队，以防他变。9月21日，慈禧太后发动政变，囚禁光绪皇帝。康有为、梁启超逃往海外，谭嗣同、刘光第、林旭、杨锐、杨深秀、康广仁六人在宣武门外的菜市口刑场英勇就义。历时103天的戊戌变法失败。一百多年来，戊戌维新志士的献身精神传遍中华大地，激励着一代代怀有爱国热情的中华儿女踏上振兴中华的奋斗征程。

2.9 秋瑾之死

秋瑾目睹了八国联军在北京烧杀抢掠、无恶不作而朝廷昏庸无能的局面，从而萌生了以身报国的远大志向。1904年7月，秋瑾不顾家人的反对，独自踏上了东渡日本的航船。20世纪初的日本已处于资本主义确立时期，资产阶级的自由、平等、人权思想广为传播。受新思想的影响，秋瑾抛弃妇愁闺怨，热情洋溢地投入到留日学生组织的革命活动中。她加入"演说练习会"，被推为会长；参与创办《白话报》，自任主编；与陈撷芬等人发起"实行共爱会"，号召同志们向"'男尊女卑''女子无才便是德''夫为妻纲'这些胡说"开战；参加冯自由组织的三合会，被封为"白纸扇"（军师）。秋瑾已变成一位倡导妇女解放的先驱和具有民主思想的反清革命志士。

1905年初，秋瑾结识了赴日的光复会领袖陶成章。经陶成章介绍，秋瑾归国省亲时，在上海会见了光复会会长蔡元培，在绍兴会见了徐锡麟。经徐锡麟介绍，秋瑾加入光复会。此时国内革命形势有了迅速的发展。中国同盟会成立后，经冯自由介绍，秋瑾加入了中国同盟会。此时，侠肝义胆的秋瑾已做好牺牲的准备。

1907年2月，秋瑾接任大通学堂督办，以办学掩护革命活动。3月，她与徐锡麟在安庆秘密会晤，决定浙、皖两省联合起义。4月，在杭州白云庵，秋瑾召集浙江各地会党、军界首领秘密开会，组建光复军，推举徐锡麟为统领，自居协领，积极进行起义的筹备工作。

1907年7月6日，徐锡麟仓促刺杀安徽巡抚恩铭，在安庆发动起义。由于准备不足，激战数小时后，徐锡麟被捕，最后慷慨就义。皖省起义失败，秋瑾的活动也暴露了。

1907年7月10日，秋瑾得到消息，清政府要来抓捕她。秋瑾拒绝离开，表示："革命要流血才会成功。"她从容指挥学生掩埋枪支、销毁名册，即时避开，自己却坚守大通学堂。14日下午，清兵包围大通学堂，逮捕了秋瑾。秋瑾写下"秋风秋雨愁煞人"这个唯一的"笔供"。15日凌晨，秋瑾就义于绍兴轩亭口。

秋瑾遇难的消息在社会上引起了巨大震动。《神州日报》《申报》等各大报纸纷纷谴责官府的暴虐，对秋瑾报以同情和哀悼。民心所向，势不可当，注定了清王朝灭亡的命运。

2.10 大清王朝的催命符

1911年，穷途末路的清政府方寸已乱，昏着频出。5月8日，清政府批准设立了臭名昭著的"皇族内阁",暴露了其假立宪、真专制的骗局。5月9日,清政府再出昏着,宣布"铁路干线国有"政策,将已归商办的粤汉、川汉铁路收归国有,并公开出卖粤汉、川汉铁路的修筑权。全国人民愤怒了,掀起了一场声势浩大的保路运动。清政府的命运急转直下,迅速走向败亡。

以"刚毅好胜、敢为天下先"著称的湖南人首先起来反抗。5月14日,湖南社会各界一万多人在长沙湖南教育总会举行集会,希望清政府收回成命。5月16日,湘路公司长沙、株洲一带的万余铁路工人举行游行示威,向长沙进发,沿途高呼"商须罢市、学须停课,一般人民须抗租税",以示抗议。6月,湖北商办铁路公司、铁路协会、谘议局各大团体纷纷举行会议,商讨办法,要求清政府"收回成命,仍准商办"。股东纷纷向川汉铁路公司索要股本。宜昌到万县的铁路工人停工,表示支持。清政府派军队前往镇压,数千铁路工人抢起铁锤、挥动棍棒、投掷石块,与清军展开激战,用暴力行动反抗清政府。

铁路国有的消息传到四川,全省哗然,川民极为愤慨,保路风潮愈演愈烈。6月17日,成都各社会团体以及川汉铁路公司的股东数千人在川汉铁路总公司集会,将成都岳府街挤得水泄不通。会议决定成立四川保路同志会,推举立宪派人士蒲殿俊、罗纶为正、副会长。四川保路同志会发布《保路同志会宣言书》,提出"破约保路"的宗旨,呼吁各府县组织保路同志协会。四川各州县闻风响应,纷纷成立保路分会和协会。绅商、工人、农民和市民也投身于保路运动之中。不到10天,保路同志会的会员发展到数十万人。斗争日趋激烈。8月底,成都出现了罢市、罢课、抗粮的群众斗争,声势波及全川。

8月2日,赵尔丰赶到成都,就任四川总督,准备采用铁血手腕,弹压保路风潮。9月7日,赵尔丰谎称商议路事,将蒲殿俊、罗纶、邓孝可等保路运动领导人骗到总督衙门,后下令将这些人全部逮捕。消息传出,数万群众汇集在总督衙门请愿,要求放人。利令智昏的赵尔丰竟然下令清兵向请愿群众开枪,当场枪杀30多人,制造了骇人听闻的"成都血案"。

成都血案敲响了清王朝的丧钟。和平保路,演变成了武装起义。同盟会会员龙剑鸣、曹笃等人用木片制成"水电报",把消息传遍川西南各地。9月8日,保路同志军兵围成都。数日之内,队伍发展到20多万人。9月25日,同盟会会员吴玉章、王天杰领导荣县独立,成立军政府,建立了辛亥革命时期第一个县级革命政权。

为平定动乱,清政府急调湖北新军入川,造成武昌守备空虚。1911年10月10日,革命党人趁机在武昌发动起义。随后全国风起云涌的革命浪潮以摧枯拉朽之势推翻了清朝的封建统治。清政府的"铁路干线国有"昏着,实成了大清王朝的催命符。

2.11 武昌首义敲响清政府丧钟

1910年2月,广州新军起义失败后,一些同盟会会员出现了悲观气馁的情绪。同盟会领导人谭人凤、宋教仁深感忧虑,急于求变,于6月在日本东京宋教仁寓所寒香园召集会议,商讨革命进行方略。会上,宋教仁提出了著名的"革命三策":上策为中央革命,联络北方军队,以东三省为后援,一举而占北京,然后号令全国;中策为长江流域各省同时并举,设立政府,然后北伐;下策为在东三省或云南、两广起事,占据一隅,徐图进取。经过讨论,大家一致认为"上策"太难,"下策"屡遭失败,"中策"最合适。

7月31日,宋教仁、谭人凤等在上海成立中国同盟会中部总部,"谋长江革命"。他们认为,湖北、湖南是财赋大省,居华中枢纽,九流汇集,交通便利,如果起义成功,足以震动全国,激发各省起义。但黄兴和孙中山先生有不同认识,自然影响到其他革命领导人,这也是因突发事件引发武昌起义后,同盟会重要领导人没能及时领导革命的重要原因之一。

事实上,两湖地区尤其是湖北的革命党人,一直在做着细致、扎实的武装起义工作。当时武汉是资产阶级革命运动发展比较充分的地区。1911年5月,清政府宣布"铁路干线国有"政策,激起全国人民的反对,保路风潮随之兴起。这一年秋天,四川保路运动逐渐由文明争路发展为武装起义。为了镇压四川保路运动,清政府急调湖北新军入川,使武汉守备空虚。湖北革命党人见时机成熟,决定发动起义。

9月16日,共进会和文学社的领导人在武昌雄楚楼10号刘公馆召开会议,商讨联合事项,准备迎接即将到来的"革命新高潮"。24日,湖北革命党人推蒋翊武为总指挥、孙武为参谋长,在武昌小朝街85号设立起义总指挥部。

10月9日,孙武等人在汉口俄租界配制炸弹时不慎引起爆炸,文件被俄国巡捕搜走,起义消息泄露。湖广总督瑞澂下令关闭城门,大肆捕杀革命党人。10日,他准备按名册逮捕新军中的革命党人。在这紧急关头,工程第八营后队正目(相当于班长)熊秉坤约集各队代表开会,大家决定立即发动起义。

晚7时许,工程第八营后队排长陶启胜巡查营房,发现金兆龙和程正瀛在擦枪,行为反常,便大声呵斥道:"汝辈造反耶?"并扭住金兆龙。金兆龙大呼"反"。新军士兵一哄而起。熊秉坤见状危急,急忙率领数十人直奔楚望台军械库,守库的士兵鸣枪配合,顺利地占领了楚望台。武昌城内外各标营的革命党人纷纷起义,赶向楚望台。起义人数达3 000多人。由于熊秉坤的官阶、威望不足以领袖群伦,一时军营秩序混乱。于是,众人推举工程第八营左队队官(相当于连长)吴兆麟为革命军临时总指挥。之后,起义军分三路向总督署发起进攻。瑞澂急忙从总督署后墙凿洞逃到"楚豫"号军舰上避难。黎明前,革命党人攻下总督署。武昌起义胜利了!两天后,武汉三镇全部光复!全国为之震动。

武昌起义后,革命形势星火燎原,各省相继宣告独立,统治中国260多年的清王朝走到了尽头。中国历史开启了新篇章。

2.12 孙中山组建南京临时政府

1911年,是中国历史的一个重要转折点。10月10日,资产阶级革命党人历经十几年艰苦卓绝的斗争,终于取得了武昌首义的成功。随之,各省纷纷响应,革命的浪潮迅速席卷全国。至11月初,就有十几个省以及上海和许多州县宣布脱离清政府的统治。建立统一的中央政府被提到议事日程上来。然而，当时有两个地方在酝酿组织中央政府，争夺革命的领导权：一个是首义之区湖北，另一个是中国同盟会中部总部所在地上海。

11月9日，湖北军政府都督黎元洪致电各省，请派代表来武昌共商筹组中央政府事宜。11月15日，到达上海的各省代表召开会议，议决承认湖北军政府代行中央政府职权，但代表会应在上海召开，即"政府设鄂，议会设沪"的方案。然而，湖北方面坚持在武昌开会的原议，并派居正、陶凤集赴上海进行磋商。上海方面做出让步，决定各省代表留一人在上海联络声气，其余人赴武昌筹组中央政府。

11月27日，北洋军攻陷汉阳，武昌城在北洋军炮火的袭击下，岌岌可危。各省代表会不得不移至汉口英租界举行。与此相反，12月2日，江浙联军光复南京，东南各省的革命形势一片大好。宋教仁、陈其美等革命党人联合江浙立宪派，决定在南京成立临时政府，电催汉口各省代表速返上海集会。12月4日，汉口代表会议做出决定：临时政府设于南京，各省代表会议改在南京举行。

同时，陈其美、程德全与留沪各省代表在上海江苏教育总会开会，推举黄兴、黎元洪为大元帅、副元帅，由大元帅负责筹组南京临时政府。此举引起湖北军政府和部分江浙军人的不满。汉口各省代表会认为此乃"荒谬行为"，"请宣告取消"。临时政府陷于难产。

1911年12月25日，孙中山的归国，打破了组织中央政府人选上的僵局，加快了组建革命政府的步伐。12月29日，17省代表在南京召开中华民国临时大总统选举会，选举临时大总统，采用一省一票制。孙中山当选为中华民国临时大总统。近两个月来，围绕组建中央政府各派势力相互争竞的局面尘埃落定。

1912年1月1日晚11时，孙中山在南京总督署大堂西暖阁举行就职典礼，并向全国人民宣读誓词："倾覆满洲专制政府，巩固中华民国，图谋民生幸福，此国民之公意，文实遵之，以忠于国，为众服务。至专制政府既倒，国内无变乱，民国卓立于世界，为列邦公认，文当解临时大总统之职。谨以此誓于国民。"中国历史上第一个资产阶级共和国——中华民国诞生了。辛亥革命不仅结束了两百多年的清朝统治，也结束了中国两千多年的封建君主专制制度。中国的历史开始进入民主共和的新时代。

学习检测

一、判断题

1. 洪秀全创立的拜上帝教所宣传的平等自由思想对当时的广大人民有很大的号召力。（　　）

2. 1853年，太平天国定都天京后，分兵进行了北伐、东征和天京城外的破围战，使政权得到巩固，军事上达到全盛时期。（　　）

3. 北伐军从天京誓师，过安徽，进河南，渡黄河，入山西，直捣直隶，成为插入清朝心脏地带的一把尖刀。（　　）

4. 林凤祥与僧格林沁的部队交战，最终林凤祥率领的北伐军再度被围于阜城。（   ）

5. 1860年，李大喜、张宗禹率领捻军一举占领清江浦，震动清廷。（   ）

6. 1855年秋，各路捻军大会于安徽蒙城雉河集，推举张宗禹为"盟主"。（   ）

7. 甲午战争后，中国的民族危机空前严重，中国面临被瓜分的危险。帝国主义列强不仅在政治上和经济上入侵，同时通过教会渗透，在文化上也加强了对中国的侵略，最终爆发了义和团反帝爱国运动。（   ）

8. 义和团最早兴起于山东、直隶交界地区。（   ）

9. 林则徐在查禁鸦片和处理"林维喜事件"时都曾援引国际法，开启了中国近代公法外交的先河。（   ）

10. 林则徐广纳贤士翻译西方书籍，介绍西方史地知识与文化，向国人打开了一扇了解世界的"窗户"，并在粤秀书院设立译馆。（   ）

11. 面对清政府财政拮据的窘况，左宗棠建议对西征军"可撤则撤，可停则停"，把省下来的饷银，匀作海防之用。（   ）

12. 1876年3月，左宗棠以65岁高龄，指挥湘军6万余众誓师西征。在短短一年多的时间里，左宗棠带兵迅速歼灭了阿古柏势力。（   ）

13. 1895年中、日签订《马关条约》，清政府割让香港岛、辽东半岛（后因俄、法、德干涉而未能得逞）、澎湖列岛及其附属岛屿给日本。（   ）

14. 1898年6月11日，光绪皇帝颁布"明定国是"诏书，开始实施一场资产阶级改良运动，史称"百日维新"。（   ）

15. 1907年4月，在杭州白云庵，秋瑾召集浙江各地会党、军界首领秘密开会，组建光复军，任统领，积极进行起义的筹备工作。（   ）

16. 秋瑾是一位倡导妇女解放的先驱和具有民主思想的反清革命志士。（   ）

17. 1911年5月8日，清政府批准设立"皇族内阁"，暴露了其假立宪、真专制的骗局。（   ）

18. 成都血案敲响了清王朝的丧钟。和平保路，演变成了铁路工人起义。（   ）

19. 1911年11月15日，各省代表召开会议，议决承认湖北军政府代行中央政府职权，但代表会应在上海召开，即"政府设鄂，议会设沪"的方案。（   ）

20. 1912年12月4日，南京临时政府成立。（   ）

21. 南京临时政府是一个资产阶级共和国性质的革命政权。（   ）

22. 洋务运动在客观上对中国民族资本主义的发展起了促进作用。（   ）

23. 《中华民国临时约法》是中国历史上第一部具有资产阶级共和国宪法性质的法典。（   ）

24. 甲午战争中北洋舰队的全军覆没，标志着洋务运动的失败。（   ）

25. 洋务运动是在清政府镇压太平天国的过程中和第二次鸦片战争结束后兴起的。（   ）

二、单项选择题

1. （　　）各地拜上帝教会众万余人云集广西桂平金田村，在洪秀全的率领下，发动起义，建号"太平天国"。
   A. 1851年11月11日　　　　　　　　B. 1851年1月11日
   C. 1851年11月1日　　　　　　　　 D. 1851年1月1日

2. 天京事变后，为了重振朝纲，（　　）提出了一个统筹全局的改革方案——《资政新篇》，希望将中国引向发展资本主义的道路。
   A. 洪秀全　　　　　　　　　　　　B. 石达开
   C. 杨秀清　　　　　　　　　　　　D. 洪仁玕

3. 为了推翻清朝统治，打乱清军围困天京的军事部署，太平天国派遣林凤祥、李开芳进行（　　）。
   A. 北伐　　　　　　　　　　　　　B. 西征
   C. 南伐　　　　　　　　　　　　　D. 天京破围战

4. 1855年，太平天国北伐军与清军进入最后的决战阶段。经过（　　）战役，北伐军全军覆没。北伐失败。
   A. 连镇和静海　　　　　　　　　　B. 冯官屯和阜城
   C. 连镇和冯官屯　　　　　　　　　D. 冯官屯和静海

5. 1865年5月，捻军（　　）手刃清朝名将僧格林沁，蒙古铁骑从此一蹶不振。
   A. 张皮绠　　　　　　　　　　　　B. 张乐行
   C. 李大喜　　　　　　　　　　　　D. 张宗禹

6. 捻军盟主张乐行死后，捻军在首领赖文光、张宗禹的率领下，整编发展成一支以（　　）为主的"新捻军"。
   A. 步兵　　　　　　　　　　　　　B. 骑兵
   C. 步骑混合　　　　　　　　　　　D. 骑射兵

7. 1898年10月25日，（　　）等人在山东冠县梨园屯附近的蒋家庄竖起"扶清灭洋"的旗帜，攻打教堂，拉开了一场犹如星火燎原的反帝爱国运动的序幕。
   A. 赵三多　　　　　　　　　　　　B. 阎书勤
   C. 刘三多　　　　　　　　　　　　D. 王文韶

8. （　　）晚，各国公使开会一致决定直接出兵镇压义和团。8月初，中外反动势力联合镇压了义和团，义和团反帝爱国运动失败。
   A. 1900年6月28日　　　　　　　　B. 1900年6月18日
   C. 1900年5月18日　　　　　　　　D. 1900年5月28日

9. 林则徐主持编译的（　　）使中国人开始有了"世界"的概念。
   A.《世界地理大全》　　　　　　　　B.《四洲志》
   C.《海国图志》　　　　　　　　　　D.《世界图志》

10. 为了找到查禁鸦片的国际法律根据，林则徐邀请（　　）帮助翻译了《各国律例》。

  A. 伯驾和梁进德　　　　　　　B. 袁德辉和伯驾

  C. 梁进德和袁德辉　　　　　　D. 伯驾和魏源

11. （　　）日本借"琉球事件"进犯中国台湾。

  A. 1871 年 7 月　　　　　　　B. 1865 年 1 月

  C. 1874 年 5 月　　　　　　　D. 1876 年 3 月

12. 1875 年 5 月 3 日，清廷发布上谕，任命（　　）为督办新疆军务的钦差大臣。在他的带领下，西征军成功收复伊犁。

  A. 左宗棠　　　　　　　　　　B. 李鸿章

  C. 曾国藩　　　　　　　　　　D. 张之洞

13. 1895 年 5 月，光绪皇帝决定接受康有为提出的（　　）的变法主张，进行改革，以挽救民族危亡。

  A. 拒和、迁都、练兵、变法　　B. 富国、养民、教民、练兵

  C. 拒和、练兵、养民、变法　　D. 迁都、富国、练兵、变法

14. 1898 年 9 月 21 日，慈禧太后发动政变，囚禁光绪皇帝。康有为、梁启超逃往海外，谭嗣同、刘光第、林旭、杨锐、杨深秀、康广仁六人在宣武门外的菜市口刑场英勇就义。历时（　　）天的戊戌变法失败。

  A. 103　　　　　　　　　　　　B. 104

  C. 105　　　　　　　　　　　　D. 106

15. 1905 年 8 月，（　　）在日本东京建立第一个全国性的资产阶级革命政党。

  A. 秋瑾　　　　　　　　　　　　B. 陶成章

  C. 孙中山　　　　　　　　　　　D. 徐锡麟

16. 秋瑾积极参与留日学生组织的革命活动，曾（　　）。

  A. 组建同盟会　　　　　　　　　B. 参与创办《白话报》

  C. 加入三合会，任会长　　　　　D. 创立"实行共进会"，任会长

17. 全国人民掀起声势浩大的保路运动的直接导火线是（　　）。

  A. 清政府批准设立"皇族内阁"

  B. 清政府宣布"铁路干线国有"政策

  C. 《粤汉、川汉铁路借款合同》的签订

  D. 清政府允许招商股成立铁路公司

18. 1911 年（　　），革命党人在武昌发动起义。随后全国风起云涌的革命浪潮推翻了清朝的封建统治。

  A. 10 月 10 日　　　　　　　　　B. 11 月 10 日

  C. 10 月 11 日　　　　　　　　　D. 11 月 11 日

19. 中国同盟会中部总部设在（　　）。
    A. 广州   B. 上海
    C. 南京   D. 武汉

20. （　　）中国历史上第一个资产阶级共和国诞生了。
    A. 1911年1月1日   B. 1912年1月1日
    C. 1911年10月1日   D. 1912年10月1日

21. 太平天国起义的领导人是（　　）。
    A. 林则徐   B. 洪秀全
    C. 李鸿章   D. 康有为

22. 发动太平天国起义的宗教组织是（　　）。
    A. 白莲教   B. 基督教
    C. 拜上帝教   D. 天地会

23. 太平天国起义历时（　　）年。
    A. 10   B. 14
    C. 18   D. 20

24. 最能体现太平天国社会理想和农民起义特色的文件是（　　）。
    A. 《海国图志》   B. 《天朝田亩制度》
    C. 《资政新篇》   D. 《救亡决论》

25. 中国历史上第一个比较系统的发展资本主义的方案是（　　）。
    A. 《海国图志》   B. 《天朝田亩制度》
    C. 《资政新篇》   D. 《救亡决论》

26. 洋务运动发端于（　　）。
    A. 19世纪40年代   B. 19世纪60年代
    C. 19世纪80年代   D. 20世纪20年代

27. 洋务派代表的社会阶层是（　　）。
    A. 地主阶级   B. 官僚资产阶级
    C. 民族资产阶级   D. 农民阶级

28. 19世纪60年代后，洋务派开展洋务运动的指导思想是（　　）。
    A. 师夷长技以制夷   B. 中学为体，西学为用
    C. 自强、求富   D. 托古改制

29. 洋务派首先兴办的是（　　）。
    A. 民用企业   B. 军事工业
    C. 新式学堂   D. 新式军队

30. 洋务派兴办的民用企业大多采用（　　）的方式。
    A. 官办   B. 商办

C. 官督商办   D. 官商合办

31. 戊戌维新运动的高潮是（　　）。
    A. 金田起义   B. 公车上书
    C. 百日维新   D. 广州起义

32. 中国民族资产阶级登上政治舞台的第一次表演是在（　　）。
    A. 洋务运动   B. 戊戌维新运动
    C. 辛亥革命   D. 五四运动

33. 太平天国由盛而衰的转折点是（　　）。
    A. 天京事变   B. 永安建制
    C. 北伐、西征   D. 定都天京

34. 下列各项不是近代对国家出路进行早期探索的是（　　）。
    A. 太平天国起义   B. 洋务运动
    C. 戊戌维新运动   D. 新文化运动

35. 1853年3月，太平军占领南京，定为首都，改名为（　　）。
    A. 西京   B. 北京
    C. 天京   D. 金陵

36. 武昌起义的导火线是（　　）。
    A. 黄花岗起义   B. 萍浏醴起义
    C. 保路运动   D. 广州起义

37. 1912年1月1日，孙中山在（　　）宣誓就职，宣告中华民国成立。
    A. 北京   B. 南京
    C. 广州   D. 上海

38. 中国历史上第一部具有资产阶级共和国宪法性质的法典是（　　）。
    A. 《钦定宪法大纲》   B. 《中华民国临时约法》
    C. 《中华民国约法》   D. 《试训政纲领》

39. 下列关于辛亥革命历史意义的表述，不正确的是（　　）。
    A. 推翻了清王朝，结束了中国两千多年的封建君主专制制度
    B. 一定程度上打击了帝国主义侵略势力，使其难以在中国建立稳定的统治秩序
    C. 为民族资本主义的发展创造了条件
    D. 使民主共和观念深入人心

40. 辛亥革命的失败是指（　　）。
    A. 没有完成反帝反封建的任务
    B. 没有推翻清政府的统治
    C. 没有打击帝国主义的在华势力
    D. 没有促进中国革命向前发展

重点·难点·热点

一、试述太平天国起义爆发的原因、历史过程及纲领。

旧式农民战争：没有先进阶级领导的单纯的农民战争。

中国历代农民战争此起彼伏，太平天国起义达到了旧式农民战争的最高峰。它发生在新时代，有其新的特点，例如，反对资本-帝国主义的侵略，并提出了一整套纲领、制度和政策等。

1. 爆发的原因

农民阶级是列强和封建统治阶级最主要的压迫对象和反抗力量。太平天国起义的爆发主要有两个原因：

其一，阶级矛盾突出。长期以来，中国农民在封建地主的压迫、剥削下，过着极度贫困、没有任何政治权利的生活。占农村人口仅 10% 的地主、官僚却占有绝大部分土地；而占农村人口 90% 的农民绝大多数靠租种地主土地过活，却要把全年收成的一半以上作为地租交给地主。阶级矛盾一直是中国社会的主要矛盾。

其二，西方资本主义的入侵激化了阶级矛盾。鸦片战争失败后，一方面，清政府为支付巨额战争赔款和军费，同时也为弥补财政亏空，加重了赋税的征收科派。旧赋新税，再加上官吏的横征暴敛，农民已不堪重负。另一方面，西方资本主义的入侵，导致中国以农业和家庭手工业相结合的自然经济逐渐解体。加之鸦片泛滥，白银外流更加严重，导致银贵钱贱，"昔日卖米三斗，输一亩之课而有余；今日卖米六斗，输一亩之课而不足"。农民田赋负担成倍增加。残酷的压迫和剥削使农民不得不起来反抗。1842—1850 年，农民反抗斗争此起彼伏，各族人民的反清起义在百次以上。太平天国起义就是在这种背景下爆发的。

2. 历史过程

太平天国起义历时 14 年（1851—1864 年），波及 18 个省。其兴衰过程可分为以下几个阶段：①酝酿阶段（1843—1850 年）。1843 年，洪秀全开始拜上帝，撷取原始基督教教义中普世平等思想及教规仪式，创立拜上帝教，组织发动群众。②起义阶段（1851 年 1—12 月）。1851 年 1 月金田起义，建号"太平天国"；同年 12 月"永安建制"，建立了自己的制度，封了很多王。③转战定都（1852 年 4 月—1853 年 3 月）。1852 年 4 月北出广西，转战湘、鄂。1853 年 1 月攻占武昌。同年 3 月占领南京，定为首都，改称天京，建立了与清政府对峙的农民政权。④军事全盛阶段（1853—1856 年 6 月）。北伐、西征和天京城外的破围战，兵临天津逼近北京，控制了鄂、赣、皖、苏大片地区。⑤危局苦斗阶段（1856 年 9 月—1863 年 12 月）。1856 年 9 月发生的天京事变，成为太平天国由盛而衰的转折点。之后太平军虽破江南、江北大营，取得三河镇大捷，还在江浙建立了根据地，但仍无法挽回颓势。⑥失败（1863 年 12 月—1864 年 7 月）。1864 年 1 月安庆失守。"天京保卫战"。同年 6 月，洪秀全病故。7 月，天京陷落，湘军屠城，太平天国起义失败。

3. 纲领

（1）《天朝田亩制度》。太平天国定都天京后，于1853年冬颁布了一个以解决土地问题为中心的，涉及政治、经济、文化、军事等方面的比较完整的社会改革方案，也是最能体现太平天国的社会理想和起义特色的纲领性文件——《天朝田亩制度》。

太平天国领导者希望通过施行这个制度，建立一个"有田同耕，有饭同食，有衣同穿，有钱同使，无处不均匀，无人不饱暖"的理想社会，因而极大地调动了广大农民参加革命的积极性，太平天国起义迅速席卷全国。《天朝田亩制度》从根本上否定了封建地主土地所有制，发展并超越了以往农民战争中"均贫富""等贵贱"等思想，将千百年来农民渴望土地的愿望和建立无剥削、无压迫的社会的理想系统化、纲领化和制度化。它既是这次运动的政治、经济和文化等方面的制度与政策，也是中国历史上第一个以解决土地问题为中心的农民革命纲领。但《天朝田亩制度》是在小生产的基础上废除私有制和平均社会财富，这是无法实现的空想，加之太平天国还在战争中，故而《天朝田亩制度》的平分土地方案从未实行过。

（2）《资政新篇》。这是太平天国后期颁布的具有资本主义色彩的社会改革发展方案。1859年，洪仁玕提出《资政新篇》，欲对中国社会上层建筑进行一些改革，在中国建立和发展资本主义。由于《资政新篇》不是农民战争实践的直接产物，又限于当时的历史条件，其并未能付诸实施。但它毕竟符合历史发展潮流，为之后中国社会的改革提供了有益的启示。

二、太平天国起义的历史意义以及失败的原因和教训是什么？

1. 太平天国起义的历史意义

太平天国起义虽然失败了，但它具有不可磨灭的历史功绩和重大的历史意义。

（1）沉重打击了封建统治阶级，强烈撼动了清政府的统治根基。起义动员了百万农民群众，历时14年，建立了农民政权，消灭了大量清军；晚清时，地方势力达到强盛时期，形成军阀割据。同时，在太平天国的影响下，全国各族人民的反清斗争风起云涌，如北方有捻军起义，南方有天地会、小刀会等领导的起义，西南地区有苗族、彝族领导的起义，西北地区有回民起义等，形成了全国性的反清斗争高潮，加速了清王朝的衰亡。

（2）在进军过程中，太平军毁孔庙、碎牌位，设立了由洪秀全亲自主持的"删书衙"，删改"四书""五经"，冲击了孔子和儒家经典的正统权威，这在一定程度上削弱了封建统治的精神支柱，动摇了封建政权、封建土地制度和封建思想文化。

（3）太平天国起义是中国旧式农民战争的最高峰。太平天国提出了反映农民拥有土地要求的《天朝田亩制度》，公开否定封建地主土地所有制，"平均地权"方案表现了绝对平均主义的社会理想。太平天国颁布的《资政新篇》则是中国近代史上第一个比较系统的发展资本主义的方案。它反映了太平天国后期洪仁玕等人试图通过向外国学习发展资本主义寻求出路的新努力。

（4）有力打击了外国侵略势力。太平天国的领袖们拒绝承认列强强加给中国的不平等条约，严禁鸦片贸易。当中外反动势力勾结起来镇压太平天国时，他们毫不犹豫地给英法联军和由外国军官组织与指挥的"常胜军""常捷军""洋枪队"以沉重的打击和教训，使侵略者"呼救无人"，"梦魂屡惊"。

（5）冲击了西方殖民者，推动和支持了亚洲民族解放运动。太平天国起义是19世纪中叶亚洲民族解放运动中时间最久、规模最大、影响最深的一次。它和其他亚洲国家的民族解放运动汇合在一起，冲击了西方殖民者在亚洲的统治。当时也有一些西方正义人士支持太平天国，如英国人呤唎帮助太平军买船、买军火，还参加了太平军。他回国后写了《太平天国革命亲历记》。

2. 太平天国起义失败的原因和教训

（1）客观原因：

反动势力异常强大。中外反动势力相勾结共同镇压太平天国。

（2）主观原因：

农民阶级不是新的生产力和生产关系的代表，无法克服小生产者所固有的阶级局限性，没有先进阶级的领导和科学思想理论的指导。

第一，政权的封建化和腐败化。农民阶级可以暂时建立劳动者的政权，但其最终会演变为封建专制政权。太平天国定都天京后，诸王追求封建特权和享乐生活。在天京大兴土木，建造各种规格的如"天王府""东王府"等豪华宅邸，排场阵势超过封建帝王。这些都大大削弱了太平天国的向心力和战斗力。

第二，政权领导者思想蜕化，相互争权夺利。诸王与部将及广大士兵关系逐渐疏离，诸王之间更是"彼此暌隔，猜忌日生"，无法长期保持领导集团的团结，最后由争权夺利发展到自相残杀。天京事变就是非常典型的例子。天京事变严重削弱了太平天国的军事力量，瓦解了领导集体，大批中坚领导和老将士被杀，元气大伤，成为太平天国由盛而衰的转折点。"堡垒最容易从内部攻破"。太平天国领导集团的自相残杀破坏了大好局面。

第三，缺乏科学思想理论的指导，土地纲领和社会改革方案的局限性以及政策的失误。《天朝田亩制度》是一个绝对平均主义的土地纲领，要回到自给自足的自然经济时代，逆历史而动，不准搞商品经济。同时，由于土地纲领主张绝对平均，不管你生产多少都是平均分配，所以难以调动农民的生产积极性，实际上是不可能实行的。《资政新篇》虽然提出了一个中国社会资本主义近代化的建设方案，但是这一方案在当时的历史条件下也是无法实行的，其中恰恰忽略了中国社会发展最关键，也是农民最关心的土地问题。政策上还一度要取消商业。另外，太平天国男女分营，一个家庭不能在一起生活，王者则可有后妃、宫女。

第四，以宗教来发动、组织群众，但到后来宗教的消极作用就暴露出来了。太平天国的拜上帝教，吸收了基督教原始的平等思想，在运动初期产生过积极的号召、鼓动作用，但其毕竟不是科学的思想理论，而是依靠迷信和天命思想等来动员人民群众的，如洪秀全的"天兄传言"、杨秀清的"天父传言"。天京被围，兵力不足，洪秀全却说："朕之天兵多过于水。"迷信不可能调动将士的斗志，反而会带来危害。另外，对外国侵略者一开始也因其信上帝而视为"洋兄洋弟"，对侵略者缺乏理性的认识和必要的警惕性。

太平天国起义及其失败表明，在半殖民地半封建的中国，农民是具有巨大革命潜力的阶级，但不能担负起领导反帝反封建斗争取得胜利的重任。单纯的农民战争不可能完成争取民族独立、人民解放的历史任务。

三、洋务运动的历史作用及其失败的原因是什么？

洋务运动实际上是清王朝在太平天国运动和第二次鸦片战争的双重打击下，地主阶级洋务派兴起的以学习西方军事技术挽救其统治的"自救运动"。洋务运动继承了"师夷长技以制夷"的思想，通过国家权力集中力量优先发展军事工业，同时兴办民用企业，并引进了资本主义生产方式，在客观上对中国近代工业和民族资本主义的发展起了某些促进作用，探索了中国近代化的道路。但由于其性质是地主阶级的自救运动，并不是要使中国朝着独立的资本主义方向发展，因此洋务派不可能真正担负起在中国发展资本主义的使命，故而最终未能求得中国的"强"，更未能求得中国的"富"。

1. 洋务运动的历史作用

（1）对列强侵略有所抵制。洋务派建立新式海陆军，加强了国防，民用企业也"稍分洋商之利"等。但对于列强，更多的是妥协和勾结，从太平天国起，洋务派对内镇压，对外则避战求和，没能阻止中国半殖民地化程度的加深。

（2）对中国民族资本主义的发展有所促进。洋务运动使中国有了第一批近代工业企业，给民族资本主义提供了一些发展机会，提供了管理经验、技术和人才；客观上对中国民族资本主义的发展起到了一定的推动作用，导致了中国社会阶级结构的变化，但更多的是阻碍作用，如实行垄断，洋务派创办了的企业不允许民间再办；还常常贪污民间商人的股份；管理非常腐败，企业衙门化管理；大小官吏不懂管理，更不懂技术，却拿很高的薪水，贪污腐败；许多企业最后都破产倒闭，使得中国民族资本主义很软弱。

（3）开辟了学习西方的途径，冲击了封建思想文化观念。开了近代教育、留学等新风气，但"中学为体，西学为用"的指导思想在根本上束缚了这种学习，使得向西方学习仅限于物质技术层面，不敢涉及社会体制，更拒绝改革封建政治制度、伦理道德和科举制度等。

2. 洋务运动失败的原因

洋务运动是地主阶级兴起的以"自强""求富"为目标的自救运动。洋务派作为封建统治阶级的一部分，阶级属性和运动性质决定了他们只能是封建制度的维护者。他们希望通过学习西方以"自强"，但民族矛盾和阶级矛盾双重的迫切需要以及自身阶级和认识能力的局限性，使得向西方学习仅限于"师夷长技"的物质技术层面，不可能实现"自强""求富"的目标。甲午战争的失败就充分说明了这一点。

第一，洋务运动具有封建性。洋务运动的指导思想是"中学为体，西学为用"，即在封建思想的指导下，在维持封建的上层建筑、经济基础的条件下发展一些近代工业，为维护清朝的封建统治服务。也就是说，洋务派企图以吸取西方近代科学技术为手段，来达到维护和巩固清朝封建统治的目的。这就决定了洋务运动必然失败的命运。因为新的生产力同封建主义的生产关系及其上层建筑不相容，它是不可能在封建主义的桎梏下充分地发展起来的。洋务派既要发展近代工业，却又采取垄断经营、侵吞商股等手段压制民族资本；既想培养洋务人才，又不愿改变封建科举制度。在这种情况下，中国是根本搞不了近代化的（所谓近代化，即中国人民向西方学习，寻求新的出路的过程）。

第二，洋务运动对列强具有依赖性。洋务运动进行之时，清政府已与列强签订了一批不平等条约，列强正是依据种种特权，从政治、经济等各方面加紧对中国的侵略和控制的。而洋务派官员却企图依赖列强，结果洋务企业无力与外国资本竞争。他们一再主张对外"和戎"，力图通过妥协来避免战争，最终却导致北洋舰队的覆灭。事实上，列强并不希望中国真正富强起来，在半殖民地半封建的社会条件下是难以通过单纯发展技术来使国家富强起来的。

第三，洋务企业的管理具有腐朽性。洋务派所创办的一些新式企业虽然具有一定的资本主义性质，但其管理基本上仍是封建衙门式的。洋务派所创办的军用工业完全由官方控制，经营不讲效益，造出的枪炮、轮船等往往质量低下。即使官商合办和官督商办的民用企业，其管理大多也是由政府"专派大员，用人理财悉听调度"，商人并无多少发言权，往往还要承担企业的亏损。企业内部极其腐败，充斥着营私舞弊、贪污盗窃、挥霍浪费等官场恶习。大小官员既不懂生产技术，又不懂经营管理。而没有先进的思想、知识和人才，不掌握先进的科学技术和经营管理方法，是搞不了近代化的。

洋务运动的实践表明：只有求得国家独立，才能从容地建设近代化；洋务运动必须有制度和政权的有力保证才能成功。

以"中学为体，西学为用"为指导思想的洋务运动不可能为中国摆脱贫弱找到出路。只有革命，只有推翻封建君主专制制度，争得国家独立、人民解放，才能建设近代化。

四、戊戌维新运动的意义和教训是什么？

甲午战争后，中国面临被列强瓜分的危险和空前严重的民族危机，这激发了新的民族觉醒，就如沉睡的雄狮，在豺狼撕扯的阵痛中苏醒。此时，中国的民族资本主义有了初步的发展，新兴的资产阶级迫切要求挣脱外国资本主义和国内封建势力的压迫与束缚，欲在中国开辟发展资本主义的道路。同时，西学东渐和日本学习西方的成功，促使一些代表资本主义发展要求的知识分子，把学习西方推进到学习资本主义的政治制度和思想文化的新层面。他们提出，要救国，只有维新；要维新，只有学外国。资产阶级的改良思想逐步形成为变法维新的思潮，从而引发了一场变法维新的政治思想运动。

1. 戊戌维新运动的意义

戊戌维新运动虽然失败了，但它在中国近代史上仍然有着重大的历史意义。有人将戊戌维新运动简单等同于资产阶级性质的政治改良运动，而对其加以否定。这是不符合历史事实的。实际上，戊戌维新运动是集救亡、改革、启蒙于一体的、进步的政治思想运动。

（1）戊戌维新运动是一次爱国救亡运动。在民族危亡的关键时刻，康有为、梁启超等人高举救亡图存的旗帜，疾呼要救国就要维新、要图存就要变法。他们的思想理论、宣传鼓动和政治实践，因贯穿强烈的爱国主义精神而推动了中华民族的觉醒。光绪皇帝之所以赞同变法，正是在列强侵逼的巨大压力下，深感如不变法自强，统治就难以为继，中国就没有出路。

（2）戊戌维新运动是一场资产阶级性质的政治改良运动。维新派提出的很多主张和光绪皇帝颁布的很多新政措施基本上反映了新兴的中国资产阶级在政治、经济和文化等方面的要求与主张，尤其是突破了洋务派"中体西用"思想的局限，鼓吹兴民权、设议院的主张，主张用君主立宪制替代君主专制制度，这不能不说是一个历史进步。戊戌维新运动虽然未能建立起君主立宪制，其颁布的若干促进民族资本主义发展的措施也未能生效，但是仍在政治、经济等领域一定程度上冲击了封建君主专制制度。

（3）戊戌维新运动更是一场学习西方的思想启蒙运动。从论战到维新，维新派人士翻译和传播了一批西方重要的社会政治学说与自然科学知识，宣传天赋人权、自由平等、社会进化观念，批判君主专制制度和封建纲常伦理，打破了顽固的封建思想壁垒，起到了刺激民族觉醒的积极作用，推动了中国近代的思想解放。"诗界革命""文体革命""小说界革命""戏剧改良""史学革命"等相继兴起，形成了广泛的文化革新运动；兴办新式学堂，积极推动了中国近代教育的发展；京师大学堂的创设，更成为中国近代国立高等教育的发端。

维新派还提出了许多移风易俗、开启社会新风的主张，并做了大量工作。如主张革除吸食鸦片、妇女缠足等恶俗陋习，主张"剪辫易服"，倡导讲文明、重卫生等。

2. 戊戌维新运动失败的原因和教训

戊戌维新运动的失败，主要是由于以慈禧太后为首的强大的守旧势力的反对和维新派自身的局限性。

（1）客观原因：新旧势力力量对比过于悬殊。以慈禧太后为首的守旧势力掌握了几乎所有权力，集合在慈禧太后周围形成强大的后党，拼命维护既得利益，尤其是统治阶级核心集团、大官僚阶层的利益。改革总会触动一部分人的利益。改革官制，有些衙门和官吏就要被裁撤，这样官吏就会极力反对；绿营要裁掉，其官兵就会极力反对；废除八股，儒士就会极力反对，要杀康、梁，以谢天下。旗人本由国家供养，绝少生财之道，若要让他们自谋生计，就等于断其生路，当然要群起攻之。光绪皇帝撤了6个礼部尚书侍郎，帝党、后党矛盾激化。再者，变法缺乏厚实的社会政治基础。近代中国民族资产阶级的社会基础相当狭窄，其政治代表维新派的势力更是非常弱小。维新派核心和帝党官员，都是些御使、翰林，没有实权。而他们寄托了全部希望的、唯一可依靠的也是没有实权的光绪皇帝。维新派既无军队，也无财政；既无严密的组织，更不去发动群众，在这样的情况下，失败是不可避免的。

（2）主观原因：维新派自身的局限性。

第一，不敢否定封建主义。资产阶级刚刚诞生，经济力量弱，社会基础狭窄，主要以维新人士为其政治代言人，反映其主张和要求。而维新人士在政治上不敢根本否定封建君主专制制度，只是幻想依靠光绪皇帝"以君权雷厉风行"，主张通过温和、改良的手段和渐变、缓变的步骤，实现自上而下的改良，让资产阶级和开明士绅的代表参加政权，逐步实现君主立宪制。经济上，他们虽然要求发展资本主义，却不敢触及封建主义的经济基础——封建土地所有制，因此不可能发动广大的农民参与变法。思想文化上，他们虽然提倡学习西学，却仍要抬出封建思想的权威——孔子，借古代圣贤之名"托古改制"，也无勇气提出自己的改良主张。

第二，对列强抱有幻想。他们虽然大声疾呼救亡图存，却又幻想能够得到列强对中国变法维新的"支持"。他们尖锐地揭露沙俄侵华的恶行，却又幻想依靠与英、日结成同盟来抵御沙俄。有人甚至建议聘请日本前首相伊藤博文来中国担任维新顾问。列强表面上对变法予以同情，实质上都想乘机扩大在华势力，寻找代理人。日本是为了报沙俄"还辽"之仇。戊戌政变前夕，维新派分别乞求英、美、日公使的支持，结果全都落空。豺狼总惦记着虎口里的羔羊。

第三，惧怕人民群众。维新派中的很多人仍属于封建士大夫和知识分子。他们不但脱离人民群众，而且惧怕甚至仇视人民群众，更害怕人民革命。康有为在每次上书中，都反复提醒光绪皇帝不要忘记人民群众反抗的危险，强调"即无强敌之逼，揭竿斩木，已可忧危"，如不变法，就有可能再现"金田之役"，使统治者"求为长安布衣而不可得"。正因为没有人民群众作为后盾，又没有实权实力，特别是没有军队，当他们得悉守旧势力要发动政变时，只得打算依靠手握重兵的袁世凯，结果反被袁世凯出卖。谭嗣同就义前高喊"有心杀贼，无力回天"正反映了这一点。而这"回天之力"正存在于他们所惧怕的人民群众之中。

第四，急于求成和策略上失误。康有为曾对光绪皇帝说，西方变法经历了三百年，日本明治维新经历了三十年，中国有你这样英明的君主三年就能成功。一方面夸大皇权力量而对变法过于乐观，另一方面急于求成而不顾国情。策略上又不去争取同盟军，孤军奋战。最后，"戊戌六君子"的鲜血唤醒了一部分志士放弃改良的主张，开始走上革命的道路。章太炎、吴玉章回忆时都谈到这一点。

戊戌维新运动作为中国资产阶级登上政治舞台的第一次表演，只是昙花一现，这不但暴露了这个阶级的软弱性，同时也说明在半殖民地半封建的中国，企图通过统治者走自上而下的改良的道路，是根本行不通的。要想争取国家独立、民族解放，必须用革命手段，推翻帝国主义、封建主义联合统治的半殖民地半封建的社会制度。

五、辛亥革命的历史意义和局限性是什么？

1. 辛亥革命的历史意义

辛亥革命是一次比较完全意义上的资产阶级民主革命，它是中国人民为救亡图存、振兴中华而奋起革命的一个里程碑，是20世纪中国第一次历史性巨变，具有伟大的历史意义。

第一，辛亥革命推翻了封建势力的政治代表、帝国主义在中国的代理人——清王朝的统治，沉重打击了中外反动势力，使中国反动统治者在政治上乱了阵脚。在这以后，帝国主义和封建势力在中国再也不能建立起比较稳定的统治，从而为中国的进步潮流打开了闸门，为尔后中国人民斗争的发展开辟了道路。

第二，辛亥革命结束了中国两千多年的封建君主专制制度，建立了中国历史上第一个资产阶级共和政府，使民主共和的观念开始深入人心，并在中国形成了"敢有帝制自为者，天下共击之"的民主主义观念。正因为如此，当袁世凯、张勋先后复辟帝制时，均受到了社会舆论的强烈谴责和人民群众的坚决反抗。

第三，辛亥革命猛烈冲击了封建传统的藩篱，给人们带来了一次思想上的大解放。自古以来，皇帝被看作至高无上、神圣不可侵犯的绝对权威，如今连皇帝都可以被打倒，那么还有什么陈腐的东西不可以被怀疑、不可以被抛弃？辛亥革命激发了中国人民的爱国热情和民族觉醒，打开了思想进步的闸门。思想进步的闸门一经打开，这股思想解放的潮流便奔腾向前，不可阻挡了。

第四，辛亥革命促使社会经济、思想习惯和社会风俗等方面发生了新的积极变化。南京临时政府成立后，以振兴实业为目标，设立实业部，先后颁布了一系列有利于工商业发展的政策和措施，推动了民族资本主义经济的发展，并在几年后形成了资本主义发展的"黄金时代"，从而在客观上对中国工人阶级队伍的壮大起到了积极的作用。革命政府还大力整顿社会陋习，以扫除旧时代的"风俗之害"。例如，人们见面时用鞠躬、握手取代了封建时代的跪拜礼；男子以"先生""君"的互称取代了代表封建等级的"老爷"等称呼；剪辫易俗之风迅速席卷全国，社会上出现了新风尚、新气象。这些变化不仅改变了社会风气，也有助于人们的精神解放。

第五，辛亥革命不仅在一定程度上打击了帝国主义的侵略势力，而且推动了亚洲各国民族解放运动的高涨。

2. 辛亥革命的局限性

从客观方面来说，辛亥革命发生于帝国主义时代，而帝国主义是决不容许中国建立一个独立、富强的资产阶级共和国，从而使自己失去中国这个占世界人口四分之一的剥削奴役对象和市场的。因此它们用政治、外交、军事、经济、财政等各种手段来破坏、干涉中国革命，扶植并支持它们的代理人袁世凯夺取政权。帝国主义与以袁世凯为代表的大地主大买办势力以及旧官僚、立宪派勾结起来，从外部和内部绞杀了这场革命。

从主观方面来说，这场革命失败的根本原因，在于它的领导者——资产阶级革命派本身存在许多弱点和错误。主要是：

第一，没有提出彻底的反帝反封建的革命纲领。没有明确提出反帝的口号，甚至幻想以妥协退让来换取帝国主义对中国革命的承认和支持。只强调反满和建立共和政体，并没有认识到必须反对整个封建统治阶级，致使一些汉族旧官僚、旧军官也混入革命的营垒。受当时政治局势的左右和妥协退让思想的支配，革命党人最后甚至还把政权拱手让给了袁世凯。后来，孙中山在回顾辛亥革命的历程并总结有关教训时说过："曾几何时，已为情势所迫，不得已而与反革命的专制阶级谋妥协。此种妥协，实间接与帝国主义相调和。遂为革命第一次失败之根源。""夫袁世凯者，北洋军阀之首领，时与列强相勾结，一切反革命的专制阶级如武人官僚辈，皆依附之以求生存；而革命党人乃以政权让渡于彼，其致失败，又何待言！"

第二，不能充分发动和依靠人民群众。由于中国民族资产阶级同封建势力有千丝万缕的联系，因而他们不敢依靠反封建的主力军——农民。在革命的过程中，资产阶级革命派虽然也曾经联合新军（多数是穿起军装的农民和学生）和会党（以游民和破产农民为主体的秘密结社），从而在一定程度上动员了群众的力量，但在清政府被推翻之后，他们便把群众抛弃了。他们不但不领导农民进行反封建的斗争，反而指责农民"行为越轨"，并派兵加以镇压。正因为中国民主革命的主力军——农民没有被动员起来，这个革命的根基才显得相当单薄。正如毛泽东所说："国民革命需要一个大的农村变动。辛亥革命没有这个变动，所以失败了。"

第三，不能建立坚强的革命政党，作为团结一切革命力量的强有力的核心。同盟会内部的组织比较松懈，派系纷杂，缺乏一个统一和稳定的领导核心。甚至有人主张"革命军起，革命党消"。有的还另建党派，自立山头。孙中山指出：辛亥革命之所以失败，"非袁氏兵力之强，实同党人心之涣散"。

资产阶级革命派的这些弱点、错误，根源于中国民族资产阶级的软弱性和妥协性。正因为如此，辛亥革命仅仅赶跑了一个皇帝，却没能改变封建主义和军阀官僚政治的统治基础，无法完成反帝反封建的任务。辛亥革命的失败表明，资产阶级共和国的方案没有能够救中国，先进的中国人需要进行新的探索，为中国谋求新的出路。

尽管辛亥革命最终失败了，但是以孙中山为代表的中国民主革命的先驱者的业绩和不屈不挠的奋斗精神，永远是中国近代革命史上光辉的一页。经过辛亥革命，民主共和的思想从此流传广远，人们对革命的继续追求也绵延不绝。许多参加过辛亥革命的人，后来也陆续加入中国共产党或成为中国共产党的忠诚朋友。

辛亥革命失败的原因和教训正如毛泽东指出的那样：辛亥革命"有它胜利的地方，也有它失败的地方。你们看，辛亥革命把皇帝赶跑，这不是胜利了吗？说它失败，是说辛亥革命只把一个皇帝赶跑，中国仍旧在帝国主义和封建主义的压迫之下，反帝反封建的革命任务并没有完成"。

延伸阅读文献

1. 罗荣渠：《现代化新论——世界与中国的现代化进程》（增订版），商务印书馆，2004年
2. 许纪霖、陈达凯：《中国现代化史》，第一卷（1800—1949），上海三联书店，1995年
3. 林华国：《近代历史纵横谈》，北京大学出版社，2005年
4. 马克思：《中国革命和欧洲革命》（1853年6月）
5. 《天朝田亩制度》（1853年）
6. 洪仁玕：《资政新篇》（1859年）
7. 康有为：《上清帝第二书》（1895年5月）
8. 梁启超：《变法通议》（节选）（1896年）
9. 严复：《原强》（1895年3月）
10. 毛泽东：《纪念孙中山先生》（1956年11月12日）
11. 习近平：《在纪念孙中山先生诞辰150周年大会上的讲话》（2016年11月11日）

专题三　中国历史和中国人民选择了马克思主义

学习目标

1. 叙述马克思主义在中国传播的背景；
2. 分析五四运动为何是中国新民主主义革命的开端；
3. 解释历史和中国人民怎样选择了中国共产党、选择了马克思主义。

专题导学

1. 背景

辛亥革命推翻了清王朝，废除了封建君主专制制度，成立了中华民国，但它的成立没有给国人带来预期的社会进步。袁世凯窃取辛亥革命的果实后，利用封建思想禁锢人们的头脑，复辟帝制。于是，中国思想文化界出现了一股尊孔读经、复古倒退的逆流。如何挽救中国？中国的先进知识分子高举民主和科学的旗帜，掀起了一场新文化运动，对封建专制主义和封建蒙昧主义进行了猛烈抨击。1917年，十月革命一声炮响，给中国送来了马克思列宁主义。1919年，五四运动爆发，愤怒的学生喊出了彻底的反帝反封建主张。十月革命、新文化运动和五四运动，如环环相扣的思想解放运动，为中国共产党的诞生创造了三个历史契机。1921年，马克思主义和中国工人运动相结合，中国共产党应运而生。从此，中国革命的面貌焕然一新。

2. 视频学习中的重要事件坐标

- 中国所处的时代和国际环境
    - ▲袁世凯命丧皇帝梦
    - ▲花钱买个总统当
    - ▲惊醒了中国的十月革命惊雷
- 开天辟地的大事变
    - ▲请用"大白话"
    - ▲最红的救国秘方——"民主"和"科学"
    - ▲青年学生的愤怒——五四运动

▲李大钊最早"播种"马克思主义

▲南湖红船初心扬

3. 影响

中国人民从来就勤劳勇敢，他们的斗争之所以屡遭挫折和失败，重要原因之一就是没有一个先进的、坚强的政党作为凝聚自己力量的领导核心。中国共产党一经成立，就义无反顾地肩负起实现中华民族伟大复兴的历史使命。从此，在古老落后的中国大地上出现了完全新式的、以马克思主义为行动指南的、统一的和唯一的无产阶级政党。正是这个党，给灾难深重的中国人民带来了光明和希望，它满怀信心地以改造中国为己任，为争取民族独立和人民解放，为实现社会主义和共产主义的理想，开始了艰苦卓绝、不屈不挠的斗争历程。

4. 想一想

一个国家实行什么样的主义、选择什么样的道路，关键要看这个主义、这条道路能否解决这个国家面临的历史性课题。历史和中国人民是怎样选择中国共产党和马克思主义的？为什么说中国共产党的成立是开天辟地的大事变？

视频内容简介

3.1 袁世凯命丧皇帝梦

1916年6月6日，一代枭雄袁世凯在做了83天的皇帝梦后，便在人民的唾骂声中命丧黄泉。诚然，作为晚清民初的风云人物，袁世凯曾经对中国近代化起过一定的积极作用。但袁世凯内心深处根深蒂固的帝王思想，随着权力的扩大而恶性膨胀，进而走向了复辟帝制的不归路。

袁世凯当上正式大总统后，于1914年1月10日，下令正式解散国会。同月26日，袁世凯又颁布《组织约法会议组织令》，成立御用工具——"约法会议"，并炮制出一个所谓的《中华民国约法》。据此，袁世凯独揽了大权。12月，"约法会议"又通过《修正大总统选举法》，规定总统任期10年，可以无限期连任，总统的继承人由现任总统推荐。至此，除去中华民国这一空招牌，袁世凯已和专制皇帝没有什么区别了。但他还是希冀自己能早日皇冠加冕。为寻求帝国主义对帝制的支持，袁世凯不惜出卖国家利益，更是在1915年5月接受了日本灭亡中国的"二十一条"。

经过精心准备，袁世凯认为皇冠加冕的时机已经成熟，一场历史闹剧煞有其事地上演了。1915年8月，在袁世凯的授意下，他的法律顾问、美国人古德诺发表《共和与君主论》，公开鼓吹"中国如用君主制，较共和制为宜"，蛊惑国人。接着，袁世凯又指使醉心帝王之术的杨度，纠结孙毓筠、严复、刘师培、李燮和、胡瑛等所谓"六君子"，在北京成立"筹安会"，为恢复帝制摇旗呐喊。在袁世凯的统一导演下，9月19日，他的心腹、财神爷梁士诒花钱拼凑成立"全国请愿联合会"。同时，他的武将们也粉墨登场。奉天将军段芝贵联合19省将军、都统、护军使密电袁世凯，劝进主子早正大位；各大将领纷纷表态，声称谁敢"逆拂民意"反对恢复帝制，他们"誓当为王先驱，除此公敌！"在一片欢呼声中，参政院把事先准备好的"拥戴书"进呈到满心欢喜、却又像做贼一样心虚的袁世凯面前。一番"劝进""拒绝""再劝进""再拒绝"的"双簧"戏演出后，袁世凯"为民意所迫"，不得不当皇帝。12月13日，袁世凯在中南海居仁堂接受百官朝拜，并成立登基大典筹备处。12月31日，他下令改1916年为"洪宪元年"，准备于1916年元旦即皇帝位。

可惜，天不遂人愿。袁世凯倒行逆施的罪行，激起全国人民的义愤。1915年12月25日，蔡锷、唐继尧等在云南宣布起义，组织护国军，讨伐袁世凯。接着，贵州、广西等纷纷响应。袁氏集团内部势力也各怀鬼胎，背叛了袁世凯。在内外夹攻的情况下，袁世凯还没真正过上一把皇帝瘾，就在举国声讨中郁郁而终了。

3.2　花钱买个总统当

辛亥革命后，中国"走向共和"，但走向的并不是政通人和的新时代，而是充满腥风血雨、荒诞离奇的乱世。封建余孽、大小军阀、政客党棍、土豪劣绅、洋商买办等各色人物在中国政坛上"你方唱罢我登场"，盗用国会、议员、宪法、选举等"共和"旗号，明争暗斗，各谋私利，演出了无数丑闻闹剧。曹锟贿选总统就是那个乱世中国上演的一出活报剧。

1916年袁世凯命丧"洪宪"帝制后，北洋军阀分裂为以段祺瑞为首的皖系、以冯国璋为首的直系、以张作霖为首的奉系三大派系，各派军阀为争夺北京政权或扩大地盘连年混战。1919年，曹锟、吴佩孚继承去世的冯国璋衣钵，成为直系军阀的新首领。1922年，曹锟在第一次直奉战争中力挫张作霖，成为掌控北京政权的最大实力派。

曹锟本想立即驱逐由皖系安福国会选举的总统徐世昌，自己登台，但吴佩孚不同意，主张恢复张勋复辟期间被解散的国会，拥戴黎元洪复职大总统，用"法统重光"的名义明修栈道、暗度陈仓。1922年初夏，黎元洪取代徐世昌成为直系的傀儡总统。时隔一年，曹锟不等黎元洪任期补满，便急不可待，策划踢开黎元洪。1923年6月6日，曹锟指使党羽迫使张绍曾内阁全体辞职，然后嫁祸黎元洪干涉内阁职权，逼迫他交出总统印信，辞职让位。黎元洪不肯就范。于是，曹锟亲自导演了一出"逼宫夺印"好戏。6月10日，曹锟又组织"军警联合会""市民请愿团""国民大会代表"等力量轮流冲击总统府，要黎元洪"速即退位"，并通过断电、断水、断电话来威胁。黎元洪见大势已去，便于6月13日下午乘专车狼狈逃往天津。

逼走黎元洪后，曹锟本拟立即进行总统选举，不料留在北京的议员达不到选举总统的法定开会人数。为了能让曹锟顺利当选，国会众议院议长吴景濂建议曹锟用金钱收买议员投票。在金钱的诱惑下，许多议员的政治节操沦丧，回京者络绎不绝。

10月5日，正式选举如期举行，结果曹锟以480票如愿以偿地当选为第五任中华民国总统。然而花钱买来的总统并不好当。1924年10月23日凌晨，冯玉祥占领北京城，发动北京政变，刚刚过了一年总统瘾的曹锟成了阶下囚。1926年，第一次国共合作掀起的国民革命风起云涌，进步的历史大浪淘沙，曹锟这样的军阀再也没有机会成为中国政治和历史进程的主角。

3.3 惊醒了中国的十月革命惊雷

1917年11月7日，俄国十月革命爆发。当晚，就建立了以列宁为首的苏维埃政权。十月革命是人类历史上第一次成功的无产阶级革命，建立了第一个社会主义国家，开辟了人类历史的新纪元。

1914年7月28日，第一次世界大战爆发。帝国主义为重新瓜分世界，鏖战厮杀。俄国处于"帝国主义链条上最薄弱的环节"，由于沙皇的专制残暴统治，俄国本来就经济落后，参加第一次世界大战更是加剧了俄国人民的灾难。人民群众喊出了"要和平""要面包"的口号，渴望退出战争。

1917年3月（俄历2月）8日，彼得格勒工人举行罢工，反对战争，并喊出"打倒沙皇"的口号。3月10日，罢工发展为武装起义，沙皇的士兵们也纷纷倒戈。仅8天的时间，统治俄国达304年之久的罗曼诺夫王朝就被推翻了。二月革命胜利后，俄国建立了资产阶级临时政府和孟什维克领导的工人、士兵及无产阶级成立的议会，出现了两个政权并存的局面。

资产阶级临时政府继承了沙皇政策，执意让俄国继续参战。持续的战争让俄国糟糕的状况愈加恶化，统治阶级再也无法继续统治下去，接连换了三届临时政府，也无济于事。在社会的失序混乱中，革命的力量在壮大，革命的时机已经成熟。1917年4月，列宁回到国内，做了著名的《四月提纲》报告。他明确指出，目前俄国革命必须由资产阶级民主革命向无产阶级社会主义革命过渡，并提出"全部政权归苏维埃"的口号。

11月6日，列宁领导的赤卫队员、革命士兵和水兵突击队，控制了彼得格勒的大部分重要据点。11月7日晚，"阿芙乐尔号"巡洋舰炮轰冬宫，吹响了向资产阶级临时政府进攻的号角。当晚，资产阶级临时政府被推翻，全部政权归苏维埃。人类历史上第一个无产阶级专政的社会主义国家诞生了！社会主义从科学理论变成现实的社会主义制度，人类历史开启了崭新的一页，当今的世界依然是十月革命开创的"一球两制"时代。

十月革命的胜利，对深受帝国主义压迫、封建军阀割据之苦的中国影响巨大，使在黑暗中彷徨、苦闷的中国的先进分子受到极大震撼，给他们以新的启示。空前惨烈的世界大战和列强之间的厮杀，让他们醉心追求的资本主义文明神话破产，而十月革命的胜利带来了新的希望，给苦苦探寻救亡图存出路的中国人民提供了一个全新的选择。中国人民终于找到了正确掌握自己命运的思想武器。1921年，中国共产党成立。从此，中国共产党带领中国人民，在马克思主义的指引下，沿着十月革命的道路前进，取得了新民主主义革命的伟大胜利。

3.4 请用"大白话"

白话文即用市井白话写成的文章,虽然白话文古已有之,唐代的变文、宋元话本、明清小说都是用白话文写作的,但直至晚清,文言文的正统地位仍牢不可撼,白话文始终难登大雅之堂。晚清以后,随着西学潮的涌入,文言文的语言特点已经不再适应时代发展的要求,这被认为是中国积弱的原因之一。

1915年,新文化运动高举民主与科学的旗帜,向旧道德、旧文化发起猛烈进攻,文言文自然成为首当其冲被批评的对象。1917年1月,胡适在《新青年》发表名为《文学改良刍议》的文章,吹响了白话文向文言文发难的号角。随之,新文化运动的"总司令"陈独秀积极响应,发表了《文学革命论》,明确提出"文学革命"和"三大主义"。同时,新文化运动的急先锋——钱玄同也以惊世骇俗的语言喊出打倒"桐城谬种""选学妖孽"的口号,把文言文作为"独夫民贼",对其进行猛烈的抨击。这样,白话文成为新文化知识分子手中开启民智、解放思想、推动社会变革的利器,洗涤着旧思想,传播着新思想。

1918年1月,《新青年》率先垂范,全部改用白话文。5月,鲁迅在《新青年》发表中国第一部现代白话文小说——《狂人日记》。随后又有《每周评论》《新潮》等白话文杂志出现。五四运动以后,白话文报刊更是如雨后春笋般迅速发展,一年之内,至少出现了400多种,逐渐成为报刊的主流。1920年2月,北洋政府颁布中国第一套法定的新式标点符号。4月,又明令小学教科书改用白话文。至此,白话文运动获得大胜。

白话文运动也遭到了守旧派的猛烈攻击。为了对守旧派观点进行全面批判,引起社会更广泛的关注,钱玄同和刘半农经过一番策划,煞费苦心地合演了一出"双簧"戏。钱玄同、刘半农的"双簧"戏起到了引蛇出洞的效果。不久,与"双簧"戏有纠葛的桐城派大师林纾愤然跃身上阵,林纾的回击正中新文化知识分子下怀,他们纷纷撰文反驳林纾的谬论。在滔滔前行的新潮中,林纾无力招架,只好败下阵来,偃旗息鼓。此后,虽有不少人试图恢复文言文的旧有地位,但都不可得。旧文化已经无力阻挡新文化的历史潮流,中国从此走上了新文化之路,为迎接马克思主义在中国的传播奠定了思想基础。

3.5 最红的救国秘方——"民主"和"科学"

辛亥革命推翻了清王朝,废除了封建君主专制制度,成立了中华民国。但它的成立并没有给国人带来预期的社会进步。袁世凯窃取辛亥革命的果实后,为维护自己的专制统治,继续利用封建思想禁锢人们的头脑,积极复辟帝制。于是,中国思想文化界出现了一股尊孔读经、复古倒退的逆流。"中国又一天一天沉入黑暗里"。同时,第一次世界大战的隆隆炮声也动摇了欧洲文明的权威。中国的先进知识分子深陷彷徨、苦闷的深渊,惨痛的教训让他们认识到,仅仅依靠移植西方政治制度难以救中国。要从根本上改造中国,就必须改造中国的国民性，对其进行思想的启蒙，欲"救中国、建共和，首先得进行思想革命"。

最先倡导并吹响思想启蒙号角的是陈独秀。1915年9月，陈独秀在上海创办《青年杂志》。《青年杂志》的创刊，擂响了思想解放运动的战鼓。《敬告青年》是该刊的纲领性文章，是新文化运动的宣言书。1916年9月，《青年杂志》更名为《新青年》。一个"新"字，使新文化运动的造就新青年的宗旨更一目了然。1917年1月，北京大学校长蔡元培邀请陈独秀出任北京大学文科学长。《新青年》编辑部也从上海迁到北京，杂志走入了北京大学校园。此后，胡适、李大钊、鲁迅、蔡元培、钱玄同、刘半农等先后加入新文化运动的行列，成为《新青年》杂志的主要撰稿人。《新青年》杂志和北京大学成为新文化运动的主要阵地。

1919年1月，陈独秀在《新青年》上发表《本志罪案之答辩书》，坚定新文化运动的主张，回击守旧派对新文化运动的攻击："要拥护那德先生（民主），便不得不反对孔教、礼法、贞节、旧伦理、旧政治；要拥护那赛先生（科学），便不得不反对旧艺术、旧宗教；要拥护德先生又要拥护赛先生，便不得不反对国粹和旧文学。"民主与科学犹如两颗文化核弹，从政治观点、学术思想、伦理道德、文学艺术等方面向封建守旧势力发起了猛烈的进攻。众多青年被新文化运动提出的新思想所吸引，不断加入到反帝反封建的洪流中。

毛泽东曾这样评价新文化运动："自有中国历史以来，还没有过这样伟大而彻底的文化革命"。新文化运动所提出的民主与科学的思想打开了禁锢人们思想的闸门。在新思潮的启蒙下，马克思主义在中国的传播与应用获得了生根发芽的土壤和气候。从此之后，马克思主义思想洪流再也无法遏制，为近代中国的社会变革带来了希望之光。

3.6 青年学生的愤怒——五四运动

1918年11月，第一次世界大战结束。战胜的协约国于1919年1月18日—6月28日在巴黎凡尔赛宫召开"和平会议"，处置战败的德、奥等国。作为战胜国之一，中国派了以外交总长陆徵祥为首的五人代表团参会，希望收回被德国侵占的山东主权，废除"二十一条"和列强在中国的特权。饱受欺凌的中国人坚信公理会战胜强权，巴黎和会一定会还中国人应有的尊严，一洗鸦片战争以来的耻辱。

然而，弱国无外交。巴黎和会上，中国依然是任人宰割的羔羊，和会在美、英、法等列强的怂恿默许下，竟然同意将德国战前在山东强占的一切权利全部转让给日本，并将有关条款列入《凡尔赛和约》。所谓的"和平会议"，成了强权者的分赃盛宴。巴黎和会的消息传出，中国人等待了半年之久的期望变成了极大的失望，被蛮横民族蔑视的愤怒之火在国人特别是青年学子的心中如火山般迸发出来。

1919年5月1日，国民外交协会委员长汪大燮、理事长林长民等人得知巴黎和会中国外交失败的噩耗后，立即致电陆徵祥："公果敢签者，请公不必生还！"5月2日，林长民血泪疾书《外交警报，敬告国民书》，并在《晨报》上发表。同日，身为国民外交协会理事的蔡元培也把消息带回了北京大学。

5月3日清晨，蔡元培召集学生骨干许德珩、傅斯年、罗家伦等人商议挽救的办法。5月3日晚，许德珩、傅斯年、罗家伦等人在北京大学三院礼堂召开全体学生大会，并邀请北京13所中等以上学校学生代表参加，到会者共有千余人。会议决定5月4日在天安门集会，举行学界大示威，伸张民族正义。

5月4日下午，北京大学、北京高等师范学校等十几所学校的3 000多名热血学子，从四面八方汇集到了天安门，高呼"誓死力争，还我青岛""取消二十一条""拒绝在和约上签字""外争主权，内除国贼"，激愤的口号响彻云霄。同时提出，必须严惩签订"二十一条"时的外交次长曹汝霖、驻日公使陆宗舆和时任驻日公使章宗祥三个卖国贼。队伍由天安门游行到东交民巷使馆区西口时，竟然遭到驻守在使馆区的列强使馆卫队的拦截。同时，北洋政府的军警也赶来拦截。这犹如火上浇油，混乱中有人高喊：到赵家楼找曹汝霖去。大家一呼百应。最后，愤怒的学生一把火烧了赵家楼曹宅。

赵家楼的这场熊熊大火是3 000多名爱国热血青年燃起的爱国救亡之火，它照亮了革命前夕的幽暗之夜，指引中国革命进入新民主主义革命时期。

3.7 李大钊最早"播种"马克思主义

20世纪初的中国，山河破碎，生灵涂炭，中华民族遭受了前所未有的苦难。面对国势危迫，李大钊"铁肩担道义，妙手著文章"，以开拓者的无畏姿态，最早在中国传播马克思主义真理，为苦难的中国播撒温暖与光明的火种。

1913年冬，李大钊抱着再造"理想之中华"的信念，东渡日本，在那里接触到了马克思主义。1916年5月，李大钊归国，很快成为进步青年的精神导师、新文化运动的领导人之一。

"十月革命一声炮响，给我们送来了马克思列宁主义。"1918年7月1日，李大钊发表《法俄革命之比较观》，这是中国最早的欢呼十月革命胜利的文章。他盛赞十月革命不同于法国资产阶级大革命，它是社会主义革命，给世界带来了"新文明的曙光"。11月29日，李大钊在北京中央公园（今中山公园）登台演讲《庶民的胜利》，歌颂十月革命是"二十世纪中世界革命的先声"，是被压迫的阶级和民族掌握自己命运的开始，"今后的世界，变成劳工的世界"。接着他又在《新青年》刊发《布尔什维主义的胜利》。这些文章和演说是中国最早一批宣传十月革命和马克思主义的光辉篇章，极大地促进了国人觉醒，给在彷徨中求索的中国人指明了奋斗方向。

1919年五四运动爆发，李大钊以极大的热情参与其中，为之欢呼鼓舞。1919年9月，他在《新青年》第六卷上发表《我的马克思主义观》，在中国第一次系统地介绍了马克思主义的唯物史观、政治经济学和科学社会主义学说，并明确指出，"阶级竞争说恰如一条金线，把这三大原理从根本上联络起来"。这篇中国人解读马克思主义的开山之作不仅标志着马克思主义开始在中国广泛传播，也标志着李大钊从此确立了自己的马克思主义信仰，成为一名真正的马克思主义者。

面对资产阶级改良主义者胡适挑起"问题与主义"的论战，李大钊针锋相对，批驳了他的谬论，并旗帜鲜明地指出，要解决中国的问题，必须用马克思主义做指导，进行彻底的解决。此外，李大钊还在"社会主义论战"中击退了梁启超、张东荪打着社会主义旗号向马克思主义的进攻。

在五四时期新旧文化思潮的大激荡、大震动中，马克思主义逐渐成为新文化运动传播的主流。李大钊在中国播下了革命的火种，并将它传递给一批奋发探索的爱国志士。1921年，中国共产党成立。薪火相传，生生不息。中国共产党在砥砺前行中，终将这星星之火，烧成了燎原之势。

3.8　南湖红船初心扬

1921年7月23日，中国共产党第一次全国代表大会在上海望志路106号（今兴业路76号）、上海法租界内的一幢老式石库门小楼内秘密召开。出席大会的有国内各地及旅日早期党组织的代表李达、李汉俊、董必武、陈潭秋、毛泽东、何叔衡、张国焘及陈独秀指定的代表包惠僧等人，他们代表全国50多名党员。此外，共产国际代表马林、尼科尔斯基也出席了会议。

7月30日晚，第六次会议举行时，突然有法租界巡捕闯入会场，会议被迫中断。最后一天的会议，转至浙江嘉兴南湖的一艘游船上举行。后来这条游船被称为"红船"。8月2日上午11时左右，代表们分批登上了事先租好的游船。为掩人耳目，负责会议保卫工作的王会悟还买了食物、酒，准备了一副麻将，好像游人赴湖中游玩娱乐。下午6时，会议结束。在短短的半天时间里，会议讨论了工人运动计划、党员发展计划、对资产阶级态度等问题，通过了中国共产党第一个决议，选举产生了党的领导机构。至此，中国共产党第一次全国代表大会宣告闭幕，中国共产党正式诞生。中国共产党的成立大会是在反动统治的白色恐怖下秘密举行的，除了会场一度遭到暗探和巡捕房的骚扰，在社会上并没有引起任何注意，好像什么事也没有发生。但是，就在这时，一个新的革命火种已在沉沉黑夜中点燃。

中国共产党的成立大会，从上海的石库门小楼转至浙江嘉兴南湖的游船上，也许是历史的偶然，但中国共产党的诞生是历史的必然，它顺应历史和人民的需要而生。中国人民从来就勤劳勇敢，他们的斗争之所以屡遭挫折和失败，重要原因之一就是没有一个先进的、坚强的政党作为凝聚自己力量的领导核心。中国共产党一经成立，就义无反顾地肩负起实现中华民族伟大复兴的历史使命。中国人民由此踏上了争取民族独立、自身解放的道路，开启了实现国家富强、人民富裕的历史征程。

学习检测

一、判断题

1. 袁世凯为独揽大权，颁布《组织约法会议组织令》，成立御用工具——"约法会议"，并炮制出一个所谓的《中华民国约法》，又称"袁氏约法"。（　　）

2. 1915年12月13日，袁世凯成立登基大典筹备处。12月31日，他下令改1916年为"宣统"元年，准备1916年元旦登基即位。（　　）

3. 1919年，曹锟、吴佩孚继承去世的冯国璋衣钵，成为皖系军阀的新首领。（　　）

4. 1924年10月，冯玉祥发动北京政变，推翻曹锟政府。（　　）

5. 1914年6月28日，第一次世界大战爆发。（　　）

6. 二月革命胜利后，俄国建立了资产阶级临时政府和孟什维克领导的工人、士兵及无产阶级成立的议会，出现了两个政权并存的局面。（　　）

7. 1917年1月，胡适在《新青年》发表了《文学改良刍议》一文，吹响了白话文向文言文发难的号角，胡适因此成为新文化运动的领袖之一。（　　）

8. 1920年2月，北洋政府颁布中国第一套法定的新式标点符号。（　　）

9. 陈独秀创办的《青年杂志》拉开了新文化运动的序幕。（　　）

10. 1917年1月，北京大学校长蔡元培邀请陈独秀出任北京大学文科学长。《新青年》编辑部也从上海迁到北京，杂志走入了北京大学校园。《新青年》杂志成为新文化运动的主要阵地。（　　）

11. 1919年1月，巴黎和会同意将德国战前在山东强占的一切权利全部转让给日本，并将有关条款列入《巴黎和约》。（　　）

12. 1919年5月4日，北京3 000多名学生举行集会和示威游行，高呼"拒绝在和约上签字"等口号，拉开了中国新民主主义革命的序幕。（　　）

13. 李大钊在《新青年》上发表《我的马克思主义观》，在中国第一次系统地介绍了马克思主义的唯物史观、政治经济学和科学社会主义学说，这标志着马克思主义开始在中国广泛传播。（　　）

14. 1919年7月，资产阶级改良主义者梁启超挑起"问题与主义"的论战，公开攻击马克思主义是空谈主义。面对指责和攻击，李大钊针锋相对，并旗帜鲜明地指出，要解决中国的问题，必须用马克思主义做指导，进行彻底的解决。（　　）

15. 20世纪20年代，马克思主义与中国工人运动相结合，中国共产党应运而生。（　　）

16. 提议去浙江嘉兴南湖继续召开中国共产党第一次全国代表大会的是李达。（　　）

17. 新文化运动因批判孔学而否定中国传统文化。（　　）

18. 新文化运动对资本主义持完全接受的态度。（　　）

19. 十月革命推动中国的先进分子从资产阶级民主主义转向社会主义。（　　）

20. 新文化运动在宣传民主、科学的同时，提出必须反对封建的伦理道德。（　　）

21. 五四运动的直接导火线是北洋军阀政府的黑暗统治。（　　）

22. 1919年五四运动以前的新文化运动是资产阶级民主主义的新文化反对封建主义的旧文化的斗争。（　　）

23. 新文化运动的倡导者提倡民主、反对专制，提倡科学、反对迷信盲从，是违背潮流的。（　　）

24. 新文化运动的倡导者在社会上掀起了一股思想解放的潮流。（　　）

25. 中国的先进分子走上马克思主义指引的道路，是他们经过长期的、艰苦的探索之后所做出的一种选择。（　　）

26. 十月革命给中国人的一个启示是：经济文化落后的国家不可以用社会主义思想指引自己走向解放之路。（　　）

27. 十月革命诞生的社会主义俄国号召反对帝国主义，并以新的平等的态度对待中国，有力地推动了社会主义思想在中国的传播。（　　）

28. 五四运动表现了反帝反封建的不彻底性。（　　）

二、单项选择题

1. 为寻求帝国主义对帝制的支持，袁世凯不惜出卖国家利益，在1915年5月接受了日本灭亡中国的（　　）。
   A. "二十一条" B.《民四条约》
   C.《关于山东之条约》 D.《关于南满洲及东部内蒙古之条约》

2. 发表《共和与君主论》一文，认为中国只适合于君主制，支持袁世凯称帝的是（　　）。
   A. 朱尔典 B. 古德诺
   C. 杨度 D. 梁士诒

3. 1922年6月，黎元洪取代（　　）成为直系的傀儡总统。
   A. 徐世昌 B. 张勋
   C. 吴佩孚 D. 吴景濂

4. 第一次国共合作开始的时间是（　　）年。
   A. 1924 B. 1925
   C. 1926 D. 1927

5. （　　），俄国爆发十月革命。
   A. 1918年11月8日 B. 1917年11月8日
   C. 1917年11月7日 D. 1919年11月7日

6. 1917年11月7日晚，人类历史上第一个（　　）诞生，社会主义从科学理论变成现实的社会主义制度，人类历史开启了崭新的一页。
   A. 无产阶级专政的社会主义国家 B. 社会主义国家
   C. 初级社会主义国家 D. 无产阶级社会主义国家

7. 胡适在《新青年》发表的（　　）被公认为中国第一首白话诗，在中国新诗乃至文学史上意义非凡。

　　A. 《风在吹》　　　　　　　　B. 《湖上》
　　C. 《梦与诗》　　　　　　　　D. 《两只蝴蝶》

8. 1918年5月，鲁迅发表中国第一部现代白话文小说（　　）。

　　A. 《呐喊》　　　　　　　　　B. 《狂人日记》
　　C. 《阿Q正传》　　　　　　　D. 《朝花夕拾》

9. 欲"救中国、建共和，首先得进行思想革命"。最先倡导并吹响思想启蒙号角的是（　　）。

　　A. 蔡元培　　　　　　　　　　B. 陈独秀
　　C. 刘半农　　　　　　　　　　D. 钱玄同

10. 毛泽东曾这样评价新文化运动："自有中国历史以来，还没有过这样伟大而彻底的文化革命。"新文化运动所提出的（　　）的思想打开了禁锢人们思想的闸门。

　　A. 民主与科学　　　　　　　　B. 民主与自由
　　C. 科学与法治　　　　　　　　D. 科学与自由

11. （　　），第一次世界大战结束。

　　A. 1918年10月　　　　　　　　B. 1918年11月
　　C. 1919年10月　　　　　　　　D. 1919年11月

12. 1919年5月2日，国民外交协会理事长（　　）在得知巴黎和会中国外交失败的噩耗后，血泪疾书《外交警报，敬告国民书》，并在《晨报》上发表。

　　A. 汪大燮　　　　　　　　　　B. 林长民
　　C. 蔡元培　　　　　　　　　　D. 罗家伦

13. 以"铁肩担道义，妙手著文章"的无畏姿态，最早在中国传播马克思主义的是（　　）。

　　A. 胡适　　　　　　　　　　　B. 陈独秀
　　C. 杨匏安　　　　　　　　　　D. 李大钊

14. 李大钊发表的（　　）是中国最早的欢呼十月革命胜利的文章。

　　A. 《法俄革命之比较观》　　　B. 《庶民的胜利》
　　C. 《布尔什维主义的胜利》　　D. 《新纪元》

15. （　　），中国共产党第一次全国代表大会在上海望志路106号（今兴业路76号）、上海法租界内的一幢老式石库门小楼内秘密召开。

　　A. 1921年7月1日　　　　　　　B. 1921年7月22日
　　C. 1921年7月23日　　　　　　 D. 1921年8月2日

16. （　　）下午，中国共产党第一次全国代表大会宣告闭幕，中国共产党正式诞生。

　　A. 1921年7月1日　　　　　　　B. 1921年7月2日
　　C. 1921年8月1日　　　　　　　D. 1921年8月2日

17. 袁世凯为复辟帝制不惜出卖国家利益。下列行为可以证明该观点的是（　　）。
    A. 签订《中日共同防敌军事协定》　　B. 承认外蒙自治
    C. 接受"二十一条"　　D. 出让川汉、粤汉铁路

18. 袁世凯死后，中国出现军阀割据局面的社会根源是（　　）。
    A. 半殖民地半封建的社会性质　　B. 军阀拥有武装
    C. 帝国主义扶植军阀　　D. 军阀派系之间的矛盾

19. 新文化运动兴起的标志是（　　）。
    A. 蔡元培"兼容并包"办学方针的采用
    B. 民主与科学口号的提出
    C. 陈独秀在上海创办《青年杂志》
    D. 李大钊发表《庶民的胜利》

20. 最能体现五四运动性质的口号是（　　）。
    A. 取消"二十一条"　　B. 誓死力争，还我青岛
    C. 外争主权，内除国贼　　D. 拒绝在和约上签字

21. 在民主革命时期，具有初步共产主义思想的知识分子走向社会，与工农群众相结合始于（　　）。
    A. 戊戌变法时期　　B. 五四运动时期
    C. 五卅运动时期　　D. 一二·九运动时期

22. 在中国大地上率先举起马克思主义旗帜的是（　　）。
    A. 李大钊　　B. 陈独秀
    C. 张国焘　　D. 毛泽东

23. 标志着中国新民主主义革命开端的是（　　）。
    A. 新文化运动　　B. 五四运动
    C. 中国共产党的成立　　D. 辛亥革命

24. 袁世凯窃取辛亥革命的果实后，统治中国的主要是（　　）。
    A. 北洋军阀控制的政府　　B. 清政府
    C. 孙中山的临时政府　　D. 蒋介石的国民政府

25. 陈独秀在上海创办《青年杂志》（后改名为《新青年》）的时间是（　　）。
    A. 1912 年 9 月　　B. 1913 年 9 月
    C. 1914 年 9 月　　D. 1915 年 9 月

26. 新文化运动提出的基本口号是（　　）。
    A. 反对旧文学、提倡新文学　　B. 民主与科学
    C. 反对旧道德、提倡新道德　　D. 民主与法制

27. 五四运动的直接导火线是（　　）。
    A. 袁世凯接受日本提出的灭亡中国的"二十一条"

B. 俄国十月革命的胜利

C. 巴黎和会上中国外交的失败

D. 李大钊《庶民的胜利》的发表

28. 中国旧民主主义革命和新民主主义革命的分水岭是（　　）。

  A. 五四运动   B. 新文化运动

  C. 中国共产党的成立   D. 国民革命运动

29. 中国工人阶级以独立的姿态登上政治舞台的运动是（　　）。

  A. 辛亥革命   B. 新文化运动

  C. 五四运动   D. 国民革命运动

30. 1920年8月公开出版的《共产党宣言》中文全译本的翻译者是（　　）。

  A. 陈望道   B. 李大钊

  C. 梁启超   D. 胡适

重点·难点·热点

一、谈谈你对新文化运动与思想解放潮流的认识。

1. 近代中国向西方学习的过程

  从文化传承角度来看，当西方列强用大炮揭开中国近代史的第一页时，中国的先进分子也在隆隆炮声中开始睁眼看世界，意识到应向西方学习。近代中国向西方学习包括三个阶段：第一阶段是学习器物，即学习工艺技术，学习主体主要是地主阶级改良派。这分两个时期：一是第一次鸦片战争时期，主张"师夷长技以制夷"；二是洋务运动时期，基本思想是"中体西用"。第二阶段是学习制度。洋务运动失败后，学习上升至制度层面。此时，中国资产阶级登上历史舞台，其改良派向西方学习君主立宪制进行维新变法；维新变法失败后，其革命派通过革命向西方学习资产阶级共和制。第三阶段是学习思想文化。辛亥革命摧毁了统治中国两千多年的封建君主专制制度，但没有完成民主革命的任务，没有改变中国半殖民地半封建社会的性质。于是，这一阶段学习上升至思想文化层面，也就是进行观念形态的革命。新文化运动提出了"民主""科学"的口号。因此可以说，近代中国向西方学习上了三个阶梯，第一步是技术进步，第二步是科技加政治改革，第三步是在以往学习的基础上的思想解放。

2. 新文化运动兴起的标志

  新文化运动兴起的标志是1915年9月陈独秀在上海创办《青年杂志》（后改名为《新青年》）。将改造社会的重任寄予青年，《青年杂志》创刊号的首篇文章就是《敬告青年》。作者希望青年是自主的而非奴隶的，进步的而非保守的，进取的而非退隐的，世界的而非锁国的，实利的而非虚文的，科学的而非想象的，发出了"国人而欲脱蒙昧时代……当以科学与人权并重"的呼唤，引起了非同寻常的反响。

3. 五四运动以前的新文化运动的基本内容

基本口号：民主（德先生）与科学（赛先生），以此概括西方文明的精神。此时所讲的民主，既指民主精神和民主思想，也包括资产阶级民主政治制度。科学，既指科学的思想、精神以及认识和判断事物的科学方法，也指具体的科学技术知识。

主要思想武器：进化论和个性解放思想。

基本内容：提倡民主，反对独裁；提倡科学，反对迷信；提倡新道德，反对旧道德；提倡新文学，反对旧文学。五四运动以前的新文化运动把批判的矛头直指封建主义道统孔学，"打倒孔家店"成为思想界，尤其是青年学生中流行的口号。尊孔与反孔成为新文化运动斗争的焦点，成为观念革命的起点。五四运动以前的新文化运动实质上是资产阶级民主主义的新文化反对封建主义的旧文化的斗争。《新青年》之所以高举民主和科学的大旗，批判孔学，破旧揭丑，主旨是要打破孔学对人们思想的禁锢，动摇孔学在中国观念形态领域的绝对权威，以"冲决过去历史之网罗，破坏陈腐学说之囹圄"，促使人们"思想的解放"，并非要否定孔学。

4. 五四运动以前的新文化运动的意义及局限性

五四运动以前的新文化运动对民主与科学的宣传，对旧制度、旧民俗、旧礼教的批判，给了封建政治和封建思想一次前所未有的沉重打击，加速了人民的觉醒，形成了一场前所未有的启蒙运动和空前深刻的思想解放运动。中国的先进知识分子冲破夷夏之辨、中体西用的束缚，放眼世界，大胆拿来，新思想、新观念、新文化如晨曦照亮了黑沉沉的旧中国，社会风气为之一变。五四运动以前的新文化运动否定了两千多年来封建正统思想的权威，敢于独立思考、吸收新思想，在客观上为马克思主义的传播提供了条件。"这个运动是生动活泼的，前进的，革命的"①"自有中国历史以来，还没有过这样伟大而彻底的文化革命"②。

五四运动以前的新文化运动是资产阶级民主主义的新文化反对封建主义的旧文化的斗争，由于阶级和时代的局限性，不可避免地在思想和认识方法上存在缺陷。首先，提倡资产阶级民主主义，但没有提供认识、改造中国社会的思想武器。其次，将改造国民性置于优先地位，忽略了从根本上改造中国现存社会制度的必要性。以为无须改造产生封建思想的社会环境，只靠在观念形态上做斗争，通过提倡新思想、新道德、新文化，就能改造国民性；改造了国民性就能使中国成为一个真正的民主共和国。其实，就结构制度的系统分析尤其是方法论意义而言，与其要人改变国民性，不如让人改造社会制度。制度变了，人就不得不改变。最后，五四运动以前的新文化运动在思想方法上存在形式主义的偏向，绝对肯定或绝对否定的倾向将传统与现代、中国和西方绝对对立起来，把复杂的文化现象做简单化处理。形式主义的方法论影响了新文化运动的发展。

---

① 毛泽东. 毛泽东选集：第三卷. 2版. 北京：人民出版社，1991：831.
② 毛泽东. 毛泽东选集：第二卷. 2版. 北京：人民出版社，1991：700.

5. 对资本主义方案的怀疑

第一，倡导者对资本主义方案产生了怀疑。新文化运动的思想武器来自西方思想武库，但批判的武器变成了武器的批判，这是因为批判的武器暴露了致命缺陷——帝国主义时代资本主义内部的矛盾；而第一次世界大战以极端方式深入暴露了这种矛盾，引发了全世界对资本主义的批判。寄希望于西方的中国人的希望破灭了。战后欧洲的惨象和西方文明的堕落，使倡导者产生了避害意识，觉得科学进步非但没能制止大战，反而加剧了战争的残酷性和危害性。许多人对资本主义开始失望、惶恐和愤慨，资本主义方案已经破产的观念渐入人心。

第二，第一次世界大战给西方思想界带来了危机。李大钊说，此次战争使欧洲文明颜面大失。欧洲人自己对其文明之真假也不得不加以反思。1918年10月巴黎和会召开前夕，梁启超怀着困惑前往欧洲考察。他此行一是为自己求点学问，看看这场空前的历史剧怎样收场；二是开阔眼界。他目睹了欧洲所遭受的战争摧残和战争给人民带来的灾难，战后的欧洲一片破败和贫困。欧洲人用潮湿的木柴和煤渣取暖，食物仅够果腹。他还感受到了西方思想界浓郁的悲观主义。他在《欧游心影录》中说："全社会人心都陷入了怀疑、沉闷、畏惧之中，好像失了罗针的海船遇着风遇着雾。不知前途怎生是好。"他所遇到的法国思想家和其他人也是感到种种的怀疑和失望。人群中弥漫着"世纪末"情绪，即世界濒临灭绝时的情绪。连西方人自己都怀疑了，中国人为什么还要跟在他们后面亦步亦趋呢？

第三，学习西方一再碰壁，使得中国人对资本主义方案产生了更大的怀疑。中国自19世纪下半叶思想领域开始激荡，要改变中国的命运，一代又一代仁人志士奋斗不止，却一次又一次地失败。失败与希望、保守与创新循环往复，生成了中国近代历史曲折痛苦的年轮。毛泽东在《论人民民主专政》中概括道："帝国主义的侵略打破了中国人学西方的迷梦。很奇怪，为什么先生老是侵略学生呢？中国人向西方学得不少，但是行不通，理想总是不能实现。多次奋斗，包括辛亥革命那样全国规模的运动，都失败了。国家的情况一天一天坏，环境迫使人们活不下去。怀疑产生了，增长了，发展了。"① 这种痛苦对于中国的先进分子来说，是一件好事，旧的路走不通，就会寻找新的出路，这就为中国的先进分子接受马克思主义提供了土壤。

以上各种原因，再加上巴黎和会上中国外交的失败，就更加深了中国人对资本主义方案的怀疑和批判。一些激进的民族主义者如李大钊等开始探索救国救民的新道路。1918年他就意识到，"东洋文明衰颓于静止之中，而西洋文明又疲命于物质之下""世界非有第三种文明崛起，不足于渡世危崖"。中国的先进分子对资本主义方案的怀疑只是说明思想后来转向的必然性。为什么转向东方，转向马克思主义呢？就是因为俄国十月革命胜利的推动。

二、试述十月革命与马克思主义在中国的传播。

中国的先进分子走上马克思主义道路，是经过长期的、艰苦的探索之后的选择。1917年俄国爆发的十月革命，促使中国的先进分子把目光从西方转向东方，从研究资产阶级民主

---

① 毛泽东. 毛泽东选集：第四卷. 2版. 北京：人民出版社，1991：1470.

主义转向研究社会主义。

1. 十月革命对中国的影响

正当新文化运动与西方意识形态发生激烈碰撞的时候，"十月革命一声炮响，给我们送来了马克思列宁主义"①。中国的先进分子发现，比资本主义高明得多的第三种文明就是马克思主义。对中国人来说，马克思主义是进入中国的诸多西方思想流派中较晚的学说。1848年马克思和恩格斯共同创作的《共产党宣言》，石破天惊地为人类社会的发展提供了新坐标，从此，全世界被压迫阶级、被压迫人民的解放斗争有了共同的思想理论基础，有了自己的旗帜。十月革命前，中国人对马克思主义的认识侧重于经济学和公有制，还常将其与空想社会主义、无政府主义相混淆。当时，中国面临两种可供选择的道路：要么封建主义，要么资本主义。然而，封建主义不行，资本主义也走进了死胡同。资本主义文化本是封建文化的对立面，但在中国它因殖民需要而与封建文化相勾结成为反动同盟。况且，列强用坚船利炮送来的资本主义文化不可能具有反帝的功能。十月革命改变了这种看法，促使中国的先进分子把目光转向俄国，转向马克思主义。十月革命对中国的先进分子最大的影响在于，它提供了一个社会主义由理论而实践、由理想而现实的可操作的"范式"，即马克思的历史唯物主义和辩证唯物主义、阶级斗争的理论，即列宁"一国革命首先胜利"的理论。所以，毛泽东说："十月革命帮助了全世界的也帮助了中国的先进分子，用无产阶级的宇宙观作为观察国家命运的工具，重新考虑自己的问题。走俄国人的路——这就是结论。"②

2. 十月革命的启示

第一，经济文化落后的国家也可以用社会主义指导自己走解放的道路。十月革命发生在情况与中国相似的俄国，这对中国的先进分子产生了特殊的吸引力、亲和力。十月革命证明，物质文明落后并不阻止社会主义之进行，落后国家也可以用社会主义思想来指引自己国家走解放之路，这使彷徨、苦闷中的中国的先进分子看到了民族解放的新希望。

第二，苏俄反对帝国主义并以新的、平等的态度对待中国，有力地吸引了中国的先进分子向往社会主义。

第三，十月革命的胜利给予中国的先进分子以新的革命方法启示。董必武曾说过："我们过去和孙中山一起搞革命""革命发展了，孙中山掌握不住，结果叫别人搞去了。于是我们就研究俄国的方式。"1923年12月北京大学投票选举世界第一伟人的活动中，列宁得票第一，远超第二位的美国总统威尔逊。在此情景下，马克思主义在中国的传播获得了真实动力与接受基础，并出现了一批赞成十月革命、具有初步共产主义思想的知识分子。

李大钊是中国举起马克思主义旗帜的第一人，以他为代表的具有初步共产主义思想的知识分子通过对各种学说、建国方案的反复分析和比较，终于选择了马克思主义，选择了列宁的社会主义革命道路。在这之前，人们冲破封建思想的牢笼，在资本主义的死胡同中徘徊；

---

① 毛泽东．毛泽东选集：第四卷．2版．北京：人民出版社，1991：1471．
② 毛泽东．毛泽东选集：第四卷．2版．北京：人民出版社，1991：1471．

如今,死胡同被十月革命摧毁,人们看到了一片崭新的天地。

三、怎样理解五四运动是中国新民主主义革命的开端?

1. 五四运动的爆发是中国历史上的一件大事

(1) 五四运动爆发的时代条件和社会历史条件。

第一,新的社会力量的成长、壮大。中国资本主义经济的发展,促使资产阶级和工人阶级的力量不断壮大。五四运动前夕,中国产业工人已经达到 200 余万人。这样,五四运动就获得了比以往的革命斗争更加广泛的群众基础。

第二,新文化运动掀起的思想解放的潮流。受到这个潮流影响的具有初步共产主义思想的知识分子,为五四运动准备了最初的群众队伍和骨干力量。

第三,俄国十月革命对中国的影响。陈独秀就说,十月革命后,"中国人也受了两个教训:一是无论南北,凡军阀都不应当存在;一是人民有直接行动的希望。五四运动遂应运而生"。

(2) 五四运动爆发的原因。

巴黎和会上中国外交的失败是五四运动的直接导火线。1919 年上半年召开的巴黎"和平会议"拒绝了中国政府代表提出的废除外国在华势力范围、撤退外国在华驻军等七项希望和取消日本强加的"二十一条"及换文的陈述书,规定德国应将其在中国山东获得的一切特权转交给日本。会议给予中国的,只是归还八国联军侵占北京时被德国掠去的天文仪器。北洋军阀政府居然准备在和约上签字。消息传到国内,激起了各阶层人民的强烈愤怒。

1919 年 5 月 4 日,北京大学等十几所学校的学生 3 000 余人在天安门前集会,随后举行示威游行。五四运动由此爆发。

(3) 五四运动的发展。

运动第一阶段的中心在北京,主力是青年学生,斗争方式是罢课、游行示威等,学生爱国行动遭到北洋政府的严厉镇压。运动第二阶段的中心在上海,主力是工人阶级,斗争方式是罢工、罢市和罢课。运动扩展到 20 多个省区 100 多个城市。迫于人民群众的压力,北洋政府不得不于 6 月 10 日释放了被捕学生,并宣布罢免亲日派官僚曹汝霖、章宗祥、陆宗舆的职务。6 月 28 日,中国政府代表没有出席巴黎和约的签字仪式。五四运动的直接斗争目标得到了实现。

2. 五四运动的历史特点

五四运动由于具有旧民主主义革命所不具备的一些特点,而成为中国新民主主义革命的开端。这些特点主要是:

(1) 五四运动表现了反帝反封建的彻底性。

第一,斗争的坚决性、不妥协性,"五四运动的杰出的历史意义,在于它带着为辛亥革命还不曾有的姿态,这就是彻底地不妥协地反帝国主义和彻底地不妥协地反封建主义"[①]。

---

① 毛泽东.毛泽东选集:第二卷.2 版.北京:人民出版社,1991:699.

第二，中国的先进分子理性地认识到帝国主义内部和外部的各种矛盾，认识到帝国主义是中国人民最大的敌人，坚决地提出"外争主权，内除国贼""改造强盗世界""另起炉灶"的口号。

（2）五四运动是一次真正的群众运动。

运动具有近代以来历次斗争所达不到的广泛性和群众性。

（3）五四运动促进了马克思主义在中国的传播及其与中国工人运动的结合。

经过这次运动，具有初步共产主义思想的知识分子不仅从理论上认识到了工人阶级的历史地位和使命，而且对工人阶级的强大力量感同身受，开始到工人中传播马克思主义，进行组织工作，促进了马克思主义同中国工人运动的结合，为中国共产党的成立准备了条件（队伍）。

3. 对五四运动的评价

（1）五四运动是近代中国斗争方式全新、波及全国，第一次由工人、学生和市民发动的反帝反封建的爱国运动。

全新方式：广泛动员、组织各阶级各阶层群众联合进行斗争。

（2）爱国学生起了先锋作用。开始时学生行动是自发的，后来陈独秀、李大钊通过学生社团对运动进行及时指导和推动，使整个运动变得有组织性，最终将这场运动坚持到了胜利。

（3）中国无产阶级开始作为独立的政治力量登上历史舞台。工人阶级以巨大的热情和规模参加到这场反帝反封建的运动当中，发挥了主力军的作用，给予了反动统治阶级以强有力的打击。

4. 继承和发扬五四运动的光荣传统

1998年5月4日，江泽民在庆祝北京大学建校100周年大会上做《继承和发扬五四运动的光荣传统》的讲话："五四运动的精神，最根本的就是中华民族的爱国主义精神。当代中国的广大青年，要继续继承和发扬五四运动的光荣传统，努力担当起振兴中华的历史使命，创造出无愧于时代和人民的业绩。"继承和发扬五四运动的光荣传统，要做到四个统一：学习文化与加强思想修养的统一；学习书本知识与投身社会实践的统一；实现自身价值与服务祖国人民的统一；树立远大理想与进行艰苦奋斗的统一。

四、试比较五四运动与辛亥革命的不同之处。

（1）从领导力量来看，辛亥革命是资产阶级革命派领导的。由于中国资产阶级的软弱性和妥协性，他们不可能提出彻底的反帝反封建的革命纲领，对帝国主义抱有幻想。而五四运动是由具有初步共产主义思想的知识分子领导的，无产阶级作为独立的政治力量登上历史舞台，显示了伟大力量，他们强烈地反对帝国主义分赃的巴黎和会，反对军阀政府卖国。

（2）从运动规模和群众发动的广泛性上看，辛亥革命虽有许多群众参加，但资产阶级由于阶级局限性，不敢发动广大人民群众；而五四运动的规模空前，参与者遍及中国城乡。从卷入阶层来看，工、学、商等都行动起来了，其规模之大，在反帝反封建斗争方面的彻底性，都是前所未有的。

（3）从结果和影响看，辛亥革命虽然结束了封建君主专制制度，但被军阀袁世凯窃取了革命果实，没有改变中国半殖民地半封建的社会性质。五四运动则取得了反帝反封建的初步胜利，特别是促进了马克思主义在中国的传播，以及与中国工人运动的结合，为中国共产党的成立准备了条件，从此中国开始进入新民主主义革命的新时期。

五、简述中国早期信仰马克思主义者的类型及代表人物。

（1）五四运动以前的新文化运动的精神领袖，其代表人物有李大钊、陈独秀。

（2）五四运动的左翼骨干，其代表人物有毛泽东、蔡和森、周恩来。

（3）一部分原中国同盟会会员、辛亥革命时期的活动家，其代表人物有董必武、吴玉章、林伯渠。

中国早期信仰马克思主义者的队伍中，李大钊、陈独秀属于先驱者和擎旗人，毛泽东等五四运动的左翼骨干则是其主体部分。

六、中国的先进分子为什么和怎样选择了马克思主义？

1. 选择马克思主义的条件和背景

（1）中国的先进分子选择马克思主义是近代以来先进中国人向西方探索救国救民真理历史发展的必然结果。农民阶级、洋务派、维新派、资产阶级革命派探索国家出路的努力先后失败，先进分子向西方寻求真理的努力一再碰壁，开始对西方文明产生怀疑和持保留态度。

（2）北洋军阀统治黑暗，中国的出路问题再一次摆到中国人民面前。

（3）五四运动前后中国工人阶级的壮大及其斗争为中国的先进分子选择马克思主义提供了阶级基础和实践需求。

（4）新文化运动的兴起，思想启蒙运动的结果，为马克思主义在中国的传播创造了前提条件。

（5）第一次世界大战和十月革命的影响，推动了中国的先进分子思想方向的转变。第一次世界大战充分暴露了资本主义制度的内在矛盾，中国人对资本主义方案产生了怀疑；俄国十月革命给陷入彷徨、苦闷中的中国人昭示了新的理想目标和建国方案，使先进分子看到了斗争的新希望。

2. 选择马克思主义是经过反复比较和探求的结果

（1）各种社会主义流派的"百家争鸣"和非科学社会主义学说的试验及失败表明，只有马克思列宁主义才是科学的真理，才能为解决中国社会问题找到出路。

（2）具有初步共产主义思想的知识分子同各种反马克思主义、反社会主义思潮不断论战，扩大了马克思主义的影响和阵地，使更多的人认识并自觉地接受马克思主义。

（3）先进分子接受马克思主义，并在斗争中自觉运用和传播马克思主义。他们一方面重视马克思主义基本理论的学习，另一方面注意将其与中国实际相结合，提出知识分子同工农相结合等重要思想。

（4）在马克思主义的传播过程中，大批具有初步共产主义思想的知识分子出现，进一步促进了马克思主义同中国工人运动的结合，为后来中国共产党的成立做了思想上、干部上的准备。

七、为什么说中国共产党的成立是开天辟地的大事变？

（1）中国人民从来就勤劳勇敢，富于斗争传统。他们的斗争之所以屡遭挫折和失败，重要原因之一，是没有一个先进的坚强的政党作为凝聚自己力量的领导核心。自从有了中国共产党，这种局面就从根本上改变了。

（2）中国共产党一经成立，就把实现共产主义作为党的最高理想和最终目标，义无反顾肩负起实现中华民族伟大复兴的历史使命。中国人民由此踏上了争取民族独立、自身解放的光明道路，开启了实现国家富强、人民富裕的历史征程。

（3）中国共产党人的初心和使命，就是为中国人民谋幸福，为中华民族谋复兴。这个初心和使命是激励中国共产党人不断前进的根本动力。一代又一代中国共产党人不忘初心、牢记使命，弘扬建党时期的"红船精神"，即开天辟地、敢为人先的首创精神，坚定理想、百折不挠的奋斗精神，立党为公、忠诚为民的奉献精神，取得一个又一个胜利。

（4）中国共产党的成立，深刻改变了近代以后中华民族发展的方向和进程，深刻改变了中国人民和中华民族的前途与命运，深刻改变了世界发展的趋势和格局。

八、中国共产党成立后，中国革命呈现了哪些新面貌？为什么？

中国共产党一经成立，中国革命就呈现了新的面貌：①第一次提出了反帝反封建的民主革命纲领，为中国人民指出了明确的斗争目标。②发动工农群众开展革命斗争，在中国掀起了第一次工人运动高潮，同时，中国共产党也开始从事发动农民的工作，农民运动蓬勃发展。③实行国共合作，并在合作中发挥主导作用，进行了北伐战争，掀起大革命高潮。

中国革命之所以会呈现这些新面貌，是因为中国共产党是中国社会中最先进、最有政治远见的马克思列宁主义政党，它代表了中国社会的发展方向，代表了中华民族的根本利益，只有它才能成为中国革命的真正领导者。正如毛泽东所说："由于无产阶级的领导，根本地改变了革命的面貌，引出了阶级关系的新调度，农民革命的大发动，反帝国主义和反封建主义的革命彻底性，由民主革命转变到社会主义革命的可能性，等等。所有这些，都是在资产阶级领导革命时期不可能出现的。"①

延伸阅读文献

1. 陈独秀：《敬告青年》（1915年9月）
2. 李大钊：《我的马克思主义观（上）》（1919年9月）
3. 列宁：《民族和殖民地问题提纲初稿》（1920年6月），《列宁选集（第四卷）》

---

① 毛泽东. 毛泽东选集：第一卷. 2版. 北京：人民出版社，1991：315.

4. 《中国共产党第一次全国代表大会通过的党纲》（1921年7月），《中国共产党党史参考资料（1）》

5. 《共产国际关于国共合作的决议》（1923年1月12日），《中国共产党党史参考资料（3）》

6. 习近平：《弘扬"红船精神"走在时代前列》（2005年6月21日）

7. 习近平：《在庆祝中国共产党成立95周年大会上的讲话》（2016年7月1日）

8. 习近平：《在纪念马克思诞辰200周年大会上的讲话》（2018年5月4日）

9. 习近平：《在庆祝中国共产党成立100周年大会上的讲话》（2021年7月1日）

中国革命的新道路——从合作到土地革命

学习目标

1. 描述中国共产党开创农村包围城市、武装夺取政权的革命新道路的历史背景和实践过程；
2. 举例说明中国革命经历的挫折和坎坷；
3. 列举并分析伟大长征途中重要的战役和重大的会议。

专题导学

1. 背景

中华民族的复兴之路绝不是一条坦途，前进的道路上布满了荆棘，很有可能付出鲜血和生命的代价。1924年，年幼的中国共产党同国民党进行第一次合作，投身到大革命的洪流之中。在中国共产党的积极参与和努力下，大革命风暴迅速席卷全国。在北伐战争中，北洋军阀受到沉重打击。然而，在帝国主义的拉拢下，1927年，蒋介石和汪精卫先后叛变革命，第一次国共合作破裂。处在幼年时期的中国共产党，其理论修养和革命实践都不成熟，放弃了对革命的领导权，导致革命遭受挫折。大革命失败后，中国共产党和中国人民并没有被敌人的腥风血雨吓倒。以毛泽东为首的中国共产党人把马克思主义基本原理创造性地运用于中国革命，找到了一条农村包围城市、武装夺取政权的革命新道路。正当革命成燎原之势时，王明"左"倾错误又给中国革命造成巨大危害，红军被迫长征。长征途中，中国共产党独立自主地召开了遵义会议，确立了毛泽东在党中央的实际领导地位，这标志着中国共产党在政治上走向成熟，开始掌握自己的命运。

2. 视频学习中的重要事件坐标

- 对革命新道路的艰苦探索
  - ▲第一次国共合作
  - ▲咱们工人有力量：大革命期间的罢工运动
  - ▲高歌猛进的北伐战争
- 中国革命在探索中曲折前进

▲ 打响反对国民党反动派的第一枪：南昌起义

▲ 第一次打出中国共产党的旗子

▲ 八七会议：中国共产党历史上第一次伟大转折

▲ 秋收起义：毛泽东农村包围城市战略的起点

▲ 打土豪，分田地

▲ 十六字游击战术

▲ 血战湘江

▲ 遵义会议

▲ 中国革命的新出发点：吴起镇奠基

3. 影响

从1921年到1935年的10多年间，中国共产党既创造了中国工农运动第一次高潮、投身国民革命、探索中国革命新道路等辉煌，又遭受了京汉铁路工人大罢工的失败、国民党右派叛变革命、第五次反"围剿"失败、中央苏区丢失、长征初期被动挨打等重大挫折，几次面临生死存亡的危机。

4. 想一想

中国共产党为什么会多次经历严重的困厄？为什么又能够一次次转危为安，化危为机，愈挫愈勇，不断壮大和成熟，谱写革命的新辉煌？

视频内容简介

4.1　第一次国共合作

1923年2月，中国共产党领导发动的京汉铁路工人大罢工，因军阀吴佩孚的血腥镇压而失败。这一残酷的现实让年幼的中国共产党警醒：在半殖民地半封建的中国，中外反动势力还相当强大，要完成反帝反封建的革命任务，必须寻找盟友，建立革命统一战线。环顾当时中国政坛，只有孙中山领导的国民党有可能与中国共产党站在同一个战壕里。孙中山也认识到了"国民党在堕落中死亡"，要救活它，只有输入中国共产党人的"新鲜血液"，因此热烈欢迎"今日最能奋斗"的中国共产党加入国民党。

1922年8月，中国共产党在杭州西湖开会。根据共产国际的指示，大会决定共产党员以个人名义加入国民党，与国民党实行党内合作，同时保持组织的独立性。1924年1月，孙中山在广州主持召开了中国国民党第一次全国代表大会（简称国民党一大）。大会通过了国民党一大宣言，重新解释了三民主义，确定了"联俄、联共、扶助农工"三大政策，同意共产党员加入国民党。国民党一大的召开是第一次国共合作正式形成的标志。在打倒列强、除军阀的共同目标下，国共合作显得生机勃勃。

由于"以俄为师",又得到中国共产党新生力量的补充,改组后的国民党重新焕发生机,形成了从中央党部到省党部、县党部以至区分部的垂直结构体系。党员数量飞速增加。国共合作使国民党受益多多,中国共产党也获益匪浅。中国共产党以此表明了自身的年轻有为、朝气蓬勃、纪律严明。国共合作给中共优秀党员提供了展示才华的平台,他们在国民党内中央或地方的重要岗位上崭露头角。

第一次国共合作的历史清楚地证明,在中华民族危亡的关头,为了民族独立和国家统一,国民党与中国共产党能够携起手来,为民族的复兴努力奋斗,并且都从中受益。历史昭示后人:两党合则两利、分则两损。

4.2 咱们工人有力量:大革命期间的罢工运动

1923年2月轰轰烈烈的京汉铁路工人大罢工被残酷镇压,中国共产党领导的工人运动暂时转入低潮。1924年第一次国共合作正式形成后,中国共产党领导的工人罢工运动又迎来了春天。

1924年7月15日,在中国共产党的领导下,为抗议英法租界当局颁布的一条对中国人和外国人分别对待的"新警律",广州沙面租界的华工开始罢工,要求英法租界当局取消这一做法,否则坚决不上工,坚决为民族的人格与自由权利而战斗到底。最终,英法租界当局只得宣布取消这一无理规定,罢工取得了完全的胜利。

沙面工人大罢工的胜利大大鼓舞了上海工人的斗志。1925年2月,上海日商内外棉八厂的工人抗议日本领班无故毒打一名童工。在中国共产党的领导下,22家日商纱厂的近4万名工人随即联合起来罢工,提出不准打人、增加工资等6项合理要求。罢工坚持了一个多月,日本老板最终答应了工人的要求,罢工取得胜利。

帝国主义对日益高涨的工人运动和罢工非常恐惧,它们不甘心失败,密谋对付和镇压。1925年5月30日,英国巡捕制造了震惊中外的"五卅惨案"。当晚,中国共产党召开紧急会议,号召全上海的工人罢工、学生罢课、商人罢市,反击帝国主义的暴行。到6月6日,上海的纱厂、印刷厂、电厂、码头、轮船、洗衣店、饭店等行业工人纷纷罢工,人数达20多万。上海工人的这场大罢工坚持了3个多月。在上海工人大罢工的影响下,北京、天津、南京、青岛、武汉、长沙等地的工人也举行了几十万人参加的大罢工,支援上海工人的斗争。反帝运动迅速席卷全中国,中国人民掀起了一场新的反帝高潮。6月开始,香港和广州的工人联手在南粤大地掀起了一场举世瞩目的大罢工。这场罢工持续了近16个月,时间之长,中外罕见。

1924—1927年,据不完全统计,全国各地爆发了近3 000次罢工,仅上海就爆发了约1 000次。中国工人掀起的一轮轮反帝高潮,体现了中国工人阶级只有在中国共产党的领导和组织下,才可能爆发出如此强大的力量。这力量是铁,这力量是钢,最终会埋葬一切反动势力,叫它们彻底灭亡。

4.3 高歌猛进的北伐战争

1926年初，在帝国主义后台老板的支持下，张作霖、吴佩孚、孙传芳三大军阀以及一些小军阀，争权夺利，互相混战，兵匪不分，祸害人民。国共合作领导下的广东革命根据地，决心驱逐帝国主义出中国，铲除封建军阀之毒瘤。

1926年7月9日，北伐举行誓师大会，国民革命军总司令蒋介石号召三军将士一齐用命，打倒军阀，除列强。当时北伐军共8个军，10万余人，而三大军阀总兵力75万余人，从数量上讲，敌众我寡，是北伐军面临的一项严峻考验。在苏联军事顾问的帮助下，北伐军制定了利用军阀矛盾，远交近攻，"打倒吴佩孚，联络孙传芳，不理张作霖"，统一全国的战略方针。按照既定作战方针，北伐军兵分三路，向湖南、江西等地进军。1926年8月中下旬，北伐军拿下湖南后，迅速进入湖北境内，在汀泗桥与吴佩孚的军队进行了一场激烈的战斗。

汀泗桥位于武汉至长沙的铁路线上，是一天险。吴佩孚配备了2万多兵力，精心修筑工事，决心死守，决不让北伐军越过铁路桥。1926年8月26日，国民革命军第四军用两个师的兵力发动进攻。双方激战一昼夜，汀泗桥还没能攻下来。当天晚上，黄琪翔所在的团正面夜袭，叶挺独立团绕道古塘角，从敌人背后突袭。到27日早晨，夜袭夹击敌人的战术奏效，汀泗桥被北伐军牢牢占领。吴佩孚不甘心失败，又在贺胜桥负隅顽抗。尽管吴佩孚亲自督战，但贺胜桥还是被北伐军胜利占领，他本人差一点被活捉。第四军因接连打赢两场硬仗，赢得了"铁军"称号。至10月10日，北伐军终于攻占武昌城。经过两个月的战斗，吴佩孚精锐部队被歼灭殆尽。

打垮吴佩孚后，1926年冬至1927年春，北伐军又移师江西、福建战场，打败了"五省联军司令"孙传芳的军队，占领了上海、南京等大城市，东南地区被国民政府控制。北伐军在不到一年的时间里，基本摧毁了北洋军阀吴佩孚、孙传芳的主力，革命的洪流从南中国奔涌到长江流域和黄河流域的大部分地区，帝国主义和封建主义的统治受到严重的打击。

北伐战争是在国共两党第一次合作的基础上进行的一场规模空前的反帝反封建革命战争。在这场翻天覆地的革命狂飙中，中国共产党起着独特的、不可替代的作用。铁一般的事实证明，没有中国共产党，就不会有这场大革命，就不会有北伐战争的胜利。

4.4 打响反对国民党反动派的第一枪：南昌起义

1927年四一二政变发生后，中国共产党和武汉国民政府大力谴责蒋介石的叛变行为，决定先东征讨蒋，再行北伐。共产党员叶挺率领的国民革命军第十一军第二十四师，作为东征讨蒋的先锋队，乘船东下江西九江。贺龙率领的国民革命军第二十军稍后两天也出发了。

1927年7月15日，汪精卫在武汉召开"分共"会议，清除武汉国民政府和军队中的共产党员。一时间，武汉三镇处于腥风血雨之中。

7月19日，汪精卫要求国民革命军第四军军长张发奎清除军中的共产党员。7月24日，李立三等人制订了叶挺、贺龙部队集中到南昌，28日晚上起义的初步计划。7月25日，中共中央同意起义计划，任命周恩来为南昌起义前敌委员会书记。

中国共产党一些领导人频繁出入九江，汪精卫、张发奎似乎嗅到了中国共产党意欲起事的气息。他们设下诱捕叶挺、贺龙，拉走部队的圈套。幸而时任张发奎部参谋长的叶剑英洞烛其奸，秘密会见叶挺、贺龙，告知他们敌人的这一阴谋。张发奎的阴谋胎死腹中。7月27日，周恩来从九江抵达南昌，根据起义部队的准备情况，将起义时间改为7月30日晚。7月30日，张国焘在南昌向前敌委员会传达共产国际关于起义的新精神。原定起义时间因张国焘的出现又推迟到8月1日凌晨。

8月1日凌晨，在周恩来、叶挺、贺龙、刘伯承、朱德等的指挥下，参战将士左臂缠白毛巾，向南昌城内外的守军发动了猛烈的进攻。经过4个多小时的战斗，全歼敌军3 000余人，占领了南昌城。

南昌起义打响了中国共产党武装反抗国民党反动派的第一枪，开始了党独立领导和创建武装力量的新时期。8月1日也从此成为人民军队的建军纪念日而彪炳史册。

4.5 第一次打出中国共产党的旗子

1927年4月12日，蒋介石在上海发动四一二政变，国民党士兵举着青天白日旗，在街头开枪射杀共产党员和工农群众。7月15日，汪精卫在武汉发动七一五政变，叫嚣青天白日旗下不容共党横行，"宁可枉杀千人，不可使一人漏网"。一时间，象征国共合作的青天白日旗，成为反共的象征，大批共产党员惨死在这"暗无天日"的旗子之下。

面对国民党反动派的屠杀，在面临生死存亡的严峻时刻，年幼的中国共产党没有束手待毙，而是奋起反击。1927年8月7日，中共中央在汉口召开八七会议，确定了土地革命和武装反抗国民党反动派的总方针。

会后，毛泽东受中央的委派，到湖南领导秋收起义。他在给中央的信中直率地指出，国民党旗子已经成为军阀的旗子，不能再打了！共产党的旗子才是人民的旗子，以后革命暴动应坚决地树立起红旗！8月20日，毛泽东代表湖南省委再次写信向中央提出，不能再举国民党青天白日旗这块无用的、让民众受骗的招牌了，湖南暴动应该"高高打出共产党的旗子"！

尽管中央一再来信要求打国民党旗，但是毛泽东并没有盲从中央的指示，而是根据中国革命发展的实际形势，因地制宜，为高高举起共产党的旗子而展开了紧锣密鼓的准备和谋划。9月初，以毛泽东为首的秋收起义前敌委员会在安源张家湾召开会议。会议将起义部队命名为工农革命军第一军第一师，向在修水的师参谋处下达了设计和制作共产党旗子的命令。9月9日清晨，工农革命军第一师师部和第一团在修水举行了隆重的授旗仪式，画着镰刀、锤头和五角星图案的鲜艳红旗迎风飘扬。

在历史转折的紧要关头，毛泽东敢于亮剑，打出共产党的旗子，举旗定向，表明中国共产党独立领导革命、敢于胜利的决心和意志。何长工后来评价说，秋收起义的旗子"标志着我们党独立领导武装斗争的开始。从此才有了红旗和白旗的对立，才有了红色根据地和白色区域的对立，才有了中国革命的胜利"。

4.6 八七会议：中国共产党历史上第一次伟大转折

1927年4月12日，蒋介石集团在上海发动四一二政变，疯狂屠杀共产党人和革命群众。7月15日，汪精卫也露出狰狞的反共面目，在武汉发动七一五政变，也向共产党员举起屠刀。一时，白色恐怖弥漫武汉、笼罩全国。轰轰烈烈的大革命失败了。

在这严峻的生死考验面前，敢不敢革命，革命又该往何处去，成为年幼的中国共产党亟须解决的关键问题。在共产国际的帮助下，中共中央决定召开一次紧急会议，以总结大革命失败的教训，纠正陈独秀的右倾错误，整顿党内的政治和组织状况，确立党新的革命方针和任务。

会议原定7月28日举行，但此时的武汉处在白色恐怖之下，代表们无法按时到会，会议不得不延期。但到了8月7日，通知参会的人员仍未到齐。鉴于情况危急，瞿秋白等人改变方式，召集在武汉的中央委员、候补中央委员、共青团中央委员及湖北、湖南、上海的负责人共22人参加会议，另有共产国际代表3人参加。经过反复比较选择，最后将会议地点选在了汉口俄租界苏联驻国民政府顾问拉祖莫夫的住所。

会议由临时中央实际负责人瞿秋白和常委李维汉主持。会上，共产国际代表罗明纳兹做了党的过去错误及新的路线的报告和结论，瞿秋白代表中央常委会做了将来工作方针的报告。毛泽东、邓中夏、蔡和森、罗亦农、任弼时、李子芬、彭公达、瞿秋白等先后发言。以中央候补委员身份参会的毛泽东首先发言，对陈独秀的右倾错误提出了尖锐批评，并突出强调："以后要非常注意军事，须知政权是由枪杆子中取得的。"这是中共党史上第一次提出"枪杆子里出政权"论断。这一论断对中国革命极其重要，它不仅是从大革命失败血的教训中得出来的，更是一针见血地指出了中国革命的特点，明确了今后党的工作重心。

大会选举瞿秋白、李维汉、苏兆征、王荷波、任弼时等人组成党的临时中央政治局，邓中夏、毛泽东、周恩来等人被选为政治局候补委员。大会通过了《中国共产党中央执行委员会告全党党员书》《最近农民斗争的议决案》《最近职工运动议决案》《党的组织问题议决案》等文件，确定了土地革命和武装斗争反抗国民党反动统治的总方针，实现了党工作重心的转移。

八七会议后第五天，毛泽东以中央特派员身份回到长沙，向湖南省委传达了八七会议精神。9月9日，毛泽东领导了湘赣边界的秋收起义，随之来到井冈山，创建了中国革命第一个根据地。从此，"工农武装割据"的星星之火渐成燎原之势，指引中国革命走向胜利。

八七会议是中国共产党历史上第一个伟大的转折点，它在中国革命紧急关头，给处在思想混乱和组织涣散中的中国共产党指明了新的出路，使党和中国革命绝处逢生。

4.7 秋收起义：毛泽东农村包围城市战略的起点

1927年9月初，毛泽东在安源张家湾召开会议，传达八七会议党中央确定的土地革命和武装反抗国民党反动派的总方针，决定将参加暴动的各处部队整编为一个师，命名为工农革命军第一军第一师，下辖三个团，余洒度为师长。会后，毛泽东留在当地，将安源工人和附近农民武装整编为工农革命军第一师第二团。

9月6日，毛泽东又马不停蹄地赶往铜鼓，整编铜鼓的队伍。9月9日，中共湖南省委下令破坏长沙至株洲之间的铁路，湘赣边界秋收起义正式爆发。9月9—11日，毛泽东命令修水的一团向平江进攻，安源的二团向萍乡、醴陵进军，铜鼓的三团向浏阳进攻，这样就形成了起义部队三路推进、会攻长沙的态势。

三个团起义后，由于各自为战，指挥不统一，攻打县城的目标大都没有实现，反而不同程度地受损，士气也受到一定的影响。在形势明显不利的情况下，毛泽东坚决阻止了一些人还要攻打长沙的蛮干行为，9月14日，果断下令停止执行围攻长沙的计划，带领部队向敌人力量薄弱的湘南山区撤退。

9月19日，三个团在浏阳文家市会合。部队由起义前的5 000多人减少到1 000多人，一些官兵情绪低落，开小差当了逃兵。从9月21日离开文家市到9月29日抵达永新三湾村的几天时间里，部队情况还是不容乐观。部队不时遭到反动民团的袭击，年轻且有才干的总指挥卢德铭牺牲。如果不稳住官兵的情绪和刹住失败主义这股歪风邪气，秋收起义部队的前途命运堪忧。

部队到达三湾村后，终于摆脱了敌人的围追。利用这难得的机会，毛泽东决定对部队进行整编。首先，整编部队，将原来的工农革命军第一军第一师缩编为一个团。其次，建立民主平等的新型官兵关系，肃清了军阀作风。最后，加强党的领导，发挥党组织的战斗堡垒作用。实行党指挥枪的原则，确立了党对军队的绝对领导。经过改编，人数虽然没有原来多，但更加精干，信仰更加坚定，更有利于发挥党的组织和领导作用。毛泽东后来说，三湾改编是秋收起义部队的一次新生。

1927年10月，毛泽东率部队抵达井冈山，正式吹响了创建井冈山革命根据地的号角，开始了农村包围城市、武装夺取政权这一中国革命新道路的探索。

4.8 打土豪，分田地

1927年10月，毛泽东率部队上井冈山后，时节由寒秋转入冬天，部队官兵还穿着单衣单裤，缺衣少食成为部队生活的常态。经济问题是工农革命军遇到的最大困难，亟须解决。

工农革命军是人民的军队，解决温饱问题不能靠骚扰贫苦农民。没有钱、没有粮、没有衣服、没有炮，只能向土豪劣绅要。解决部队经济问题的唯一办法就是打土豪，没收他们的财产，解决部队的困难。1927年12月下旬，毛泽东在宁冈砻市召开会议，提出革命军队的三大任务：打仗消灭敌人；打土豪筹款子；做群众工作。

1928年1月，毛泽东率部队打下遂川县城，建立了中共遂川县委和县工农兵政府，派部队下乡领导贫苦农民打土豪。贫苦农民尝到了打土豪的甜头，以后只要有红军打土豪，他们就会跟在后面喊：快跟红军打土豪分东西去。

打土豪、分财物给贫苦农民，使贫苦农民认识到工农革命军是穷人的军队，对工农革命军和中国共产党有了好感。分财物给贫苦农民是发动群众的第一步，土地是贫苦农民生活的基本来源和依靠，是他们的命根子，只有让贫苦农民得到土地，才算是把群众工作做到家了。

到1928年上半年，打土豪、分田地逐渐在井冈山革命根据地开展起来，部队每到一处，先打土豪，再实行"地主田地，农民收种，债不要还，租不要送"。在乡苏维埃政权的领导下，以乡为单位，将全乡土地按人口平均分配，土豪地主也允许分一份土地，给他们生活出路。这一办法后来在所有根据地推广开来。翻身不忘共产党，吃水不忘挖井人，苏区贫苦农民积极生产，热心政权建设，纷纷要求入党，踊跃参军，投入到保卫胜利果实的斗争中。

正是通过土地革命，贫苦农民和中国共产党结成了荣辱与共的命运共同体，中国共产党在农村扎下了根，站住了脚，部队和老百姓结成了亲密的鱼水关系，彻底解决了经济困难，力量不断壮大，根据地的地盘也随之不断巩固和扩大。

从1927年到1931年，中国共产党相继建立了井冈山、湘赣、鄂豫皖、湘鄂西、闽西等十几块农村革命根据地，成立了与南京国民政府对抗的中华苏维埃共和国。在短短几年时间里，中国共产党取得了从面临生死危机到燎原之势的辉煌。打土豪、分田地的土地革命证明了这一命题。

4.9 十六字游击战术

1927年12月下旬，因敌强我弱，条件艰苦，时任第一团团长陈浩，丧失革命斗志，带领部队企图投降敌人。毛泽东闻听后心急如焚，亲自带人连夜追赶，将部队带回宁冈砻市，并公开枪决了陈浩等人，稳定了军心。这件事情让毛泽东十分震惊，促使他开始思考在敌强我弱的情况下，如何战胜敌人，壮大自己。

毛泽东吸收万安暴动战术，再结合打圈子的办法，融会贯通地提炼出了"敌来我走，敌驻我扰，敌退我追"的新十二字口诀，并很快应用于实战。1928年2月初，江西国民党杨如轩的军队占领宁冈县城。毛泽东就使用敌驻我扰创机会、兵贵神速灭敌军的战术。打了胜仗的官兵高兴地称赞毛委员的口诀真灵。

1928年4月，朱德、陈毅率南昌起义余部和湘南起义的农民武装转战到井冈山，与毛泽东率领的秋收起义部队胜利会师。两支部队合编为工农革命军（注：1928年5月改为红军）第四军，朱德任军长，毛泽东任党代表。久经沙场的老将与才华横溢的文秀才开始合作谱写中国战争史的新篇章。英雄所见略同，二人共同切磋，最终进一步提炼出了"敌进我退，敌驻我扰，敌疲我打，敌退我追"这一经典的十六字游击战术。

在十六字游击战术的指导下，红四军接连两次取得反"围剿"的胜利。1928年5月中旬，赣军第二十七师师长杨如轩以4个团的兵力向宁冈进攻。朱德主动放弃宁冈，避实就虚，在草市坳设伏，一举全歼敌人1个团，"敌退我追"，收复了永新县城，杨如轩狼狈败走。不甘心失败的杨如轩在6月又纠合赣军第九师杨池生部，指挥5个团的兵力向井冈山进攻。毛泽东、朱德避敌主力，主动放弃永新县城，在同敌人兜圈子中捕捉战机。6月23日，朱德集中优势兵力，在新、老七溪岭和龙源口打败了敌人3个团，赣军望风而逃，红军再次占领永新县城，取得了反"围剿"的重大胜利。此战后，红军迎来了井冈山革命根据地历史上的全盛时期，根据地面积扩大到7 200多平方公里，人口达到50多万。

1929年初，毛泽东、朱德率领红四军主力，离开井冈山，转战赣南、闽西，灵活运用十六字游击战术，集中兵力对付敌人，分兵发动群众，成功开辟了赣南、闽西革命根据地。

后来，闪耀着辩证法光芒、使军队进退自如、游击战和运动战有机结合的十六字游击战术上升为整个红军作战的指导思想，以后又发展成为八路军、新四军和人民解放军作战的基本战略与战术，成为人民军队克敌制胜的法宝。

4.10 血战湘江

1934年11月12日，红军在第五次反"围剿"中失败，向西转移途中，蒋介石委任反共老手何键为"追剿"红军总司令，动用30多万军队，在广西全州、灌阳和兴安三县交界的湘江东岸的三角地带，设置了第四道封锁线，布置好了口袋阵，等着长征中的红军来钻，叫嚣着一定要将红军"歼灭于湘、漓水以东地区"。

明知山有虎，偏向虎山行。红军必须撕烂这个口袋，渡过湘江，才能获得生机。1934年11月27日，红一军团第二师渡过湘江，控制了兴安界首到全州脚山铺河段两岸30公里的渡河点，并送信给中央纵队，趁敌人还没有来，请大部队迅速赶到渡口过江。

中央纵队还没有赶到渡口，李宗仁的桂系军队就已先达新圩村。新圩村距离渡河口15公里，为红军渡江的战略据点，只有死死守住新圩村，才能确保过江通道的安全。红三军团李天佑率领的第五师在此奉命阻击企图掐断红军喉咙的桂军。战斗异常激烈，在与优势敌人的殊死搏斗中，红三军团第五师参谋长胡震、第十四团团长黄冕昌以及营以下大部分干部、战士牺牲。11月30日下午，在成功完成阻击任务后，伤亡2 000多人的红三军团第五师奉命撤退。

在新圩阻击战打响的同时，脚山铺也发生了激烈的战斗。脚山铺位于兴安县境内，距离中央纵队渡江的界首渡口以南25公里，是红军渡江的生命线，只有守住此地，中央纵队才能安然过江。红一军团以两个师的兵力顽强顶住了敌人四个师的进攻，坚持四天四夜，以2 000多人牺牲的代价，没让何键的湘军前进半步，12月1日中午时分，胜利完成阻击任务。

与脚山铺相比，光华铺距离渡口更近，更加不容半点闪失。光华铺一战，红三军团牺牲1 000多人，第十团团长沈述清、第四师参谋长杜中美在激战中相继壮烈牺牲。

为了掩护主力部队过江，担任后卫掩护重任的红三十四师在师长陈树湘的指挥下，在广西灌阳的文市、水车一线拦击尾追中央纵队的国民党四个师。红三十四师自长征开始，就担当最艰巨的断后重任，一路上总是面对最险恶的环境，打得最艰苦，最后的结局也最悲壮。

湘江一战，红军从出发时的8.6万余人锐减至3万余人，这是红军长征以来打得最惨烈、损失最严重的一次战役。此战后，当地人有"三年不饮湘江水，十年不食湘江鱼"的说法。尽管代价惨重，红军主力大部队还是渡过了湘江，粉碎了蒋介石歼灭红军于湘江东岸的如意算盘。湘江战役红军巨大的损失，让全党上下反省，不能再这样与敌人硬拼烂打了。从湘江到遵义，两个月的时间里，以博古、李德为代表的中央"左"倾路线逐渐为红军广大指战员所反思和揭批，以毛泽东为代表的正确路线逐渐得到广大指战员的认识和赞赏。血战湘江为后来遵义会议的召开铺平了道路。

4.11　遵义会议

红军突破湘江封锁线后，不甘心失败的蒋介石在湖南、贵州交界的洪江、芷江、松桃、铜仁、石阡一带又布置了新的口袋阵，集结20万军队，以逸待劳地等着红军自投罗网。

红军又要面对一次生死劫难，博古、李德仍不吸取血战湘江的深刻教训，坚持去湘西，要往火炕里跳。毛泽东则建议红军避开重兵，转向敌人力量薄弱的贵州进发，但遭到博古、李德的拒绝。

1934年12月18日的黎平会议上，毛泽东再次提出向贵州行进的正确主张，博古、李德还是不同意，王稼祥、张闻天等多数人同意。经过激烈的争论，周恩来采纳了毛泽东的建议。12月底，红军渡过乌江，把国民党的追兵甩在了乌江以东、以南地区，蒋介石的口袋阵不攻自破。甩开敌人之后，王稼祥和张闻天一致认为，应该让毛泽东尽快指挥军事。这一看法逐渐在红军高层传开，大家都希望毛泽东尽早走上军事指挥的一线。

1935年1月7日，红军先头部队进占遵义。1月15—17日，党中央在这里召开了有20人参加的政治局扩大会议。博古做了关于第五次反"围剿"失败的总结报告。毛泽东在发言中一针见血地指出，第五次反"围剿"失败的主要原因在于博古、李德等人犯了进攻中的冒险主义、防御中的保守主义、退却中的逃跑主义的错误。军事指挥的严重错误使红军陷入疲于奔命、被动挨打、损失惨重的境地。毛泽东发言尾音刚落，王稼祥立即提议撤销李德的军事指挥权，毛泽东参与军事指挥。参加会议的红军高级将领刘伯承、李富春、聂荣臻、彭德怀等也坚决要求毛泽东参与军事指挥，主持会议的周恩来也支持这一提议。

1月17日，会议改组中央领导机构，推选毛泽东为政治局常委，取消了博古、李德的最高军事指挥权。会后，政治局常委决定由张闻天代替博古负党中央总的责任，由周恩来、毛泽东、王稼祥三人组成军事指挥小组，负责指挥军事。遵义会议开始确立以毛泽东为代表的马克思主义正确路线在党中央的领导地位。

在革命最危急的关头，遵义会议拨正了中国革命的航向，挽救了党，挽救了红军，挽救了中国革命，在党的历史上具有伟大转折意义。毛泽东后来说，中国共产党"真正懂得独立自主是从遵义会议开始的"。习近平总书记指出，遵义会议"确立了毛泽东同志在红军和党中央的领导地位，开始确立了以毛泽东同志为主要代表的马克思主义正确路线在党中央的领导地位，开始形成以毛泽东同志为核心的党的第一代中央领导集体，这是我们党和革命事业转危为安、不断打开新局面最重要的保证"。

4.12 中国革命的新出发点：吴起镇奠基

1935年9月20日，毛泽东等中央领导到达甘肃南部小镇哈达铺。在哈达铺，毛泽东看到了从当地邮政代办所找到的报纸，报纸上登载了陕北有刘志丹领导的苏区和大批红军活动的消息。毛泽东眼前一亮：到陕北找刘志丹去。

随即毛泽东在中央红军主要干部会上正式提出到陕北苏区去的建议，得到响应。经过一个月的北上行军，10月19日傍晚时分，毛泽东率领中央红军到达了陕北苏区的边境吴起镇。

吴起镇当时约10户人家，老百姓以为又是国民党军队来搜刮，便事先跑到山上躲起来了。躲在山上的老百姓看到红军秋毫无犯、纪律严明，于是都回村打开房门，让身着单衣的红军到窑洞里休息，并把自家的粮食拿出来给红军。

红军虽然在吴起镇安顿了下来，但是自进入甘肃境内一路围追红军的国民党马家军骑兵团正在向吴起镇逼来。必须砍掉这个讨厌的尾巴。当天晚上，毛泽东电令彭德怀到吴起镇商讨作战计划。10月21日天蒙蒙亮，马家军骑兵团进入河谷，彭德怀一声令下，红军伏兵猛冲，只用了两个小时，就干净利索地歼灭了洋洋得意的马家军骑兵团。这是中央红军长征的最后一仗，胜利地实现了毛泽东所说的不让敌军进入根据地的目标。

打退了追兵，党中央和毛泽东心里踏实了很多。10月22日，中共中央在吴起镇召开政治局会议。毛泽东在会上做了关于目前行动方针的报告。他说，长达一年的长征胜利结束，到达陕北苏区的任务已经实现，今后红军的任务是保卫和扩大陕北苏区，以陕北为中心领导全国革命。当前日本帝国主义侵略华北，亡国危机日益严重，中国共产党要担当起反日重任，以民族革命战争驱逐日本帝国主义出中国。

在吴起镇期间，党中央不断召开会议，布置扎根西北和其他工作。10月22日，党中央在吴起镇再次召开政治局常委会议，毛泽东信心十足地指出，长征已经完结，将来不会再有二万里了，前途是光明的。10月29日，党中央又发布文告，指出中央红军与陕北红军的会师,既是中华苏维埃运动的伟大胜利,又是西北地区革命风起云涌开展的号角,两军大会师必将为中国革命的胜利奠定坚实的基础。10月30日,毛泽东率领中央红军,离开了住了10天的吴起镇,去与刘志丹、徐海东等领导的陕北红军会师。

中央红军胜利到达吴起镇,标志着长达一年、历经二万五千里的红军长征画上了圆满的句号。吴起镇由此成为党中央与红军长征的落脚点,成为中国共产党人历经九死一生,实现抗日救国的战略转折点,成为中国共产党奠基大西北、开创中国革命新局面的出发点。

学习检测

一、判断题

1. 1923年6月,根据共产国际的指示,中国共产党召开会议,决定与国民党实行党内合作,同时保持组织的独立性。(　　)

2. 1924年1月,孙中山在广州主持召开了国民党一大,这是第一次国共合作正式形成的标志。(　　)

3. 1924年7月,为反对英法租界当局颁布的"新警律",上海租界的华工举行大罢工。自京汉铁路工人大罢工失败而沉寂的中国工人运动,因上海华工大罢工的胜利而走向了复兴。(　　)

4. 1925年5月30日,上海2 000余名学生游行抗议日本纱厂资本家镇压工人大罢工、打死工人顾正红,声援工人,并号召收回租界,被英国巡捕逮捕100余人,开枪打死13人,打伤数十人,制造了震惊中外的"五卅惨案"。(　　)

5. 在苏联军事顾问的帮助下,北伐军制定了利用军阀矛盾,远交近攻,"打倒吴佩孚,联络孙传芳,不理张作霖",统一全国的北伐战略方针。(　　)

6. 北伐战争是在国共两党第一次合作的基础上进行的一场规模空前的反帝反封建战争。(　　)

7. 1927年7月15日,汪精卫在武汉召开"清共"会议,决定清除武汉国民政府和军队中的共产党员。(　　)

8. 1927年8月1日的南昌起义,打响了中国共产党武装反抗国民党反动派的第一枪,开始了党独立领导和创建武装力量的新时期。(　　)

9. 1927年8月7日,中共中央在汉口召开八七会议,确定了土地革命和武装反抗国民党反动派的总方针。(　　)

10. 1927年9月9日,鲜艳的五星红旗第一次在空中升起。这面旗子标志着中国共产党独立领导武装斗争的开始。(　　)

11. 1927年8月7日,中共中央在汉口召开八七会议,确定了武装反抗国民党反动派的总方针。(　　)

12. 在秋收起义中,为了稳住官兵的情绪,刹住失败主义的歪风邪气,毛泽东开展了三

湾改编,采取了一系列措施,这其中,通过将党支部建立在连上,实行党指挥枪的原则,确立了党对军队的绝对领导。(   )

13. 1927年10月,毛泽东率领秋收起义部队上井冈山后,工农革命军遇到的最大困难是经济问题。(   )

14. 1927年12月下旬,毛泽东在宁冈砻市召开会议,提出革命军队的三大任务:打仗消灭敌人;打土豪筹款子;分田地给农民。(   )

15. 1927年12月下旬,因敌强我弱,条件艰苦,时任第一团团长陈浩企图带领部队投降敌人。毛泽东连夜追赶,最后公开枪决了陈浩等人,稳定了军心。(   )

16. 1929年初,毛泽东、朱德率领红四军主力,灵活运用十六字游击战术,集中兵力对付敌人,分兵发动群众,成功开辟了赣北、闽西两块革命根据地。(   )

17. 1934年11月12日,红军在第四次反"围剿"中失败,蒋介石设立封锁线,布置口袋阵,誓将红军歼灭于湘江东岸。(   )

18. 湘江战役后,以毛泽东为代表的正确路线逐渐得到广大指战员的认识和赞赏。(   )

19. 第五次反"围剿"失败的主要原因在于博古、李德等人犯了进攻中的冒险主义、防御中的保守主义、退却中的激进主义的错误。(   )

20. 遵义会议确立了毛泽东在红军和党中央的领导地位,开始确立了以毛泽东为主要代表的马克思主义正确路线在党中央的领导地位,开始形成以毛泽东为核心的党的第一代中央领导集体,这是我们党和革命事业转危为安、不断打开新局面最重要的保证。(   )

21. 1935年10月21日,中央红军长征在最后一仗中歼灭了国民党阎锡山晋军骑兵团,胜利实现了不让敌军进入根据地的目标。(   )

22. 1935年10月,中央红军胜利到达吴起镇,标志着红军长征胜利结束。吴起镇不仅由此成为党中央与红军长征的落脚点,而且成为中国共产党奠基大西北、开创中国革命新局面的出发点。(   )

23. 国民党蒋介石集团1927年4月18日在南京成立了"中华民国国民政府"。(   )

24. 1927年大革命失败以前,中国反动势力的政治代表,主要是北洋军阀控制的政府。(   )

25. 1927年,随着四一二政变和七一五政变的发生,中国革命转入低潮。(   )

26. 毛泽东是农村包围城市、武装夺取政权革命新道路开辟的杰出代表。(   )

27. 遵义会议是中国共产党历史上一个生死攸关的转折点。(   )

28. 中国共产党独立领导革命战争、创建人民军队和武装夺取政权的发端是南昌起义。(   )

29. 从1927年7月大革命失败到1935年1月遵义会议召开之前,"左"倾错误先后三次在党中央的领导机关取得了统治地位。(   )

30. 农村包围城市、武装夺取政权的理论,是对1927年大革命失败后中国共产党领导的红军和根据地斗争经验的科学概括。(   )

二、单项选择题

1. 1923 年初，中国共产党领导发动的（　　）大罢工，因军阀吴佩孚的血腥镇压而失败。
   A. 安源路矿工人   B. 京汉铁路工人
   C. 开滦煤矿工人   D. 香港海员

2. 二七大罢工是指（　　）大罢工。
   A. 京汉铁路工人   B. 沙面工人
   C. 上海工人   D. 香港海员

3. 在（　　）大罢工的影响下，反帝运动迅速席卷全中国，中国人民掀起了一场新的反帝高潮。
   A. 京汉铁路工人   B. 沙面工人
   C. 上海工人   D. 香港海员

4. 1926 年 7 月 9 日，北伐誓师大会在（　　）举行。
   A. 上海   B. 南京
   C. 广州   D. 重庆

5. 1926 年 8 月下旬，北伐军拿下湖南后，迅速进军湖北境内，在（　　）与吴佩孚的军队进行了一场激烈的战斗。
   A. 汀泗桥   B. 贺胜桥
   C. 八里桥   D. 惠通桥

6. 1927 年 7 月 25 日，中共中央同意南昌起义计划，任命（　　）为南昌起义前敌委员会书记。
   A. 叶挺   B. 贺龙
   C. 张发奎   D. 周恩来

7. 中国共产党经过慎重研究，决定请当时还不是共产党员的（　　）担任南昌起义总指挥。
   A. 贺龙   B. 谭平山
   C. 邓中夏   D. 恽代英

8. 1927 年 4 月 12 日，蒋介石在（　　）发动了四一二政变。
   A. 上海   B. 武汉
   C. 湖南   D. 武昌

9. 中共中央（　　）后，毛泽东受中央的委派，到湖南领导秋收起义。
   A. 古田会议   B. 八七会议
   C. 中共四大   D. 中共五大

10. （　　）湘赣边界秋收起义正式爆发。
    A. 1927 年 9 月 1 日   B. 1927 年 9 月 8 日

C. 1927年9月9日 D. 1927年9月19日

11. 1927年10月,毛泽东率部队抵达井冈山,正式吹响了创建井冈山革命根据地的号角,开始了（　　）这一中国革命新道路的探索。
   A. 武装夺取政权　　　　　　　B. 农村包围城市
   C. 聚焦力量,武装夺取政权　　　D. 农村包围城市、武装夺取政权

12. 从1927年到1931年,中国共产党相继建立了井冈山、湘赣等十几块农村革命根据地,成立了与（　　）对抗的中华苏维埃共和国。
   A. 国民党　　　　　　　　　　B. 南京国民政府
   C. 蒋介石　　　　　　　　　　D. 国民政府

13. 毛泽东受到万安暴动"敌来我走,敌走我追,敌驻我打"战术的启发,提炼出了"敌来我走,（　　）,敌退我追"的新十二字口诀。
   A. 敌退我追　　　　　　　　　B. 敌进我进
   C. 敌退我退　　　　　　　　　D. 敌驻我扰

14. 游击战以"敌进我退,敌驻我扰,敌疲我打,（　　）"这十六字诀为战术核心。
   A. 敌退我追　　　　　　　　　B. 敌进我进
   C. 敌退我退　　　　　　　　　D. 敌打我打

15. 1934年11月28—30日,红三军团（　　）率领的第五师在新圩村成功阻击李宗仁的桂系军队,为中央纵队渡口过江赢得了时间。
   A. 李天佑　　　　　　　　　　B. 胡震
   C. 黄冕昌　　　　　　　　　　D. 沈述清

16. 在湘江战役中,为了掩护红军主力部队过江,担任后卫掩护重任的是（　　）。
   A. 红三十二师　　　　　　　　B. 红三十三师
   C. 红三十四师　　　　　　　　D. 红三十五师

17. 红军突破湘江封锁线后,不甘心失败的蒋介石又在（　　）布置了新的口袋阵,集结20万军队,坐等红军自投罗网。
   A. 湘北　　　　　　　　　　　B. 湘西
   C. 赣南　　　　　　　　　　　D. 赣北

18. 遵义会议改组中央领导机构,推选毛泽东为政治局常委,取消了博古、李德的（　　）。
   A. 最高指挥权　　　　　　　　B. 最高领导职务
   C. 最高军事指挥权　　　　　　D. 最高军事顾问

19. 第一次国共合作正式形成的标志是（　　）。
   A. 国民党一大的召开　　　　　B. 国民党改组
   C. 旧三民主义发展为新三民主义　D. 中共三大的召开

20. 大革命取得的最突出的成就是（　　）。

A. 促使工农运动蓬勃开展　　　　B. 进行了北伐战争
C. 基本推翻了北洋军阀的统治　　D. 扩大了中国共产党在群众中的影响

21. 大革命的失败，给中国共产党最深刻的教训是（　　）。
    A. 无产阶级必须掌握革命领导权和革命武装
    B. 要建立巩固的工农联盟
    C. 要警惕统一战线内部的野心家
    D. 要制定彻底的革命纲领

22. 中共二大制定的当前阶段的民主革命纲领不包括（　　）。
    A. 打倒军阀　　　　　　　　　B. 推翻帝国主义压迫
    C. 实现共产主义　　　　　　　D. 统一中国为真正的民主共和国

23. 八七会议确定的总方针是（　　）。
    A. 反对右倾投降主义　　　　　B. 走农村包围城市的革命新道路
    C. 创建井冈山革命根据地　　　D. 土地革命和武装反抗国民党反动派

24. 中国共产党独立领导革命战争、创建人民军队和武装夺取政权的开端是党领导了（　　）。
    A. 南昌起义　　　　　　　　　B. 秋收起义
    C. 广州起义　　　　　　　　　D. 五卅运动

25. 毛泽东提出"以后要非常注意军事，须知政权是由枪杆子中取得的"这一重要论断是在（　　）。
    A. 北京特别会议　　　　　　　B. 八七会议
    C. 遵义会议　　　　　　　　　D. 古田会议

26. 1927年9月9日，毛泽东领导的著名起义是（　　）。
    A. 湘赣边界秋收起义　　　　　B. 赣南秋收起义
    C. 湘南秋收起义　　　　　　　D. 广州起义

27. 大革命失败后，以毛泽东为代表的中国共产党人逐步将革命的重心（　　）。
    A. 由农村转向城市　　　　　　B. 由城市转向农村
    C. 由大城市转向小城市　　　　D. 由南方转向北方

28. 中国的武装斗争的实质是（　　）。
    A. 无产阶级领导下的农民战争　B. 无产阶级领导下的工人罢工
    C. 无产阶级领导下的学生运动　D. 无产阶级领导下的商人罢市

29. 中国民主革命走向胜利的主要战略基地是（　　）。
    A. 城市　　　　　　　　　　　B. 农村
    C. 大城市　　　　　　　　　　D. 沿海城市

30. 土地革命的目的是消灭封建地主的土地私有制，使土地归（　　）所有。
    A. 农民　　　　　　　　　　　B. 政府

C. 无产阶级	D. 资产阶级

31. 1931年1月至1935年1月，以王明为代表的"左"倾教条主义的最大恶果是（　　）。

   A. 使白区革命力量遭到惨重损失

   B. 使福建反蒋抗日事变失败

   C. 使红军第五次反"围剿"失败

   D. 使中国革命丧失了九一八事变后有利的形势

32. 国共十年对峙时期，以毛泽东为代表的中国共产党人之所以能开创出以农村包围城市、武装夺取政权的革命新道路，其主要依据是（　　）。

   A. 总结了大革命失败的教训

   B. 进攻长沙遭到严重挫折

   C. 井冈山具备开创农村革命根据地的良好条件

   D. 我国的国情和当时形势

33. 1935年1月，（　　）的召开，挽救了中国共产党，挽救了中国工农红军，挽救了中国革命，成为中国共产党历史上一个生死攸关的转折点。

   A. 八七会议	B. 党的六大
   C. 遵义会议	D. 瓦窑堡会议

34. 遵义会议主要纠正了（　　）。

   A. 陈独秀的右倾错误	B. 王明的"左"倾错误
   C. 瞿秋白的"左"倾错误	D. 李立三的"左"倾错误

35. 1931年11月，中华苏维埃共和国临时中央政府在江西瑞金成立，（　　）当选为主席。

   A. 周恩来	B. 毛泽东
   C. 朱德	D. 刘少奇

36. 遵义会议后，中共中央政治局成立了新的三人团负责红军的军事行动，其成员是（　　）。

   A. 毛泽东、朱德、周恩来	B. 毛泽东、朱德、王稼祥
   C. 毛泽东、周恩来、王稼祥	D. 毛泽东、张闻天、周恩来

37. 1927年，中国共产党领导的著名武装起义不包括（　　）。

   A. 南昌起义	B. 秋收起义
   C. 广州起义	D. 平江起义

38. 第一次国共合作的政治基础是（　　）。

   A. 新三民主义	B. 旧三民主义
   C. 中国共产党民主革命时期的纲领	D. 三大政策

39. 1925年5月，掀起全国范围的反帝高潮的起点是（　　）。

   A. 国民党一大	B. 成立黄埔军校

C. 五卅运动　　　　　　　　　D. 省港大罢工

40. 大革命开始时的革命根据地是（　　）。
   A. 湖南　　　　　　　　　　　B. 广东
   C. 广西　　　　　　　　　　　D. 江西

41. 结束陈独秀右倾机会主义错误的会议是（　　）。
   A. 八七会议　　　　　　　　　B. 中共六大
   C. 文家市会议　　　　　　　　D. 古田会议

42. 打响武装反抗国民党反动派第一枪的是（　　）。
   A. 南昌起义　　　　　　　　　B. 上海工人武装起义
   C. 秋收起义　　　　　　　　　D. 武昌起义

43. 大革命失败后，湘赣边界秋收起义的领导人是（　　）。
   A. 叶挺　　　　　　　　　　　B. 周恩来
   C. 毛泽东　　　　　　　　　　D. 叶剑英

重点·难点·热点

一、为什么说遵义会议是中国革命生死攸关的转折点？

（1）遵义会议结束了王明"左"倾教条主义在党中央的统治，集中解决了当时具有决定意义的军事问题和组织问题。

（2）遵义会议开始确立以毛泽东为代表的马克思主义正确路线在党中央的领导地位，从而在极其危急的情况下挽救了中国共产党、挽救了中国工农红军、挽救了中国革命，成为中国共产党历史上一个生死攸关的转折点。

（3）遵义会议证明了中国共产党完全具有独立自主解决自己内部复杂问题的能力，是中国共产党从幼年走向成熟的标志。

二、以毛泽东为代表的中国共产党人是如何探索和开辟中国革命新道路的？

（1）开展武装反抗国民党反动派的斗争。1927年8月，中共中央在汉口召开八七会议，彻底清算了大革命后期的陈独秀右倾机会主义错误，确定了土地革命和武装反抗国民党反动派的总方针。八七会议前后，中国共产党人举行了南昌起义、湘赣边界秋收起义、广州起义。中国革命由此发展到一个新阶段，进入创建红军和农村革命根据地的新时期。

（2）创建农村革命根据地，保存和发展革命力量。在敌强我弱的形势下，以农村为重点，到农村去发动农民，进行土地革命，开展武装斗争，创建根据地，这是1927年以后中国革命发展的客观规律所要求的。农村包围城市、武装夺取政权这条革命新道路的开辟，依靠了党和人民的集体奋斗，凝聚了党和人民的集体智慧。而毛泽东是其中的杰出代表，他在秋收起义失败后，及时地将进攻的方向转向农村，点燃了"工农武装割据"的星星之火。

（3）毛泽东从理论上阐明了武装斗争的极端重要性和农村应当成为党的工作重心的思

想。1928年10月和11月，毛泽东写了《中国的红色政权为什么能够存在?》《井冈山的斗争》两篇文章，明确指出以农业为主要经济的中国革命，以军事发展暴动，是一种特征；还科学阐明了中国共产党领导的土地革命、武装斗争和根据地建设这三者之间的辩证统一关系。1930年1月，毛泽东在《星星之火，可以燎原》一文中指出：红军、游击队和红色区域的建立和发展，是半殖民地中国在无产阶级领导下农民斗争的最高形式，是半殖民地农民斗争发展的必然结果，并且无疑义的是促进全国革命高潮的最重要因素。

（4）革命新道路的开辟，使中国革命开始走向复兴。随着革命新道路的开辟，中国共产党领导的红军和农村革命根据地逐步发展起来，红军游击战争实际上已经成为中国革命的主要形式，农村革命根据地成为积蓄和锻炼革命力量的主要战略阵地。

（5）农村包围城市、武装夺取政权理论的提出，标志着中国化的马克思主义——毛泽东思想的初步形成。革命新道路的理论，是中国共产党领导的红军和农村革命根据地斗争经验的科学概括，它是在以毛泽东为代表的中国共产党人同当时党内盛行的把马克思主义教条化、把共产国际决议和苏联经验神圣化的错误倾向做坚决斗争基础上逐步形成的，是马克思主义基本原理同中国革命具体实际相结合产生的第一次历史性飞跃的重大成果。

三、中国共产党是如何总结历史经验、加强党的思想理论建设的？

以毛泽东为主要代表的中国共产党人历来重视总结经验，加强党的思想理论建设。土地革命时期，党内连续发生"左"倾错误，给中国革命带来了极其严重的危害。这些错误的发生，主要是由于年轻的中国共产党人对马克思主义的理论和中国革命具体实际没有统一的理解。正因为如此，毛泽东强调，为了纠正错误，必须端正思想路线，实行马克思主义基本原理同中国革命具体实际相结合的原则。

1930年5月，毛泽东写了《反对本本主义》一文，明确提出要注重调查研究，反对本本主义，强调中国革命的胜利要靠中国同志了解中国的情况。红军到达陕北后，毛泽东、中共中央用很大的精力，去总结历史经验，加强党的思想理论建设。

1935年12月，毛泽东做了《论反对日本帝国主义的策略》的报告，阐明了党的抗日民族统一战线政策，批判了"左"倾关门主义错误，系统地解决了党的政治路线上的问题。

1936年12月，毛泽东写了《中国革命战争的战略问题》这部著作，总结了土地革命战争中党内在军事问题上的大争论，系统地说明了有关中国革命战争战略方面的诸多问题。

1937年夏，毛泽东在抗日军政大学讲授《实践论》和《矛盾论》，他从马克思主义认识论的高度，总结了中国共产党的历史经验，揭露和批判了党内的主观主义尤其是教条主义的错误，深入论证了马克思主义基本原理同中国革命具体实际相结合的原则，科学地阐明了党的思想路线。

以毛泽东为主要代表的中国共产党人所进行的思想理论建设工作，对党的政治路线、军事路线和思想路线进行了拨乱反正，从思想上、理论上武装了中国共产党人，使他们满怀信心地去迎接即将到来的伟大的抗日民族解放战争。

四、一般国家的无产阶级革命运动都是以城市为中心开展的，中国共产党领导的武装革命却将工作重心放到农村。历史证明这条道路是成功的，其依据何在？

（1）这个问题，只有遵循马克思主义基本原理同中国革命具体实际相结合的原则，依靠长期实践经验的积累，才能予以回答。

在大革命失败后的相当一个时期里，党内普遍认为：中国革命应以城市为中心。中共中央要留在上海，党的工作重心仍然放在中心城市。因为，从无产阶级革命的经验来看，俄国十月革命是以城市为中心革命成功的典型。从中国的实践来看，辛亥革命是从大城市开始的。大革命也是以大城市为中心而波及全国的。

由于中国革命的敌人异常强大（帝国主义与封建主义相勾结），中国国情与俄国也不同，辛亥革命失败了，大革命也功亏一篑。而在大革命失败后敌我态势发生了更大变化。反革命武装到牙齿，革命缺少武装。因此，大革命失败后中国共产党领导的所有以占领中心城市为目标的起义很快就失败了。这些起义失败后保留下来的部队，大都转移到了远离国民党统治中心的农村区域，中国共产党在那里发动农民群众，开展游击战争，进行土地革命和创建工农政权的斗争。除了毛泽东率领的秋收起义部队及时转移到井冈山地区、创建农村革命根据地，南昌起义余部一部分转移到海丰、陆丰地区与当地农民会合，主要部分由朱德、陈毅率领转移到湘南打游击、开展农村革命，部队最后也上了井冈山。广州起义余部一部分也转移到海丰、陆丰地区与当地农民会合；一部分后来随朱德上了井冈山；另一部分则转入粤西北农村，后来参加了广西左右江起义。这一时期的经验教训证明：以城市为中心不可能引导中国革命走向胜利。既然在中心城市领导武装起义夺取政权的道路行不通，重走北伐道路又再无条件，那就只剩下一种选择：在反革命势力薄弱的农村创建革命根据地，坚持革命斗争。走农村包围城市、武装夺取政权的革命新道路，这是中国革命的规律使然。

依据八七会议"找着新的道路"的要求，中共中央在领导武装起义的过程中，也初步提出了占领一个或几个县、建立革命政权、实行武装割据的思想。1928年6月，中共六大在继续把城市工作的复兴视为革命高潮到来的决定条件的同时，也肯定了农村革命根据地和红军是决定革命新高潮的更大的发展基础和重要力量。1929年6月召开的中共六届二中全会进一步指出：在中国，找不到一个经济力量能够统治全国的大城市，所以中国革命要胜利，必须要有红军，必须要有广大的苏维埃区域的帮助。同年9月，中共中央在给红四军前委的指示信中明确指出：先有农村红军，后有城市政权，这是中国革命的特征，这是中国经济基础的产物。1930年5月，中共中央机关刊物——《红旗》发表署名为周子敬的信，信中认为应当以大部分力量甚至全部力量去开展农村工作；以为革命势力占据了广大农村之后，即可以联合起来包围、封锁城市，用广大农村的革命势力向城市进攻，这样，革命必然可以取得胜利。这进一步说明：以农村为工作重心，到农村去发动农民，进行土地革命，开展武装斗争，建设革命根据地，是1927年以后中国革命发展的客观规律的要求。农村包围城市、武装夺取政权这条革命新道路的开辟，凝聚了党和人民的集体智慧。而毛泽东，则是其中的杰出代表。

（2）毛泽东不仅在实践中首先把革命的进攻方向指向了农村，而且从理论上阐明了武装斗争的极端重要性和党的工作重心应当放在农村的思想。毛泽东一贯强调马克思主义基本原理必须同中国革命具体实际相结合，始终把实事求是放在第一位，即"不凭主观想象，不凭一时的热情，不凭死的书本，而凭客观存在的事实，详细地占有材料，在马克思列宁主义一般原理的指导下，从这些材料中引出正确的结论"[①]。井冈山斗争时期，不管革命战争如何频繁，斗争环境如何恶劣，毛泽东都以惊人的精力从事调查研究，作为指导工作的依据，并集中群众的智慧，进行周密、细致的探讨，从而得出符合中国革命具体实际的马克思主义的理论、路线、方针、政策。正是由于坚持了这种对待马克思主义的科学态度，他才在中国革命和建设中做出了巨大贡献，丰富和发展了马克思主义的无产阶级革命理论。

毛泽东的中国革命道路理论，是在中国革命事业的发展中，根据客观历史所提出的要求与条件，逐步充实、发展和完善的。1927年毛泽东在总结大革命失败的教训时，就提出了"上山"的思想。"上山"就是指到敌人统治力量薄弱的山区农村发起暴动和起义。八七会议上又提出"政权是由枪杆子中取得"的著名论断。瞿秋白曾提出让毛泽东留在中央工作，但毛泽东主动提出要到乡村、到山里去结交几个绿林朋友。大量的革命实践使他积累了丰富的经验，为理论的进一步概括奠定了基础。随着农村红色政权的建立和发展，1928年10月和11月，毛泽东写了《中国的红色政权为什么能够存在？》和《井冈山的斗争》两篇文章，明确指出以农业为主要经济的中国革命，以军事发展暴动，是一种特征；还科学阐明了中国共产党领导的土地革命、武装斗争与根据地建设这三者之间的辩证统一关系，强调工农武装割据，是中国共产党和割据地方工农群众必须具备的一个重要思想。1929年4月，针对共产国际和党内某些人担心农村斗争超过城市将不利于中国革命的观点，毛泽东指出：半殖民地中国的革命，只有农民斗争得不到工人的领导而失败，没有农民斗争的发展超过工人的势力而不利于革命本身的。1930年1月，他又进一步指出：红军、游击队和红色区域的建立和发展，是半殖民地中国在无产阶级领导下农民斗争的最高形式和半殖民地农民斗争发展的必然结果，并且无疑义的是促进全国革命高潮的最重要因素。他还明确地提出了"农村工作是第一步，城市工作是第二步"的思想。1929年4月，毛泽东在兴国主持制定的第二个土地法中提出了农村包围城市、武装夺取政权的理论。

（3）农村包围城市理论的根据，在于"中国革命是半殖民地的资产阶级民主革命和革命的长期性这两个基本特点"。

前一特点规定，其一，在中国，农民仍然是主要群众。中国革命最深厚的力量源泉在广大的农村，中国民主革命实质上就是农民革命，中国的武装斗争实质上就是农民战争，广大农村理所当然是中国民主革命走向胜利的主要战略基地。其二，国民党反动派相当牢固地控制着若干近代工商业都市，而广大农村却是它无法牢固控制的地方。半殖民地中国由于经济政治发展的极端不平衡，革命可以在反革命势力比较薄弱的农村首先开始并取得胜利。其

---

① 毛泽东. 毛泽东选集：第三卷. 2版. 北京：人民出版社，1991：801.

三,半殖民地中国的城乡问题和资本主义国家的城乡问题有着性质上的区别。半殖民地中国的城市虽带有领导性质,但不能完全统治农村。因为广大的人力、物力在农村,而不在城市,所以把广大的农村建设成为先进的革命阵地,就可以给反革命统治以致命的打击。其四,半殖民地中国的经济,主要是分散的地方性农业经济,而不是统一的资本主义工业经济,从而形成了军阀割据和统治集团不统一的局面。这就为中国革命首先在农村得到发展提供了可以利用的巨大缝隙。

后一特点规定,大革命失败后,敌我力量对比的变化以及由此决定的"革命的长期性",使得中国共产党人必须把工作重心转向农村。面对异常强大的敌人,"革命的根据地问题也就发生了。因为强大的帝国主义及其在中国的反动同盟军,总是长期地占据着中国的中心城市。如果革命的队伍不愿意和帝国主义及其走狗妥协,而要坚持地奋斗下去,如果革命的队伍要准备积蓄和锻炼自己的力量,并避免在力量不够的时候和强大的敌人作决定胜负的战斗,那就必须把落后的农村造成先进的巩固的根据地,造成军事上、政治上、经济上、文化上的伟大的革命阵地,借以反对利用城市进攻农村区域的凶恶敌人,借以在长期战斗中逐步地争取革命的全部胜利"。

(4)农村包围城市理论是对大革命失败后中国共产党领导的红军和农村革命根据地斗争经验的科学概括,是在以毛泽东为主要代表的中国共产党人同当时党内盛行的把马克思主义教条化、把共产国际决议和苏联经验神圣化的错误倾向做坚决斗争的基础上逐步形成的,标志着中国化的马克思主义即毛泽东思想的初步形成。

毛泽东之所以能够在探索中国革命新道路的过程中不断取得新成就,就在于:第一,他始终注重把马克思主义基本原理同中国革命具体实际相结合,并善于进行理论的思考与概括,从而得出创造性的结论。第二,他始终坚持运用马克思主义的立场、观点与方法,坚持一切从实际出发,注重调查研究。他认为,正确路线的制定和实施必须要有一条正确的思想路线,否则,就不能正确指导中国革命。因此,他非常注重调查研究国情和经验教训。1930年5月,他在《反对本本主义》中批判了教条主义,阐明了坚持理论与实际相结合的原则的极端重要性,提出了"没有调查,没有发言权""中国革命斗争的胜利要靠中国同志了解中国情况",反对把马克思主义教条化、把共产国际决议和苏联经验神圣化,表现了开辟新道路、创造新理论的革命首创精神。第三,毛泽东非常善于根据变化了的形势提出新的对策,表现出了一个领袖所必须具备的素质。

五、开展反"围剿"作战与土地革命的意义是什么?

红军和农村革命根据地的存在和发展,使国民党统治当局感到震惊和恐慌。从1930年11月起,蒋介石集结重兵,对红一方面军和中央苏区发动了大规模"围剿"。到1931年8月,红一方面军在毛泽东、朱德等的指挥下,贯彻积极防御的方针,实行"诱敌深入""避敌主力、打其虚弱"等一整套行之有效的战术,连续粉碎了国民党军队的三次"围剿"。1933年3月,红一方面军又取得第四次反"围剿"的胜利。鄂豫皖、湘鄂西等根据地的反"围剿"战争也取得重大胜利。

红军反"围剿"的胜利和农村革命根据地的发展，是同土地革命的开展密切相关的。开展土地革命，就是要消灭封建地主土地私有制，实行农民土地私有制，使广大农民在政治上得到翻身，农村生产力得到解放和发展。1928年12月，毛泽东在井冈山主持制定了中国共产党历史上第一个土地法，以立法的形式首次肯定了广大农民以革命手段获得土地的权利。但其中关于没收一切土地归苏维埃政府所有、禁止土地买卖等规定，并不适合中国农村的实际。1929年4月，毛泽东在兴国主持制定了第二个土地法，将"没收一切土地"改为"没收公共土地及地主阶级土地"，从而保护了中农的利益不受侵犯。1931年2月，毛泽东进一步总结农村革命根据地土地革命的经验，要求各地各级工农民主政府发布公告，明确规定农民已分得的田归农民个人私有，可以自主租借买卖，别人不得侵犯；生产的产品，除向政府缴纳土地税外，均归农民个人私有，任凭自由买卖。毛泽东还和邓子恢等一起制定了土地革命路线和土地分配方法。土地革命路线：依靠贫农、雇农，联合中农，限制富农，保护中小工商业者，消灭地主阶级，变封建半封建的土地所有制为农民的土地所有制。土地分配方法：以乡为单位，按人口平分土地，在原耕地的基础上，实行抽多补少、抽肥补瘦。至此，中国共产党就在中国历史上第一个制定了可以付诸实施的比较完整的土地革命路线。在白色恐怖极其严重的环境下，中国革命之所以能够得到坚持和发展，最根本的原因就在于，中国共产党紧紧地依靠了农民，领导农民进行了土地革命，从而争取到了广大农民对中国革命的支持。

六、20世纪20年代后期，30年代前期、中期，中国共产党内为什么会屡次出现"左"倾错误？必须认清这一错误倾向产生的深刻根源，这对于把马克思主义基本原理同中国革命具体实际相结合，把马克思主义中国化，取得中国革命和现代化建设的胜利，具有关键意义。

大革命失败后，在纠正陈独秀右倾机会主义错误的同时，由于对国情的复杂性和中国革命的长期性缺乏正确认识，中国共产党内开始滋长"左"的急躁情绪。

1. 三次"左"倾错误

从1927年7月大革命失败到1935年1月遵义会议召开之前，"左"倾错误先后三次在党中央取得统治地位，并使得中国革命遭受了严重挫折。

第一次是1927年11月至1928年4月的"左"倾盲动错误。中共领导人认为革命形势不是处于低潮，而是在不断高涨，因而要求"创造总暴动的局面"。这次错误是受共产国际"左"倾思想影响而形成的，主要贯彻者是共产国际驻中国代表罗米那兹。

第二次是1930年6—9月以李立三为代表的"左"倾冒险主义。中共领导人错误地认为中国革命乃至世界革命已进入高潮，要求举行全国暴动和集中红军攻打武汉等中心城市。其口号是"会师武汉，饮马长江"。这次错误给中国革命造成了很大的伤害。

第三次是1931年1月至1935年1月以陈绍禹（王明）为代表的"左"倾教条主义。其主要错误是：在革命性质和统一战线问题上，混淆了民主革命与社会主义革命的界限，将反帝反封建与反资产阶级并列，将民族资产阶级视为中国革命最危险的敌人，一味排斥和打击中间势力。在革命道路问题上，继续坚持"城市中心论"，并将城市工人总暴动和武装起义作为中国共产党最主要的任务；指令根据地红军采取"积极进攻的策略"，配合攻打中心城市。在土地革命问题上，提出坚决打击富农和"地主不分田，富农分坏田"的主张，造成了农村更严重的阶级对立。在军事斗争问题上，实行进攻中的冒险主义、防御中的保守主义、退却中的逃跑主义。在党内斗争和组织问题上，推行宗派主义和"残酷斗争、无情打击"的方针。

2. 20世纪20年代后期，30年代前期、中期，中国共产党内屡次出现"左"倾错误的主要原因

在20世纪20年代后期，30年代前期、中期，中国共产党内屡次出现"左"倾错误，其主要原因有：第一，八七会议后党内存在的浓厚的"左"倾情绪始终没能得到认真清理。第二，共产国际对中国共产党内部事务的错误干预和瞎指挥。第三，中国社会的阶级状况决定了农民和小资产阶级出身的中共党员占大多数，使整个党处在小资产阶级思想的包围之中。第四，中国共产党处在幼年时期，全党的马克思主义理论准备不足，理论素养不高，实践经验也很缺乏，对于中国的历史状况和社会状况、中国革命的特点、中国革命的规律不了解，对于马克思主义的理论和中国革命具体实际没有统一的理解。一句话，不善于把马克思主义基本原理同中国革命具体实际全面地、正确地结合起来。王明等人虽然读了不少马克思主义的书，但是不懂得中国革命具体实际，以为只要照搬照抄马克思主义书本上的词句和共产国际的决议、指示，就可以指挥中国革命。王明甚至提出过"对共产国际百分之百的忠诚，是中国革命走向胜利的唯一保证"这样的口号。按照这种主观主义的思想路线办事，就不能不在实践中碰壁。犯"左"倾错误的同志都是在这个问题上栽了跟头。

3. 王明"左"倾教条主义对中国革命的危害

对于王明等人的"左"倾错误，毛泽东等曾进行过坚决的抵制和斗争。但是，王明等人破坏党的民主集中制，压制党内民主，大搞宗派主义，对坚持正确意见或不对他们附和的同志，采取"残酷斗争、无情打击"的方针。在1931年11月召开的中央苏区党组织第一次代表大会（赣南会议）上，毛泽东的正确主张被指责为"狭隘的经验论""富农路线""极严重的一贯右倾机会主义"。1932年10月，中共苏区中央局全体会议（宁都会议）对毛泽东和他在红军中实行的战略战术原则进行错误的批评和指责。中共临时中央决定毛泽东回后方主持临时中央政府工作。1933年初，由于国统区党的工作遭到严重破坏，临时中央政治局无法在上海立足，被迫迁到中央根据地。为全面推行"左"倾教条主义的方针、政策，他们在福建开展了反对"罗明路线"的斗争，接着又在江西开展反对邓（小平）、毛（泽覃）、谢（唯俊）、古（柏）的斗争，其矛头实际上都是针对毛泽东的正确主张。王明等人的"左"倾错误，对中国革命造成的最大恶果，就是使红军第五次反"围剿"失败，不得不退出中央苏区，实行战略转移——长征。这次错误使红军和革命根据地损失了90%，国统区党的力量几乎损失了100%。

延伸阅读文献

1. 《中国共产党中央执行委员会告全党党员书》(1927年8月7日),《中共中央文件选集》

2. 毛泽东:《中国的红色政权为什么能够存在?》(1928年10月5日),《井冈山的斗争》(1928年11月25日),《反对本本主义》(1930年5月),《毛泽东选集(第一卷)》

3. 陈绍禹:《为中共更加布尔塞维克化而斗争》(1931年2月),《中共中央文件选集(7)》

4. 习近平:《在纪念红军长征胜利80周年大会上的讲话》(2016年10月21日),《在庆祝中国人民解放军建军90周年大会上的讲话》(2017年8月1日)

专题五 从抗日战争到解放战争

学习目标

1. 描述日本帝国主义从九一八事变到卢沟桥事变逐步发动全面侵华战争的过程及其影响；
2. 解释抗日民族统一战线的形成、作用与意义及第二次国共合作破裂的真正原因和全面内战爆发的历史责任；
3. 辨别国民党战场在抗日战争不同阶段的不同表现和不同作用；
4. 说明中国共产党是抗日战争的中流砥柱的原因；
5. 归纳中国共产党粉碎国民党军事进攻，在全面内战中彻底击败国民党反动军队的历史进程；
6. 阐释中国革命胜利的伟大意义和基本经验。

专题导学

1. 背景

在自 1840 年以来中国饱受列强"炮舰"侵略的近百年中，尽管中国人民进行过一次又一次抵抗，但总是以中国的失败而告终。这段屈辱史，终于在抗日战争时期画上了句号。抗日战争胜利后，在举国上下渴望和平建国的情况下，在国民党发动内战准备不足之际，国共双方于 1945 年 10 月 10 日签订"双十协定"。1946 年 6 月底，国民党军队悍然对解放区发动全面进攻，中国共产党愤然自卫。上党战役和邯郸战役，拉开了解放战争的序幕。在解放战争中，武器简陋、兵力不足的人民解放军，对抗拥有现代武器装备的国民党军队。在不到四年的时间里，中国共产党人演绎了人类历史上的战争传奇。1949 年 10 月 1 日下午 3 时，毛泽东在天安门城楼向全中国、向全世界庄严宣告："中华人民共和国中央人民政府今天成立了！"中华民族从此进入了发展进步的历史新纪元。

2. 视频学习中的重要事件坐标

- 中华民族的抗日战争
  - ▲华清池里的枪声——西安事变始末
  - ▲蚂蚁想吞象——日本帝国主义全面侵华

▲一寸山河一寸血——台儿庄战役

▲南京大屠杀

▲百团大战扬军威

▲宝塔山下凯歌扬——中共七大的召开

- 从争取和平民主到自卫战争

  ▲交织着硝烟的谈判桌——国共重庆谈判

  ▲针锋相对 寸土必争！——上党战役

- 创建人民民主专政的新中国

  ▲千里跃进大别山

  ▲爬过解放战争的"山坳子"——豫东战役

  ▲中国革命战争史上的奇迹——淮海战役

  ▲进京"赶考"去

  ▲百万雄师过大江——渡江战役

  ▲开启历史新纪元

3. 影响

抗日战争的伟大胜利，是中华民族由衰败走向振兴的重大转折点。而且在抗日的烽火中，马克思主义中国化时代化第一次历史性飞跃的理论成果——毛泽东思想产生，中国共产党在战斗中不断发展壮大。在伟大理论的指导下，在革命实践的锻炼下，中国共产党成为抗日战争的中流砥柱，并让中国人民看到了一个光明的前景。抗战胜利后，国民党倒行逆施，企图回复到抗战前一党专政独裁的反动统治，而中国共产党代表广大人民的根本利益，力图通过和平的途径来建设一个独立、民主、富强的新民主主义国家。一场关系到中国走向光明还是黑暗的大决战不可避免。最终，中国历史和中国人民选择了中国共产党。1949年10月1日，中华人民共和国成立，中国人民从此站起来了！

4. 想一想

为什么一些日本右翼分子到现在还不为当年的侵略行为向中国人民道歉？为什么我们现在要把"八年抗战"改为"十四年抗战"？抗日战争是弱国战胜强国的范例，有什么样的历史意义？抗日战争胜利后，国民党政府为什么陷入全民包围之中并迅速走向崩溃？中国共产党领导中国革命取得胜利的基本经验是什么？

视频内容简介

5.1 华清池里的枪声——西安事变始末

今天，在西安临潼华清池五间厅的一排清末建筑前，灰砖墙上残留的弹痕依稀可见，它默默地见证了80多年前的一场震惊中外的西安事变。西安事变促成了第二次国共合作，开启了全民族抗战的新局面，足以载入史册。

早在1933年6月，杨虎城就与红四方面军签订了《汉中密约》，双方建立了合作关系。1936年4月9日，在延安桥儿沟天主教堂，周恩来、李克农与张学良举行秘密会谈。9月18日，红军与东北军签订了局部停战协定。

张学良多次要求蒋介石停止内战、联共抗日。1936年12月4日，蒋介石亲赴西安，当面逼张学良、杨虎城进攻陕北，无果。此后几天里，张学良、杨虎城多次进谏，劝蒋介石以国家和民族大义为重，结果换来的是一次次的训斥。正当张学良、杨虎城抱着最后一丝希望劝蒋介石抗日之际，12月9日，为纪念一二·九运动一周年，西安一万多名大中学生走出校园，请愿游行，要求停止内战、一致抗日。国民党特务悍然开枪，打伤学生。学生十分愤怒，准备前往临潼向蒋介石请愿，这成为西安事变的导火线。

当日，蒋介石决心调中央军入陕"剿匪"，同时解决张学良、杨虎城问题。12月10日和11日，张学良进行了最后的进谏。蒋介石对张学良毫不留情，直斥其"犯上作乱"。11日晚，张学良回到西安城，和杨虎城会面后，两人下了影响中国历史的关键的一步棋。

12日清晨6时许，伴随着清脆的枪声，东北军一部包围了华清池。荷花池畔，东北军与蒋介石的卫队发生了激烈战斗。蒋介石被扣留。当日，十七路军控制了西安全城，扣留了从南京来的几十名国民党军政要员。蒋介石被扣留的消息像一枚重磅炸弹，划破了沉寂的夜空。国民党中央联席会议决定增加军委会常委，军队调遣归何应钦负责。大权在握的何应钦决心力伐张学良、杨虎城，并下令空军轰炸西安东大门渭南。一场大规模的内战，一触即发。

西安事变发生后，张学良于当日急电中共中央。12月15日，红军将领联名发表通电，支持张学良、杨虎城提出的八项主张，反对亲日派借机"讨伐"张学良、杨虎城，发动大规模内战。19日，在分析了国际国内复杂的政治形势后，中共中央最终确定了和平解决的方针。最终，南京国民政府代表和中共代表达成了"停止'剿共'，联合红军抗日"等六项条件。

西安事变成为中国近代史的一大转折点。在"兄弟阋于墙，外御其侮"的大势面前，国共两党最终实现了一致抗日的主张。张学良、杨虎城是为历史为民族做出贡献的人。

5.2 蚂蚁想吞象——日本帝国主义全面侵华

1937年7月6日凌晨，日军以搜寻"失踪"士兵志村菊次郎为名带兵进城，而驻守城门的中国士兵坚决不许。双方相持十余小时。这场持续十余小时的对峙最后以日军撤兵暂时结束。但是日本人会就此罢休吗？日本亡我之心由来已久。1937年春，北平的北、东、西三面已经基本被日军控制，卢沟桥成为北平对外的唯一通道。平津战局呈山雨欲来风满楼之势。

1937年7月7日下午，日本华北驻屯军步兵旅团第八中队，绕过宛平城门，直奔卢沟桥中国守军驻地的龙王庙。晚7时30分，日军在卢沟桥以北开始挑衅性军事演习。晚10时40分，日军再次强行要求进入宛平城，遭到二十九军的严词拒绝。7月8日清晨5时，日军突然发动炮击。

卢沟桥的隆隆炮声震惊了全国。7月8日，中共中央通电全国，呼吁"平津危急！华北危急！中华民族危急！"指出"只有全民族实行抗战才是我们的出路！"7月17日，蒋介石发表"庐山谈话"："到了必不得已时，我们不能不应战……再没有妥协的机会；如果放弃尺寸土地与主权，便是中华民族的千古罪人。"二十九军官兵顽强抗战，全国各地民众纷纷支援……

7月25日，源源抵至平津的日军已达6万人以上，日军旋即于26日下午向二十九军发出最后通牒，要求中国军队于28日正午以前全部从北平附近撤退完毕，露出其欲夺平津的真实面目。7月27日，二十九军军长宋哲元向全国发表自卫守土通电。7月28日上午，日军向北平南苑、北苑、西苑发起全面攻击。二十九军将士在各自驻地奋起抵抗。然而双方力量悬殊，29日北平沦陷，30日连遭日机轰炸的天津失守。

卢沟桥事变标志着日本全面侵华的开始。日本动员几乎全部军事力量，向华北、华东、华中地区发起战略进攻。8月13日，日军开始大举进攻上海。八一三事变严重威胁到英、美在华利益，南京国民政府于次日发表《国民政府自卫抗战声明书》，宣布"中国为日本无止境之侵略所逼迫，兹不得不实行自卫，抵抗暴力"。9月22日，国民党中央通讯社正式发表《中共中央为公布国共合作宣言》。9月23日，蒋介石发表谈话，事实上宣布承认中国共产党的合法地位。第二次国共合作形成。中华民族危难关头，国共两党抛弃前嫌一致对外。至此，以国共合作为基础的抗日民族统一战线正式形成，开始了中华民族的全面抗战。

5.3 一寸山河一寸血——台儿庄战役

台儿庄地处苏鲁交界，位于枣庄南部，地处大运河北岸，北连津浦路，南接陇海线，西面毗邻南四湖，是南下徐州的最后一道屏障。全面抗战爆发后，日军于1937年11月占领北方重镇太原，12月血洗南京。之后，日军计划兵分两路进攻南北交通枢纽徐州，会师台儿庄。而中国方面，负责徐州地区防务的是以李宗仁为司令长官的国民党第五战区。

1938年3月，日军板垣征四郎第五师团气势汹汹地杀向徐州门户临沂。原来一直在津浦路上正面作战的日军第十师团，也向台儿庄推进。台儿庄战役的序幕，由此徐徐拉开。3月14日，日军第十师团向台儿庄北面的滕县发起猛攻。滕县守军是孙震指挥的第二十二集团军所部第一二二师、第一二四师。3月17日，日军出动数十架飞机和几十门大炮进攻滕县。中国军队武器简陋，战事危急。第一二二师师长王铭章慨然说："我们决定死守滕城，我和大家一道，城存与存，城亡与亡。"滕县县长周同亦不肯走。下午5时，日军冲入滕县城内。王铭章殉国，周同坠城而亡。滕县失守。滕县守军无一人投降，全部为国捐躯。

日军第十师团占领滕县后，轻敌冒进，孤军向台儿庄进发。李宗仁命令汤恩伯第二十军团在津浦路阻止日军南下，孙连仲第二集团军前往台儿庄。3月24日，日军向台儿庄发动进攻。驻守台儿庄的孙连仲部之池峰城第三十一师决心死战。26日以后，日军第十师团主力逐渐到达台儿庄。27日、28日，日军第十师团连续向台儿庄发起猛攻。随着日军持续增援，国民党军队寡不敌众，台儿庄阵地多数失守，最后仅剩南关一处。4月1日凌晨，台儿庄内外万籁俱静。孙连仲部第二十七师突击队几百人奇袭台儿庄东北角，占领东北隅及其以北的几座碉楼。4月2日晚，池峰城组织几百人的敢死队，夺回台儿庄西北角。与此同时，孙桐萱率领第三集团军在津浦路经过苦战，切断了台儿庄日军的增援线。汤恩伯部奉命南下，协助孙连仲部夹击敌军，解除了台儿庄北面及东北面的威胁。4月6日黎明，汤恩伯部到达台儿庄外围。台儿庄的日军第十师团，已陷入内外夹击的境地。

4月7日晚，日军被赶出台儿庄。台儿庄大捷是抗日战争以来国民党正面战场上取得的最大一次胜利，极大地鼓舞了中国军民的抗战热情，振奋了全民族抗战的士气。

5.4 南京大屠杀

1937年12月13日，日军攻陷南京，拉开了南京大屠杀的序幕。12月17日，为庆贺占领中国首都南京，日军举行入城式，并对入城后纵兵杀人奸淫抢掠的第六师团师团长谷寿夫等给予奖励。此举让日军有恃无恐，造成屠杀的升级。在长达40多天的时间里，日军对南京无辜市民和已放下武器的中国军人进行疯狂的大屠杀。

12月18日，日军将城郊难民及被俘军人5.7万余人驱至下关草鞋峡，用机枪猛扫，然后浇洒汽油纵火焚烧。日军如此疯狂地对平民和放下武器的中国军人进行血腥屠杀，又害怕自己的暴行暴露引起世界公愤，在集体屠杀后毁尸灭迹，企图掩盖杀人真相，但杀人的鲜血是永远也洗刷不掉的。

在南京，日军疯狂地奸淫妇女，将兽性发挥到了极致。无论是幼年的少女还是老年的妇人，日军都不放过。有人将日军在南京的暴行称为"南京强奸事件"。事实上，对于毫无人性的日军来说，强奸和杀人是分不开的。这群野兽在疯狂地泄欲之后，通常都是把被强奸的妇女甚至其家人一齐杀掉。奸后必杀几乎成了日军的一条规律。

日军在南京进行了大规模的抢劫。为掩盖暴行，他们纵火焚烧，浓烟弥漫整个南京城上空。中华门、夫子庙、太平路、中正路、国府路、珠江路等主要街道两旁的高大建筑物均被烧毁，全市被烧毁房屋超过1/3。受践蹋之后的南京城，到处是残垣断壁，遍地是废墟瓦砾。六朝古都失去了往日的繁华，成为一座尸横遍野、满目凄凉的人间地狱。

欲灭其族，必先灭其文化。南京的文化和古迹也在大屠杀期间遭到日军的无情摧残。南京博物院的3000多箱文物、中央图书馆等公私藏书80多万册图书文献，以及小九华山三藏塔里的唐僧舍利，均被日军抢劫并运到日本。

南京大屠杀是人类文明史上最野蛮的一次灭绝人性的暴行，是日本军国主义对中国人民欠下的一笔永远无法偿还的血债。在南京大屠杀中，遇难同胞总数多达30万人以上。远东国际军事法庭判决书指出：这不是个人的，而是整个陆军即日军本身的残暴和犯罪行为。历史不会因时代变迁而改变，事实也不会因巧舌抵赖而消失。从2014年12月13日开始，中国开始举行南京大屠杀死难者国家公祭。我们不是要延续仇恨，而是要唤起每个善良的人对和平的向往和坚守。

5.5 百团大战扬军威

1940年夏，中国抗战处在"空前投降危险与空前抗战困难的时期"。日本趁德军在欧洲迅速推进，英、美无力东顾之机，加紧诱降国民党政府，同时加强对敌后抗日根据地的"肃正"讨伐。为粉碎日军的"囚笼政策"，1940年7月22日，八路军总部下达《战役预备命令》。战役按照计划分为三个阶段。第一阶段的主要任务是实施交通总破击战，破坏敌人在华北所占领的主要交通线，重点是正太铁路。

8月20日，八路军各部队冒雨穿过山间小路，黄昏前到达指定位置。晚8时，部队向正太铁路全线发起总攻击。同蒲、德石、平汉、津浦、北宁等铁路和许多公路干线，也同时燃起战火。抗日军民在华北战场上纵横驰骋，出敌不意，攻敌不备，破坏铁轨，平毁路基，爆破车站、桥梁、隧道及通信线路。日军猝不及防，整个华北交通通信网陷于瘫痪。重要交通线正太铁路，更是被截断一个多月。

短暂休整之后，9月22日，百团大战进入第二阶段。第二阶段的主要任务是扩大战果，继续破击交通线，重点是歼灭交通线两侧和深入根据地的敌伪据点。一二〇师继续破击同蒲铁路北段，使该铁路线再次中断。在涞（源）灵（丘）战役中，晋察冀军区攻占重要据点10多处，歼敌1 100余人。一二九师重点破击榆（社）辽（县）公路。在榆社县城攻坚战中，三八六旅参谋长周希汉采取坑道作业，把坑道挖到榆社县城敌人核心阵地内。将棺材装上土炸药，实行爆破，让敌人坐一回"土飞机"，一举攻下城防坚固的榆社县城。

10月5日，第二阶段作战结束。日军不甘心失败，从10月6日起调集重兵，对华北抗日根据地进行疯狂的报复性"扫荡"，百团大战进入第三阶段。10月19日，八路军总部下达反"扫荡"作战命令。一二九师主力在山西新军的配合下，粉碎了日军对太行和太岳根据地的"扫荡"。晋察冀军民先后击退日军对平西和北岳地区的"扫荡"。一二〇师粉碎了日军2万人对晋西北的"扫荡"。

12月5日，百团大战胜利结束。日军在整个华北的交通线完全崩坏，能源基地被彻底捣毁，碉堡和据点像被巨斧劈过一般削平，大量的有生力量被歼灭。据统计，日军伤亡2万余人、被俘280余人，相当于一个齐装满员的师团被全歼。而在激烈的战斗中，八路军伤亡也高达1.7万余人。

百团大战铁一般的事实，让国民党顽固派对共产党、八路军"游而不击"的诬蔑不攻自破。日军大量兵力被八路军牵制在华北，其"南进"计划被推迟。百团大战激发了中国人民抗战到底的决心。

5.6 宝塔山下凯歌扬——中共七大的召开

中共六大是1928年6月在莫斯科举行的,而中共七大的召开却到了17年之后。其间,中共中央对召开七大曾有过多次动议和酝酿,但由于动乱和战争等原因被迫数次推迟。直到1945年4月,在世界反法西斯战争和中国抗日战争即将取得胜利的前夜,在中国面临两个前途、两种命运的关键时刻,中共中央决定召开中国共产党第七次全国代表大会。

战争环境下召开党的全国代表大会并非易事。中共七大有正式代表547人,候补代表208人,代表中共全国121万名党员。奔赴延安之路困难重重,险象环生。对党的忠诚,对延安的向往,使700余名代表最终齐聚在了巍巍宝塔山下。

1945年4月23日,在嘹亮的《国际歌》声中,中国共产党第七次全国代表大会在中央大礼堂隆重开幕。毛泽东主持大会并做了《论联合政府》的书面政治报告,朱德做了《论解放区战场》的军事报告,刘少奇做了《关于修改党章的报告》。在《论联合政府》的报告中,毛泽东提出了"放手发动群众,壮大人民力量,在我党的领导下,打败日本侵略者,解放全国人民,建立一个新民主主义的中国"的政治路线。大会认为当前最重要、最迫切的任务,就是立即废止国民党一党专政,建立民主联合政府。大会对新民主主义国家在政治、经济、文化各方面的纲领做了全面具体的说明,系统论述了武装斗争、统一战线、党的建设这三项中国革命的基本经验。大会通过了新党章,将毛泽东思想作为全党的指导思想,毛泽东思想这一科学概念由此为全党普遍认同和接受,从而使全党有了在思想上、工作上取得一致的牢固的理论基础。

大会选举产生了新的中央委员会,其中,中央委员44人,候补中央委员33人。6月19日,七届一中全会选举产生13名中央政治局成员,选举毛泽东、朱德、刘少奇、周恩来、任弼时为中央书记处书记,他们成为中共党史上著名的"五大书记"。毛泽东为中央委员会主席、中央政治局主席、中央书记处主席。

6月11日,中共七大举行闭幕式,毛泽东做了题为《愚公移山》的闭幕词。长达50天的会期,创下了历次党代会之最,中共七大成为一次承前启后、具有里程碑意义的大会。大会完成了决定党的路线、通过新党章、选举新的中央委员会这三个历史性任务。在自己建的房子里,中国共产党人构筑了毛泽东思想这一理论大厦,设计了建设新民主主义国家的新道路。中共七大,永载中国共产党的史册。

中共七大像一声春雷,在国内外引起了高度关注。在国统区和沦陷区,中国共产党人建立联合政府的主张,让人们看到了黎明的曙光。在漫漫岁月中,中国共产党人正是凭着中共七大时的初心,战胜了前进道路上的一个个困难和挑战,实现了从胜利走向胜利。

5.7 交织着硝烟的谈判桌——国共重庆谈判

抗战胜利后,由于国内外强大的政治压力和中国共产党的坚决斗争,发动内战的时机尚不成熟,故蒋介石采取了"和谈"姿态。1945年8月,他三次电邀毛泽东到重庆进行和谈。8月25日,为了争取和平民主,中共中央决定接受国民党的和谈邀请。8月28日,毛泽东不顾个人安危,到达重庆,以"弥天大勇"昭告世人,中国共产党人是真诚谋求和平的。

重庆谈判从8月29日开始,到10月10日结束。在此期间,毛泽东直接同蒋介石就国共两党关系的重大问题进行多次商谈。谈判的具体问题是在中共代表周恩来、王若飞同国民党政府代表王世杰、张群、张治中、邵力子之间进行的。对于中共代表提交的关于两党商谈的主要问题——11项提要,国民党政府代表接受中共提出的和平建国、承认党派合法平等、结束党治等主张,基本同意召开政协会议,但决不承认解放区人民政权的合法性,对军队编组问题也做种种限制。尽管中共代表做出多次让步,表示在承认解放区人民政权合法性的前提下,解放区民选政府重新举行普选,由国民党政府加以委任;军队可缩编为24个师或至少20个师,将南方8个解放区部队撤到北方,但国民党毫无诚意,压迫中共"放弃其地盘,交出其军队",致使谈判举步维艰。

谈判期间,毛泽东、周恩来的一项重要工作,就是做争取团结社会各方面和平民主力量的工作。国民党左派宋庆龄、冯玉祥等人及国民党大员孙科、于右任等人都出现在毛泽东的会客名单上。毛泽东、周恩来等的这些活动,使中国共产党的立场得到民主党派和民主人士的普遍同情与支持。

重庆谈判在弥漫着浓烈的硝烟中艰难进行。蒋介石决心以军事行动迫使中共代表在谈判桌上屈服。人民解放军奋起抗击,挫败了来犯之敌。9月至10月间的上党战役,人民解放军更是一举歼灭了阎锡山部3.5万余人,直接配合了中国共产党在谈判中的地位。

10月10日,国共双方代表签订《政府与中共代表会谈纪要》("双十协定")。国民党政府接受中国共产党提出的和平建国的基本方针,成为谈判的主要成果。双方还确定了召开各党派代表及无党派人士参加的政治协商会议,共商和平建国大计。但人民军队和解放区两个根本问题未能达成共识,军队整编问题实际上也没有得到解决。

10月11日,毛泽东离开重庆。在登机前,毛泽东向中外记者谈话时指出:"中国问题是可以乐观的,困难是有的,但是可以克服的。"历时43天的重庆谈判未能达成人们想要的和平,却使和平与民主成为国人的共识。此后,中国历史进入另外一个拐点。"双十协定"墨迹未干,烽火已燃。

5.8 针锋相对 寸土必争!——上党战役

上党古称上党郡,是山西省东南部以长治城为中心的地区。它东控太行、西据太岳,自古以来就是兵家必争之地。抗战胜利后，中国面临两个前途、两种命运的抉择。三晋大地——山西成为蒋介石首先发起进攻的地区，阎锡山充当了内战的急先锋。

1945年8月16日，阎锡山派遣第八集团军副总司令兼第十九军军长史泽波率重兵从临汾、浮山等地，占领了晋冀鲁豫根据地腹地——上党，企图分割太行、太岳根据地，将晋冀鲁豫军区主力逼到山区予以消灭，恢复其在山西的统治。毛泽东在赴重庆谈判前，专门对晋冀鲁豫军区司令员刘伯承、政治委员邓小平面授机宜："你们打得越好，我越安全！"8月25日，刘伯承、邓小平从延安飞回太行根据地。邓小平向部队发出命令："打好上党战役，支援毛泽东主席赴重庆谈判！"

中国共产党人是野战的行家里手。9月10日，秦基伟司令员指挥太行纵队向驻扎在屯留、上村的敌人发起攻击，上党战役正式打响。12日，太行纵队攻克屯留，全歼守敌。17日，冀南纵队攻克潞城。19日，太岳纵队和太行军区部队分别解放长子、壶关，使长治守军完全陷入孤立。20日，晋冀鲁豫军区集中兵力围攻长治。24日，围城部队占领城关据点多处，开始攻城。

长治被围，就像挖了阎锡山身上的一大块肉。他下令第七集团军副总司令彭毓斌率2.3万余人紧急增援长治。9月28日，彭毓斌部进抵沁县以南。围城打援是人民解放军的拿手好戏。当日，刘伯承、邓小平下令攻城打援，令陈再道率冀南纵队等部队佯攻长治，吸引援军南下，同时令太行纵队全部和太岳纵队主力北上阻援。10月2日，彭毓斌部不但没能帮长治守军史泽波部解围，反使自己被合围于屯留老爷岭地区，成为刘伯承、邓小平餐桌上的"一盘菜"。同日，刘伯承、邓小平急令冀南纵队北上参战。10月3日，人民解放军向老爷岭主阵地发起攻击。经过五天的激战，人民解放军攻下老爷岭。彭毓斌残部仓皇北逃，在襄垣土落村被歼。彭毓斌被击毙。

盼援兵望眼欲穿的史泽波，只有一跑了之。10月8日，在夜色掩护下，史泽波部从长治向临汾突围。刘伯承、邓小平令太岳纵队迅速从虒亭直出沁河以北，对敌实行兜击。太岳纵队不顾疲劳，奋力追敌。至10月12日，在沁河以东，太岳纵队截断了史泽波部的退路。惊慌失措的史泽波部无心恋战，史泽波乖乖地当了俘虏。

持续30多天的上党战役，就此画上了圆满的句号。上党战役是抗战胜利后解放区武装力量对国民党军进行的第一次较大规模的歼灭战，取得歼敌3.5万余人的骄人战绩。上党战役给国民党统治集团很大的震动，巩固了中共代表团在重庆谈判中的地位。在上党战役即将胜利结束的10月10日，蒋介石在《政府与中共代表会谈纪要》上签字。

5.9 千里跃进大别山

1947年6月30日，刘伯承和邓小平率晋冀鲁豫野战军12万余人强渡黄河，进入鲁西南。从此时开始，毛泽东开始谋划将战争引向国统区。在7月21—23日的小河会议上，毛泽东提出将战争从解放区内打出去，从战略防御转入战略进攻的计划。

刘邓大军千里跃进大别山，成为实现人民解放军战略转移的关键一着。8月7日晚，大雨如注。刘邓大军挥师南下，分三路从鲁西南的巨野、郓城出发，拉开了千里跃进大别山的序幕。这是一次没有后方、没有根据地的远征，要跨越陇海铁路，穿过黄泛区，涉渡沙河、汝河、淮河等。邓小平对部队官兵斩钉截铁地说："走到大别山就是胜利！"

摆在刘邓大军面前的第一道难关是渡过被称为"死亡区"的黄泛区。黄泛区人烟稀少，粮食给养无从补给。由于重武器无法通过淤泥区，部队被迫将榴弹炮和卡车就地埋藏或炸毁。穿越漫漫黄泛区后，刘邓大军渡过沙河，急进汝河。此时，蒋介石才如梦初醒，立即调大军南阻北追，并由自己取代陈诚亲任参谋总长，飞抵前线督战。蒋介石急调整编八十五师经平汉南下，占据了汝河埠等渡口，以拦截刘邓大军。8月24日晚，刘邓大军抵达汝河北岸。此时，尾随的敌军已只有30里的距离了，形势异常严峻。刘伯承一挥手："狭路相逢勇者胜，杀出一条血路！"刘、邓命令部队立即强渡汝河。到25日下午，大军终于渡过汝河。

如果说渡汝河凭的是勇气，那么之后渡淮河则要感谢运气的眷顾。刘邓大军缺少渡船，被阻于淮河北岸。此时，国民党军先头部队已和刘邓大军后卫部队交上火。8月27日深夜，刘伯承亲自提着马灯，用竹竿探测水深。水深在脖子以下，可以徒步渡河。刘邓大军刚渡过淮河，敌追兵也赶到淮河北岸。此时河水突然暴涨，国民党军罗广文兵团和张淦兵团近20万人马望河兴叹。

刘邓大军经过20天的艰难行军，于8月27日抵达大别山。部队进入大别山后，没有向导，没有粮食，没有住处，困难重重。此时，蒋介石调兵遣将，对大别山进行全面"围剿"。对刘邓大军而言，1947年的冬天是历史上最冷的一个冬天。1989年11月20日，邓小平在接见二野老同志时说："这样搞了两个月，我们向中央军委、毛主席报告，大别山站稳了，实现了战略任务。"

刘邓大军进入大别山区，像一把钢刀插入国民党的心脏。在毛泽东的军事生涯中，决策刘邓大军千里跃进大别山是一篇得意之作。"自刘邓南征后，我们的革命战争，才在历史上第一次转为战略进攻！"刘邓大军千里跃进大别山，陈粟大军转战豫皖苏，陈谢兵团挺进豫西，牵制了南线敌军一半以上的兵力，完成了人民解放军战略大反攻最关键的一步，实现了将战争引向国统区的战略转移，整个战争格局由此发生了有利于人民解放战争的根本转变。

5.10 爬过解放战争的"山坳子"——豫东战役

1947年8月、9月间，刘邓、陈粟、陈谢三路大军向中原国统区发起战略进攻后，蒋介石集中大量兵力进行"围剿"。三路大军尤其是刘邓大军处境非常艰难。为调动和分散国民党在中原的优势兵力，中央军委于1948年1月下旬决定由华东野战军副司令员粟裕率领三个纵队渡江南进，以吸引国民党军队回防江南，减轻中原战场的压力。

粟裕认为华东野战军三个纵队渡江后未必能吸引敌几支精锐部队回防，反而会分散自身的兵力；同时，中原战场形势已有打较大规模的歼灭战的条件，部队还是留在中原为好。毛泽东等研究后，同意了粟裕的方案，做出了华东野战军三个纵队暂缓渡江，准备歼击国民党第五军的重大决定。

5月底，粟裕率军渡过黄河，进入鲁西南。在鲁西南歼灭邱清泉的第五军未遂后，粟裕适时改变方案，决定"转向豫东，攻城打援"。6月17日，豫东战役打响。豫东战役第一阶段是开封战役。粟裕一方面以华东野战军第三纵队和第八纵队围攻开封，吸引敌军；另一方面以三个纵队插入定陶、曹县、民权、考城地区，阻击邱清泉部西援。6月22日，人民解放军解放开封，歼敌4万余人。

开封，是人民解放军在关内解放的第一个省会城市，举国震动。蒋介石大骂河南省主席刘茂恩无能，亲临开封上空督战。蒋介石令邱清泉的第五军星夜向开封攻击前进，令刚组建的区寿年兵团由民权经睢县、杞县迂回开封，企图与华东野战军在开封决战。为在运动中歼敌，粟裕于6月26日下令军队撤出开封。从6月27日起，豫东战役转入睢杞战役阶段。

邱清泉不费吹灰之力占领开封后，只留下一个旅守开封，亲率主力直扑通许，妄图尾击华东野战军第三纵队、第八纵队。与邱清泉不同，区寿年在追击时小心翼翼，唯恐遭伏击，前进到睢县龙王店等地时停了下来。邱、区两部之间的距离被拉大，出现了40公里的空当。粟裕抓住这一难得战机，决心围歼弱旅区寿年兵团。6月27日，他以华东野战军第一纵队、第四纵队、第六纵队和中原野战军第十一纵队组成突击集团，由叶飞指挥，向区寿年兵团发起猛烈进攻。粟裕则亲自指挥由第三纵队、第八纵队、第十纵队和两广纵队组成的打援集团，阻止邱清泉的第五军东援。

国民党徐州"剿总"下令区寿年兵团固守待援，拖住人民解放军主力，以邱清泉的第五军向东增援，企图在睢杞地区与人民解放军决战。邱、区两部一度相距仅10多公里。战事焦灼之际，黄百韬兵团突然奉命从兖州转入豫东战场。粟裕立即调整兵力部署，战斗进入白热化阶段。7月2日凌晨，人民解放军歼灭区寿年兵团部、整编七十五师，兵团司令区寿年和整编七十五师师长沈澄年被俘。随后，粟裕于7月2—6日向东迎击黄百韬兵团，歼其4个团。

7月8日，在已达到预期战役目的的情况下，粟裕下令撤出战斗，豫东战役胜利结束。人民解放军在此役中投入兵力20万人，而敌参战兵力也达到25万人，最终取得了歼敌9万余人的辉煌战绩。

豫东战役是华东、中原两大野战军与国民党主力兵团进行的一次"中原会战"，也是人民解放军首次在大平原地区与敌人多个主力兵团进行的一次大会战，最终改变了中原战场的战略态势，打乱了国民党军队在中原战场的防御体系。作为国共两党之间的首次"中原会战"，豫东战役成为后来大规模的"中原会战"——淮海战役的一次实战演习。

5.11 中国革命战争史上的奇迹——淮海战役

举行淮海战役，最早由华东野战军代司令员兼代政委粟裕提出。这是一个"小淮海"

方案，主要是要消灭两淮和连云港地区敌人十几个师。作为淮海战役的"总设计师"，毛泽东适时决定扩大淮海战役规模，指示中原野战军加入淮海作战。1948年11月9日，毛泽东在给粟裕、张震的复电中做出"应极力争取在徐州附近歼灭敌人主力，勿使南窜"的"大淮海"战役的方案。

淮海战役第一阶段由华东野战军唱主角，以歼灭黄百韬兵团为目标。1948年11月6日晚，华东野战军向驻扎在徐州以东新安镇的黄百韬兵团发起进攻。7日晨，黄百韬兵团沿陇海铁路西撤，准备退回徐州。华东野战军迅速追击。8日，国民党军第三"绥靖"区副司令官何基沣、张克侠率部在贾汪、台儿庄地区起义。10日，人民解放军山东兵团趁势越过起义部队的防区，直插徐州以东，截断了黄百韬兵团西逃的退路，决定了黄百韬兵团的命运。11月22日，全歼黄百韬兵团，黄百韬被击毙。

淮海战役第二阶段由中原野战军挑大梁，以歼灭黄维兵团和合围杜聿明集团为目标。根据总前委的部署，中原野战军实行诱敌深入，于11月25日将孤军突出的敌精锐之师黄维兵团合围在以双堆集为中心的地域内。为救黄维并保存实力，蒋介石决定放弃徐州，指令杜聿明率邱清泉、李弥、孙元良三个兵团南撤救黄，撤至淮河以南。杜聿明集团撤离徐州后，华东野战军立即实行多路平行追击与迂回拦击，于12月4日将其合围在陈官庄、青龙集、李石林地区。随后歼灭了企图突围的孙元良兵团。

此时，中原野战军和华东野战军各包围了敌人一个战斗力较强的兵团（集团），同时歼灭有困难。而此时蒋介石正从各地调兵增援，李延年、刘汝明两兵团正由蚌埠北进，距黄维兵团约70公里。中央军委制定了"吃一个、挟一个、看一个"的方针，首先集中足够兵力歼灭黄维兵团，然后集中全力歼灭杜聿明集团，阻击和监视北进增援的李延年兵团。12月12日，总前委集中中原野战军6个纵队和华东野战军3个纵队及特纵一部的优势兵力，对黄维兵团发起总攻。12月15日，黄维兵团被全歼，黄维被俘。淮海战役取得决定性胜利。

在淮海战役第三阶段，华东野战军重唱主角，全力围歼杜聿明集团。从12月4日开始，华东野战军对杜聿明集团采取"围而不打"的策略。1949年1月初，华北傅作义集团退路被切断，淮海战场完成了战略配合任务。华东野战军于1月6日下午4时向杜聿明集团发起总攻。战斗于1月10日下午结束，歼敌近20万人，邱清泉被击毙，杜聿明被俘。淮海战役第三阶段作战胜利结束。

淮海战役这部"大戏"精彩谢幕，人民解放军取得歼敌55万余人的骄人战绩。1949年1月10日，淮海战役结束当天，心情沮丧的蒋介石在日记里写道："我黄河以南地区之主力，今已被歼，则兵力更形悬如。"至此，蒋介石在华东、中原战场上的精锐部队已丧失殆尽，蒋介石失败的结局已注定。

5.12 进京"赶考"去

三大战役的胜利，标志着解放战争取得了决定性胜利，制定建立新中国的各项方针政策迫在眉睫。1949年1月6—8日，中共中央政治局会议决定在北平解放后，必须召开第七届中央委员会第二次全体会议，以确定组建新中国的有关事项。

1949年3月5—13日，中华人民共和国成立前最后一次中国共产党中央委员会全体会议——七届二中全会在河北平山县西柏坡举行。到会中央委员34人、候补中央委员19人，列席人员11人。毛泽东在会上做了报告，提出了促进革命迅速取得全国胜利和组织这个胜利的各项方针。他在报告中指出，在全国胜利的局面下，党的工作重心必须由乡村转向城市。报告还规定了党在全国胜利以后，在政治、经济、外交方面应当采取的基本政策。毛泽东郑重宣布，我们要建立一个"无产阶级领导的以工农联盟为基础的人民民主专政"的国家，从而指明了新中国的基本国体。报告还论述了中国由农业国转变为工业国、由新民主主义社会转变为社会主义社会的总任务和重要途径。毛泽东在报告结尾部分郑重告诫全党要做到"两个务必"，即"务必使同志们继续地保持谦虚、谨慎、不骄、不躁的作风，务必使同志们继续地保持艰苦奋斗的作风"。他还告诫全党要防止执政后的腐化。经过历史的大浪淘沙，"两个务必"已经成为"赶考"精神的核心内容，成为全党作风建设的制胜法宝，警钟长鸣，世代传承。

毛泽东在七届二中全会上做的报告和他同年6月30日写的《论人民民主专政》一文，构成了中华人民共和国成立后起过临时宪法作用的《中国人民政治协商会议共同纲领》的政策基础。

为了防止敌人的"糖衣炮弹"和为个人歌功颂德，根据毛泽东的提议，全会通过了没有写进决议的"六条规定"：不做寿，不送礼，少敬酒，少拍掌，不以党的领导者的名字做地名、街名和企业的名字，不要把中国同志同马克思、恩格斯、列宁、斯大林并列。

在中国革命胜利的前夜，中国共产党人在七届二中全会上描绘了新中国的宏伟蓝图，确定了新中国的大政方针，为促进和迎接全国胜利的到来，推动中国由新民主主义社会向社会主义社会的转变，从政治上、思想上和理论上做了充分准备，具有巨大的指导作用。从西柏坡到北平，中国共产党人实现了从乡村到城市的转变，完成了从地方到全国的历史性转变。

1949年3月23日，毛泽东握别依依不舍的父老乡亲，率中共中央机关前往北平。毛泽东意味深长地说："今天是进京的日子，不睡觉也高兴啊。今天是进京'赶考'嘛。进京'赶考'去，精神不好怎么行呀？"毛泽东临行前的一句感叹，开启了中国共产党人对"赶考"精神的坚守和求索。60多年的实践证明，中国共产党人在这场"考试"中取得了优异成绩。

5.13 百万雄师过大江——渡江战役

1948年秋冬，中国革命形势发生了根本性变化。辽沈、淮海、平津三大战役后，国民党军主力被歼，动摇了国民党政权的根基。12月12日，淮海战役激战正酣，中央军委即致电总前委，明确提出淮海战役后举行渡江作战向全国进军的战略设想。随着淮海战役的结束，渡江战役的准备工作开始紧锣密鼓地进行。

1949年元旦，两种不同的"新年献词"，预示了国共两党这一年的两种命运。这一天，日暮途穷的蒋介石在美国的授意下，发表了一篇"求和"的《新年文告》。这一天，新华社发表了毛泽东亲笔撰写的《将革命进行到底》的新年献词。为迅速结束战争，减少人民的痛苦，中国共产党人愿意和南京国民政府进行谈判。4月1日，国共两党代表在北平开始和谈。为表示诚意，中共中央数度推迟渡江时间。4月15日，国共双方和谈代表拟定了《国内和平协定（最后修正案）》，并商定于4月20日签字。但南京国民政府拒绝签字。21日，毛泽东、朱德联名发出了向全国进军的命令。

　　4月20日，渡江大军中集团的晚饭吃得特别早。各级领导都下到了连队，做了简短的战前动员。这天夜里，渡江大军中集团首先渡江，从芜湖裕溪口至枞阳镇100余公里间江面上，千帆竞发，强渡"天堑"，将敌千里江防拦腰斩断。21日，东集团由泰州七圩港至黄港地段渡过长江。同时，西集团分别由池州石矶头至前江口等地段登船起航，突破国民党军江防，截断了汤恩伯集团与白崇禧集团的联系。

　　4月23日，在南京中共党组织和人民群众的接应下，第三野战军部队胜利进占南京，冲进蒋介石的"总统府"，降下国民党青天白日旗，宣告统治中国22年之久的蒋家王朝覆灭。解放南京当天，毛泽东在北平双清别墅写下《七律·人民解放军占领南京》："钟山风雨起苍黄，百万雄师过大江。虎踞龙盘今胜昔，天翻地覆慨而慷。宜将剩勇追穷寇，不可沽名学霸王。天若有情天亦老，人间正道是沧桑。"

　　就在人民解放军渡江之际，美、英等国军舰停泊在上海吴淞口外海面，虎视眈眈。渡江战役发起当天，英舰"紫石英"号闯入第三野战军八兵团控制的江面，炮击人民解放军阵地。人民解放军前线指挥员下令坚决回击，击毙其舰长，迫使"紫石英"号升起白旗。大英帝国首次在中国土地上升起白旗，象征着帝国主义在中国土地上耀武扬威的时代一去不复返。毛泽东起草的中国人民解放军总部声明严正要求："人民解放军要求英、美、法在长江、黄浦江及在中国他处的军舰、军用飞机、陆战队等项武装力量迅速撤离中国的领水、领海、领土、领空。"在人民解放军攻占上海时，英、美等国军舰撤出吴淞口，未敢武装登陆直接干预。

　　5月3日，杭州解放。5月17日，武汉解放。5月22日，南昌解放。5月27日，上海解放。6月2日，崇明岛被人民解放军占领。渡江战役至此结束，歼敌43万余人，成为解放全中国的奠基礼，迎来了新中国诞生的曙光。渡江以后，粟裕在第三野战军干部会议上的讲话中指出：渡江战役的胜利"对中国革命的发展具有极大的意义""单从军事上去看国民党的崩溃是不够的，更重要的是从政治上去看。我们不仅在军事上过了江，而且在政治上过了江"。"在政治上过了江"这句话耐人寻味，它意味着中国共产党领导的人民革命夺取全国的胜利，已指日可待。

5.14　开启历史新纪元

　　随着解放战争的节节胜利，召开新政协会议被提上日程。1949年6月15—19日，新政协筹备会议第一次会议在北平中南海召开。为了开好新政协,毛泽东从西山搬进中南海。在聚香书屋,他先后会见了张澜、李济深、沈钧儒、陈叔通、何香凝、马叙伦、柳亚子等代表。8月28日下午,当宋庆龄到达北平前门火车站时,毛泽东、周恩来、刘少奇、朱德等中共中央领导人集体前来迎接。中共中央对宋庆龄的尊敬与至诚,在新中国筹建史上留下了浓墨重彩的一页。

在1954年之前,新政协实际上扮演了全国人大的角色。新政协筹备会议的第一个问题,就是制定一部"临时宪法"。新中国国家结构形式是采取单一制,还是采取苏联式的联邦制?统一的单一制国家和民族区域自治制,就是《中国人民政治协商会议共同纲领》给出的答案。给即将诞生的新中国取一个什么样的"名字"?这引起代表们的极大关注。清华大学教授张奚若建议叫"中华人民共和国",这得到大多数代表的认可。从此,中国有了自己的新"名字"——中华人民共和国。

1949年9月21日,北平中南海怀仁堂,中国人民政治协商会议第一届全体会议隆重开幕。国旗、国徽、国歌是国家的象征,是历史的记忆。9月25日,毛泽东、周恩来亲自与各方人士一起协商方案。根据田汉的提议,与会者一致议定以五星红旗作为中华人民共和国国旗。徐悲鸿提议用《义勇军进行曲》为代国歌。对此,有代表持不同的意见,认为歌词中的"中华民族到了最危险的时候"不合适。毛泽东为选择《义勇军进行曲》投了决定性一票:"'中华民族到了最危险的时候',这句歌词过时了吗?我看没有。"对于国徽图案,尚没有一个成熟的方案。大会主席团决定,国徽图案"邀请专家另行拟制"。

1949年9月27日,会议通过了《中国人民政治协商会议组织法》《中华人民共和国中央人民政府组织法》,并通过了定都北京、公元纪年和国歌、国旗的决议案。9月29日,会议决定将《中国人民政治协商会议共同纲领》作为中国人民革命建国的基本纲领。9月30日,会议选举毛泽东为中央人民政府主席,朱德、刘少奇、宋庆龄、李济深、张澜、高岗为副主席,陈毅、周恩来等56人为中央人民政府委员。傍晚时分,毛泽东率政协全体代表来到天安门广场,为人民英雄纪念碑举行奠基典礼。

1949年10月1日下午3时,开国大典隆重开始。毛泽东在天安门城楼向全中国、向全世界庄严宣告:"中华人民共和国中央人民政府今天成立了!"这一天,成为中国历史的一个分水岭。中国人民受奴役受压迫的半殖民地半封建时代一去不复返,中华民族从此进入了发展进步的历史新纪元。

学习检测

一、判断题

1. 1936年的七七事变促成了第二次国共合作,开启了全民族抗战的新局面。(　　)
2. 1933年6月,杨虎城与红一方面军签订了《汉中密约》,双方建立了合作关系。(　　)
3. 1927年,日本首相田中义一提出侵占满蒙、征服中国、称霸世界的目标,并鼓吹

"满蒙"是日本的"生死线",狂热煽动侵华战争。( )

4. 1931年9月18日,日本侵略者发动了震惊中外的九一八事变,拉开了日本吞并东北的序幕。( )

5. 1938年3月,日军派遣第五师团和第十师团联合进犯台儿庄,拉开了台儿庄战役的序幕。( )

6. 台儿庄大捷是抗日战争以来国民党正面战场上取得的最大一次胜利,极大地鼓舞了中国军民的抗战热情,振奋了全民族抗战的士气。( )

7. 日军侵占南京后,不仅屠杀手无寸铁的中国百姓,而且无情摧残文化古迹,夫子庙建筑群、牛首山幽栖寺、陈武帝万安陵前的石麒麟均被日军毁坏。( )

8. 日军占领南京后,屠杀手无寸铁的中国居民和放下武器的中国军人,遇难同胞达20万人。( )

9. 百团大战分三个阶段,第一阶段的任务是实施交通总破击战,破坏敌人在华北所占领的主要交通线,重点是歼灭交通线两侧和深入根据地的敌伪据点。( )

10. 百团大战第三阶段,一二九师主力在山西新军的配合下,粉碎了日军对太行和太岳根据地的"扫荡"。( )

11. 中国共产党第七次全国代表大会完成了决定党的路线、通过新党章、选举新的中央委员会这三个历史性任务。( )

12. 中共党史上著名的"五大书记"是毛泽东、朱德、刘少奇、周恩来、彭德怀。( )

13. 在国共重庆谈判期间,毛泽东、周恩来的一项重要工作,就是做争取团结社会各方面力量的工作。( )

14. 国共重庆谈判最后,双方代表签订了"双十协定",国民党政府接受了中国共产党提出的和平建国的基本方针。( )

15. 上党战役歼敌14个师,拉开了三年内战的序幕。( )

16. 1945年9月10日,刘伯承司令员指挥太行纵队向驻扎在屯留、上村的敌人发起攻击,上党战役正式打响。( )

17. 刘邓大军挺进大别山,实现了将战争引向国统区的战略转移,整个战争格局由此发生了有利于人民解放战争的根本转变。( )

18. 自延安收复战开始,革命战争在历史上第一次转为战略进攻。( )

19. 毛泽东听取了邓小平的建议,经过研究,做出了华东野战军三个纵队暂缓渡江,准备歼击国民党第五军的重大决定。( )

20. 1947年6月,粟裕率军打响豫东战役。( )

21. 济南战役和辽沈战役的胜利,使全国军事形势出现转折点,人民解放军在数量上首次超过国民党军队,在长江以北同敌人决战的时机成熟了。( )

22. 淮海战役中,国民党的黄百韬兵团、黄维兵团、杜聿明集团先后被歼灭,国民党北线战场的精锐部队丧失殆尽,注定了蒋介石失败的结局。( )

23. 三大战役的胜利，标志着抗日战争取得了决定性胜利。（　　）
24. 毛泽东在七届二中全会上做的报告和《论人民民主专政》一文，构成了《中国人民政治协商会议共同纲领》的政策基础。（　　）
25. 1949年4月21日，毛泽东发出了向全国进军的命令。（　　）
26. 1949年4月23日，第三野战军部队胜利进占南京，宣告统治中国22年之久的蒋家王朝覆灭。（　　）
27. 新政协筹备会议成立后的第一个问题，就是制定一部"临时宪法"。（　　）
28. 1949年9月29日，新政协筹备会议决定将《中国人民政治协商会议共同纲领》作为中国人民革命建国的基本纲领。（　　）
29. 西安事变的和平解决，标志着以第二次国共合作为基础的抗日民族统一战线正式形成。（　　）
30. 国民党政府和军队在整个抗日战争时期对日作战都是消极的。（　　）
31. 一二·九运动标志着中国人民抗日救亡运动新高潮的到来。（　　）
32. 抗日战争是神圣的民族解放战争。（　　）
33. 中国共产党是全民族抗战的中流砥柱。（　　）

二、单项选择题

1. 张学良、杨虎城发动西安事变的主要目的是（　　）。
   A. 停止内战、联共抗日　　　　B. 停止内战、逼蒋抗日
   C. 国共合作、联合抗日　　　　D. 国共合作、反蒋抗日
2. 1936年10月蒋介石到达西安，目的是（　　）。
   A. 参加谈判　　　　　　　　　B. 督战
   C. 例行视察　　　　　　　　　D. 抗日
3. 发生于1937年的（　　）标志着日本全面侵华的开始。
   A. 卢沟桥事变　　　　　　　　B. 九一八事变
   C. 西安事变　　　　　　　　　D. 八一三事变
4. 1937年9月22日，国民党中央通讯社正式发表（　　）。9月23日，蒋介石发表谈话，承认中国共产党的合法地位和国共两党的抗日合作，标志着抗日民族统一战线正式形成。
   A.《国共合作宣言》　　　　　　B.《中共中央为公布国共合作宣言》
   C.《统一抗日宣言》　　　　　　D.《国共合作抗日宣言》
5. 全面抗战爆发后，日军于1937年11月占领北方重镇（　　），12月血洗南京。
   A. 张家口　　　　　　　　　　B. 北平
   C. 太原　　　　　　　　　　　D. 天津
6. 1938年3月17日，日军攻占台儿庄北面的滕县。18日，滕县失守。（　　）成为抗战以来第一个为国牺牲的地方官。
   A. 王铭章　　　　　　　　　　B. 周同

C. 孙连仲 D. 李宗仁

7. ( )，日军侵占南京，拉开了南京大屠杀的帷幕。
   A. 1936 年 12 月 13 日 B. 1937 年 12 月 13 日
   C. 1936 年 12 月 23 日 D. 1937 年 12 月 23 日

8. 参与南京大屠杀的日军军官不包括（ ）。
   A. 松井石根 B. 谷寿夫
   C. 太田寿男 D. 铃木太郎

9. 下列对百团大战的描述，不正确的是（ ）。
   A. 创造了敌后游击战争少有的辉煌纪录
   B. 为了打破日军的"囚笼政策"
   C. 日军北上计划被推迟
   D. 激发了中国人民抗战到底的决心

10. 百团大战的指挥者是（ ）。
    A. 蒋介石 B. 李宗仁
    C. 陈毅 D. 彭德怀

11. 中国共产党第七次全国代表大会于（ ）召开。
    A. 1945 年 3 月 23 日 B. 1945 年 3 月 24 日
    C. 1945 年 4 月 23 日 D. 1945 年 4 月 24 日

12. 将毛泽东思想作为全党的指导思想，奠定了全党思想一致的理论基础的大会是（ ）。
    A. 中国共产党第五次全国代表大会 B. 中国共产党第六次全国代表大会
    C. 中国共产党第七次全国代表大会 D. 中国共产党第八次全国代表大会

13. 国共重庆谈判从 1945 年 8 月 29 日开始，到（ ）结束。
    A. 10 月 1 日 B. 10 月 10 日
    C. 10 月 20 日 D. 10 月 30 日

14. 发生在重庆谈判期间的（ ），人民解放军一举歼灭阎锡山部 3 万余人，直接配合了中国共产党在谈判中的地位。
    A. 上党战役 B. 平津战役
    C. 辽沈战役 D. 渡江战役

15. 抗战胜利后，（ ）成为蒋介石首先发起进攻的地区。
    A. 河北 B. 山西
    C. 天津 D. 河南

16. 上党战役是抗战胜利后人民解放军第一次大规模的（ ）。
    A. 自卫反击战 B. 自卫游击战
    C. 防御攻击战 D. 自卫防御战

17. 挺进大别山期间，刘邓大军先后渡过的难关依次是（ ）。

①沙河　②汝河　③黄泛区　④淮河

    A. ①②③④　　　　　　　　　　B. ③①②④

    C. ④②①③　　　　　　　　　　D. ③②①④

18. 1948年8月，毛泽东在西柏坡接见华东野战军特种兵纵队司令员陈锐霆时说：解放战争好像爬山，现在我们已经过了山的坳子，吃力的爬坡阶段已经过去了。毛泽东所说的"山坳子"指的是（　　）。

    A. 豫东战役　　　　　　　　　　B. 豫西战役

    C. 晋北战役　　　　　　　　　　D. 晋西战役

19. 1947年8月至9月间，向中原国统区发起战略进攻，迫使蒋介石集中大量兵力进行"围剿"的三路大军是（　　）。

    A. 粟裕、陈粟、陈谢　　　　　　B. 刘邓、陈粟、陈锐

    C. 刘邓、陈粟、陈谢　　　　　　D. 刘邓、粟裕、陈谢

20. 举行淮海战役，最早由华东野战军代司令员兼代政委（　　）提出。

    A. 陈粟　　　　　　　　　　　　B. 粟裕

    C. 张谢　　　　　　　　　　　　D. 陈谢

21. 淮海战役第一阶段由（　　）唱主角，以歼灭黄百韬兵团为目标。

    A. 华东野战军　　　　　　　　　B. 华北野战军

    C. 中原野战军　　　　　　　　　D. 西北野战军

22. 1949年3月5—13日，中华人民共和国成立前最后一次中国共产党中央委员会全体会议——七届二中全会在（　　）举行。

    A. 北京　　　　　　　　　　　　B. 延安

    C. 井冈山　　　　　　　　　　　D. 西柏坡

23. 毛泽东在七届二中全会上的报告中（　　）。

①提出了党的工作重心必须由乡村转向城市　②指明了新中国的基本国体　③通过了《中国人民政治协商会议共同纲领》作为临时宪法　④规定了党在全国胜利后，在政治、经济、外交方面应当采取的基本政策

    A. ①②③　　　　　　　　　　　B. ②③④

    C. ①②④　　　　　　　　　　　D. ①③④

24. 中国共产党和南京国民政府在1949年4月1日举行和谈的目的是（　　）。

①迅速结束战争　②建立共同政府　③减少人民痛苦　④夺取革命胜利

    A. ①②　　　　　　　　　　　　B. ①③

    C. ③④　　　　　　　　　　　　D. ②④

25. 1948年12月12日，中央军委明确提出（　　）战役后举行渡江作战向全国进军的战略设想。

    A. 辽沈　　　　　　　　　　　　B. 淮海

C. 平津 D. 华北

26. 1949年（　　）中共中央进驻北平。
   A. 1月25日　　　　　　B. 2月25日
   C. 3月25日　　　　　　D. 4月25日

27. 七七事变时，奋起抵抗的国民党驻军是（　　）。
   A. 第十九路军　　　　　B. 第二十六路军
   C. 二十九军　　　　　　D. 第五军

28. 1938年5月至6月间，毛泽东发表的揭示抗日战争发展规律的著作是（　　）。
   A. 《论反对日本帝国主义的策略》
   B. 《论持久战》
   C. 《中国共产党在民族战争中的地位》
   D. 《抗日游击战争的战略问题》

29. 抗日战争时期，国民党第二次反共高潮达到顶点的标志是（　　）。
   A. 晋西事变　　　　　　B. 陇东事变
   C. 平江惨案　　　　　　D. 皖南事变

30. 确立毛泽东思想为全党的指导思想的会议是（　　）。
   A. 遵义会议　　　　　　B. 瓦窑堡会议
   C. 洛川会议　　　　　　D. 中共七大

31. 毛泽东论述新民主主义革命三大法宝的著作是（　　）。
   A. 《中国革命和中国共产党》　　B. 《〈共产党人〉发刊词》
   C. 《新民主主义论》　　　　　　D. 《论持久战》

32. 日本天皇向公众宣布无条件投降的时间是（　　）。
   A. 1945年8月14日　　　B. 1945年8月15日
   C. 1945年9月2日　　　 D. 1945年9月3日

33. 以国共合作为基础的抗日民族统一战线正式形成的标志是（　　）。
   A. 西安事变的和平解决
   B. 国民党五届三中全会确定实行联共政策
   C. 国民党公布了国共合作宣言和蒋介石发表承认中共合法地位的谈话
   D. 7月17日，周恩来、秦邦宪等在庐山同蒋介石、张冲等进行谈判

34. 在新民主主义革命时期，曾以"团结的大会，胜利的大会"载入中国共产党史册的具有最重要意义的会议是（　　）。
   A. 瓦窑堡会议　　　　　B. 六届六中全会
   C. 中共七大　　　　　　D. 洛川会议

35. 1937年8月，陕北红军奉命改编为国民革命军第八路军，其正、副总指挥分别是（　　）。

A. 朱德、彭德怀 B. 叶挺、项英
C. 朱德、刘伯承 D. 朱德、贺龙

36. 下列关于抗战历史意义的表述，不恰当的是（ ）。
    A. 是中国人民近百年来第一次取得的反对帝国主义侵略斗争的完全胜利
    B. 增强了全国人民的自尊心和自信心
    C. 是世界反法西斯战争的重要组成部分
    D. 结束了中国半殖民地半封建社会的历史

37. "双十协定"的签订，使中国共产党取得的战略优势是（ ）。
    A. 获得了自卫战争的准备时间 B. 解放区获得了合法地位
    C. 赢得了民主党派的支持 D. 取得了政治上的主动地位

38. 重庆谈判的焦点问题是（ ）。
    A. 人民军队和解放区的合法地位问题 B. 要不要和平建国的问题
    C. 实行宪政、结束训政的问题 D. 人民的民主、自由权利的问题

39. 七届二中全会需要解决的重大问题是（ ）。
    A. 如何夺取全国革命胜利
    B. 如何解决民主革命遗留的任务的问题
    C. 党的工作重心转移的问题
    D. 新民主主义革命向社会主义革命转变的问题

40. 揭开人民解放军全国性战略进攻序幕的是（ ）。
    A. 孟良崮战役开始 B. 刘邓大军挺进大别山
    C. 三大战役开始 D. 渡江战役开始

41. 1945年8—10月，国共双方举行了确认和平建国基本方针的（ ）。
    A. 西安谈判 B. 重庆谈判
    C. 南京谈判 D. 北平谈判

42. 人民解放军占领南京、宣告国民党的反动统治覆灭是在（ ）。
    A. 1949年4月20日 B. 1949年4月21日
    C. 1949年4月22日 D. 1949年4月23日

43. 毛泽东在《论人民民主专政》中指出，人民民主专政的基础是（ ）。
    A. 工人阶级和农民阶级的联盟
    B. 工人阶级和民族资产阶级的联盟
    C. 工人阶级、农民阶级和城市小资产阶级的联盟
    D. 城市小资产阶级和民族资产阶级的联盟

44. 1949年6月30日，毛泽东发表了系统阐述中国共产党关于建立新中国主张的（ ）。
    A. 《对目前时局的宣言》 B. 《目前形势和我们的任务》
    C. 《将革命进行到底》 D. 《论人民民主专政》

重点·难点·热点

一、为什么说中国的抗日战争是神圣的民族解放战争？

（1）从世界意义来看，世界反法西斯战争是人类历史上规模空前的战争，战火遍及亚洲、欧洲、非洲、大洋洲，有80多个国家和地区，约20亿人口卷入其中。中国的抗日战争是世界反法西斯战争的重要组成部分，抗日战场是世界反法西斯战争的东方主战场。中国人民抗日战争的胜利，对世界各国夺取反法西斯战争胜利、维护世界和平的伟大事业产生了巨大影响。

（2）从战争的性质来看，抗日战争是一个民族反对另一个民族的侵略、压迫、奴役的战争。日本侵略者肆意践踏中国的大好河山，屠杀中国军民，强行掠夺中国劳工，蹂躏和摧残中国妇女，甚至进行细菌战和化学战，制造了南京大屠杀等一系列灭绝人性的惨案，犯下了令人发指的罪行，使源远流长的中华文明遭到了严重破坏，使中华民族蒙受了巨大损失。因此，中国进行的是正义的、进步的反侵略战争，是得道的；日本进行的是非正义的、野蛮的侵略战争，是失道的。

（3）从战争的结果来看，中国的抗日战争，是近代以来中华民族反抗外敌入侵第一次取得完全胜利的民族解放战争，雪洗了鸦片战争以来抗击外来侵略屡战屡败的民族耻辱，成为中国近现代史的一个重要转折点。中国人民彻底打败了日本侵略者，捍卫了国家的主权和领土的完整，使中华民族避免遭受殖民奴役的厄运。

二、为什么说中国共产党是抗日战争的中流砥柱？

（1）中国共产党吹响了挽救民族危亡的第一声号角，举起了全民族奋起抗战的第一面旗帜，它积极倡导、促成、维护抗日统一战线，最大限度地动员全国军民共同抗战，成为凝聚全民族抗战力量的杰出组织者和鼓舞者。

（2）以毛泽东为首的中国共产党人，进一步把马克思主义基本原理同中国革命具体实际相结合，制定、实施了一套完整的坚持抗战和巩固抗日民族统一战线的理论、路线、策略与方针，提出了持久抗战的战略思想，对抗战胜利发挥了重要作用。

（3）中国共产党通过游击战开辟敌后战场，建立抗日根据地，牵制和消灭了日军的大量有生力量，特别是抗战进入相持阶段后，抗日根据地正面牵制和打击了侵华日军2/3以上的兵力，逐步成为全国抗战的主战场，不仅减轻了正面战场的压力，也为抗日战争的战略反攻准备了条件。

（4）中国共产党领导的八路军、新四军和其他抗日武装力量，以自己最富于献身的爱国主义精神，不怕牺牲、浴血奋战的模范行动，支撑起全民族救亡图存的希望，成为夺取抗战胜利的民族先锋。

三、怎样评价国民党政府在抗日战争中执行的路线和正面战场的地位与作用？

（1）国民党政府执行的是片面抗战路线，即不敢放手发动和武装民众，实行单纯的政府和军队的抗战。这是一条反人民的路线，它的目的是要保证大地主大资产阶级的利益和一党专政的政治制度。

（2）国民党在战略战术上，没有采取积极防御的方针，而是实行"以空间换时间"的战略和单纯的阵地防御战，并存在利用暂时的抵御换取日方妥协的思想，因而导致正面战场的溃败，使大面积的国土沦入敌手。

（3）国民党正面战场的广大爱国官兵面对凶残的日本侵略军，进行了英勇顽强的抵抗，表现出了空前的爱国激情和不畏强暴、不怕流血牺牲的精神，给日本侵略者以沉重的打击，为抗战的胜利做出了贡献。

（4）国民党正面战场起到了维系全国抗战的作用，但在抗战各个阶段表现不同，其地位和作用也不同。抗战初期的战略防御阶段，国民党政府能够积极抗战；在战略相持阶段，国民党政府开始实行"消极抗战，积极反共"的方针，不断制造反共摩擦，在抗战中的地位、作用明显下降；在战略反攻阶段，国民党政府虽坚持抗战，但对夺取抗战最后胜利的作用是有限的。

四、试述抗日战争胜利的原因和意义。

1. 抗日战争胜利的原因

（1）以爱国主义为核心的民族精神是中国人民抗日战争胜利的决定因素。近代以来，中国人民为争取民族独立和解放进行的一系列抗争，是中华民族觉醒和民族精神升华的历史进程。这种民族觉醒和民族精神升华，在抗日战争时期达到全新的高度。

（2）中国共产党的中流砥柱作用是中国人民抗日战争胜利的关键。中国共产党自成立之日起就把实现中华民族伟大复兴作为自己的历史使命。中国共产党倡导和推动国共合作，建立、坚持和发展广泛的抗日民族统一战线。中国共产党坚持全面抗战路线，制定正确的战略策略，开辟广大敌后战场，成为坚持抗战的中坚力量。

（3）全民族抗战是中国人民抗日战争胜利的重要法宝。抗击侵略、救亡图存成为中国各党派、各民族、各阶级、各阶层、各团体以及海外华侨华人的共同意志。

（4）中国人民抗日战争的胜利，同世界所有爱好和平和正义的国家和人民、国际组织以及各种反法西斯力量的同情和支持也是分不开的。

2. 抗日战争胜利的意义

（1）中国人民抗日战争的胜利，彻底粉碎了日本军国主义殖民奴役中国的图谋。中国人民用自己的顽强奋战和巨大牺牲，迫使日本归还了甲午战争以后从中国窃取的东北、台湾、澎湖列岛等神圣领土，捍卫了国家主权和领土完整，彻底洗刷了近代以来抗击外来侵略屡战屡败的民族耻辱。

（2）中国人民抗日战争的胜利，促进了中华民族的大团结，形成了伟大的抗战精神。中国人民向世界展示了天下兴亡、匹夫有责的爱国情怀，视死如归、宁死不屈的民族气节，不畏强暴、血战到底的英雄气概，百折不挠、坚忍不拔的必胜信念。

（3）中国人民抗日战争的胜利，对世界各国夺取反法西斯战争的胜利、维护世界和平的事业产生了巨大影响。中国人民为最终战胜世界法西斯势力做出的历史性贡献，在全世界人民面前树立了一个以弱胜强的范例，中国国际地位显著提高。

（4）中国人民抗日战争的胜利，开辟了中华民族复兴的光明前景。经历抗日战争锤炼的中国人民进一步认识到：只有实现民族独立和人民解放，建立人民当家做主的新中国，才能真正实现民族振兴、人民幸福。

五、为什么说中国人民的抗日战争是弱国战胜强国的范例？

（1）从实力对比来看，抗日战争是弱国对强国的战争。中国是半殖民地半封建国家，政治、军事、经济、文化等各方面综合实力都很落后，是弱国，而日本是世界一流强国，军事、经济实力和政治组织力量都很强大。

（2）从战争性质来看，抗日战争是半殖民地半封建的中国和帝国主义的日本之间在20世纪30年代展开的一场决死战争，中国的抗战是抵御日本侵略的正义的、进步的反侵略战争，而日本对中国发动的是极其野蛮的、充满掠夺和屠杀的罪恶的战争。

（3）从战争结果来看，在敌我力量对比极为悬殊的形势下，中国人民万众一心，铸成了抗日民族统一战线的钢铁长城，与敌人殊死搏斗，在极端困难的条件下坚持抗战，终于彻底打败了日本侵略者，取得了近代以来第一次反侵略战争的完全胜利。

（4）历史证明，亡国论和速胜论都是错误的，决定战争胜负的是人，而不是物，只要实行全民动员，就会陷敌于灭顶之灾的、人民战争的汪洋大海，就可以弥补武器落后等缺陷，形成克服一切战争困难的前提，就能获得最后的胜利。

六、抗战胜利后，国民党政府为什么会陷入全民的包围中并迅速走向崩溃？

（1）从根本上说，国民党政府实行内战、独裁和卖国的政策，维护大地主大资产阶级的一党专政，妄图把中国拉回到殖民地半殖民地的黑暗中，违背了历史发展规律，违背了全国人民的公意，必然遭到全国人民的反对。

（2）国民党政府的官员贪污腐败、大发国难财，严重丧失人心。抗战后期在大后方已经民怨沸腾。抗战胜利时，国民党政府派出的官员到原沦陷区接收时，便已把接收变成了"劫收"，对国民党政府抱有很大希望的原沦陷区人民，也很快对其感到极其失望。

（3）国民党政府违背全国人民迫切要求休养生息、和平建国的意愿，执行反人民的内战政策，公然发动全面内战，造成人心的背离。

（4）国民党反动统治很快在军事上、政治上、经济上出现全面危机，这使它迅速走向失败、崩溃。军事上，到全面内战的第三年，人民解放军发动战略决战，国民党军队主力基本被消灭。政治上，蒋介石召开伪国大，制定伪宪法，玩弄"改组政府"把戏，并残酷镇压人民，制造多起流血惨案，使其政治欺骗迅速破产。经济上，为了筹措内战经费，国民党政府横征暴敛、残酷掠夺，导致恶性通货膨胀，民族工商业倒闭，农村经济破产，人民生活恶化。

这样，国民党政府的倒行逆施迫使全国各阶层人民团结起来，同它做你死我活的斗争。伴随着国民党军事上、政治上、经济上危机四起，国统区的爱国民主运动迅速高涨，并形成反蒋的第二条战线，有力地配合了人民解放军作战，使国民党政府陷于全民的包围之中，其统治迅速崩溃。

七、为什么说"没有共产党，就没有新中国"？中国革命取得胜利的基本经验是什么？

1. "没有共产党，就没有新中国"是中国人民基于自己的切身体验而确认的客观真理

中国共产党作为工人阶级的政党，不仅代表着中国工人阶级的利益，而且代表着整个中华民族和全中国人民的利益。中国共产党人在革命过程中始终英勇地站在斗争的最前线，以实际行动表明了自己是最有远见、最富于牺牲精神、最坚定而又最能虚心体察民情并依靠群众的坚强的革命者，从而赢得了广大中国人民的衷心拥护。

中国共产党是用马克思主义的科学理论武装起来的最先进的政党，中国人民依据一百多年来旧民主主义革命的失败和新民主主义革命胜利的历史经验，所得出的科学结论就是：只有以科学理论武装起来的党，才能领导中国人民实现民族独立和人民解放。

全国各族人民大团结，是中国革命胜利的基础。中国共产党在反帝反封建的旗帜下，实行正确的革命统一战线的政策，把全国各族人民紧密团结起来，依靠各族人民自身力量，历经千辛万苦，终于推翻了压在中国人民头上的三座大山，取得了新民主主义革命的胜利。

在中国实行人民民主专政制度，是中国人民的共同选择。中国革命之所以能够取得胜利，一个重要的原因就是实行了以人民民主代替了资产阶级民主，以人民共和国代替了资产阶级共和国的方案。在中国共产党的领导下，经过28年艰苦卓绝的斗争，终于使以工农联盟为基础的人民民主专政的共和国在中国建立起来。

在旧民主主义革命时期，中国人民反帝反封建的斗争，由于没有先进的革命政党的领导，最终都失败了。在新民主主义革命时期，由于有了中国共产党的坚强领导，中国人民的革命斗争虽然也经历了曲折，但最终取得了伟大的历史性胜利，各族人民成了新国家新社会的主人。

2. 中国革命取得胜利的基本经验

中国共产党在领导人民革命的过程中，积累了丰富的经验，锻造出了有效的克敌制胜的武器。毛泽东指出："统一战线，武装斗争，党的建设，是中国共产党在中国革命中战胜敌人的三个法宝，三个主要的法宝。"

第一，建立广泛的统一战线。由于中国人民受到帝国主义、封建主义和官僚资本主义的严重压迫，在中国建立革命统一战线的群众基础是十分广泛的。建立广泛的统一战线，是坚持和发展革命的政治基础。巩固和扩大统一战线必须坚持工人阶级及其政党的领导权，必须对同工人阶级争夺领导权的资产阶级采取既联合又斗争的政策。

第二，坚持革命的武装斗争。由于中国没有资产阶级民主，反动统治阶级凭借武装力量对人民实行独裁恐怖统治，革命只能以长期的武装斗争作为主要形式。为了坚持和发展中国革命，必须建立一支在工人阶级政党绝对领导下的、具有严格纪律的、同人民群众保持密切联系的新型人民军队，必须实行一系列具有中国特点的人民战争的战略战术，必须深入农村，发动和武装农民，在农村建立革命根据地，走以农村包围城市、武装夺取政权的革命新

道路。

第三,加强共产党自身的建设。在工人阶级人数很少而战斗力很强,农民和其他小资产阶级占人口大多数的中国,建设一个工人阶级先锋队的党,是极其艰巨的任务。中国革命之所以胜利发展,就在于毛泽东的建党学说成功地解决了这个难题。中国共产党正是遵循这一建党学说,在长期的斗争实践中,把自己锻炼成了一个有纪律的、有马克思主义的理论武装的、采取自我批评方法的、联系人民群众的党,成为掌握统一战线和武装斗争这两个武器,以实行对敌冲锋陷阵的英勇战士,成为全国各族人民拥戴的领导核心。

延伸阅读文献

1. 毛泽东:《论持久战》(第111~118节)(1938年5月)
2. 毛泽东:《论联合政府》(三)(1945年4月24日)
3. 毛泽东:《论人民民主专政》(1949年6月30日)
4. 《中国人民政治协商会议共同纲领》(1949年9月29日通过)
5. 习近平:《在纪念中国人民抗日战争暨世界反法西斯战争胜利70周年大会上的讲话》(2015年9月3日)

中华人民共和国的成立与中国社会主义建设道路的探索

学习目标

1. 分析过渡时期总路线的提出是历史的必然及中国走社会主义道路是历史和人民的选择；
2. 说出社会主义改造的主要内容及中国进行社会主义改造的伟大历史意义；
3. 列举以毛泽东为代表的中国共产党人在探索中国社会主义建设道路中所取得的积极成果及其现实意义，深刻理解只有从中国的实际出发，才能找到建设社会主义的正确道路，从而坚定走中国特色社会主义道路的信心。

专题导学

1. 背景

1949年10月1日，中华人民共和国的成立，实现了中国从几千年封建专制政治向人民民主的伟大飞跃，标志着半殖民地半封建社会的结束和新民主主义社会在全国范围内的建立。近代以来中国面临的第一项任务，即争取民族独立、人民解放的任务基本完成了。在完成民主革命遗留任务和恢复国民经济的基础上，中国共产党团结带领中国人民进行社会主义革命，确立社会主义制度，推进社会主义建设，战胜帝国主义、霸权主义的颠覆破坏和武装挑衅，实现了中华民族有史以来最为广泛而深刻的社会变革，实现了一穷二白、人口众多的东方大国大步迈进社会主义社会的伟大飞跃，为实现中华民族伟大复兴奠定了根本政治前提和制度基础。从1949年10月1日中华人民共和国成立到1956年，是基本完成社会主义改造的七年。从1956年社会主义改造基本完成到1966年"文化大革命"前夕，是开始全面建设社会主义的十年。

2. 视频学习中的重要事件坐标

- 确立新民主主义社会的基础
  - ▲土地改革
  - ▲没收四大家族资本
  - ▲中华人民共和国成立后诞生的第一部法律

▲ 东交民巷的"特权"
▲ "一边倒"
▲ 抗美援朝：屹立于世界东方的宣言书
• 新民主主义社会的继续发展
▲ 穷棒子社
▲ 红色资本家
▲ 激情燃烧的岁月
▲ 党的八大：适合中国国情社会主义道路的探索
▲《论十大关系》：探索中国社会主义建设道路的良好开端
▲ 一个伟大时代的荣耀——"两弹一星"

3. 影响

马克思、恩格斯、列宁、斯大林都没有提到过"新民主主义社会"这一名词，它和社会主义社会是一个什么关系，是当时很多国内外人士所关注的问题。毛泽东强调，新民主主义社会是一个过渡性的社会，是由半殖民地半封建社会走向社会主义社会的必经阶段，是走上社会主义社会之途的逻辑基点，是实现革命转变的具体途径。通过探索，马克思主义中国化时代化第一次历史性飞跃的理论成果——新民主主义理论体系①形成了。中华人民共和国成立后头三年的实践证明：新民主主义的经济、政治、文化建设等取得了全面的重大成就，私营经济和个体经济的发展都有利于恢复经济、增加生产、支援前线、改善民生、扩大就业、稳定社会。在有系统地进行社会主义改造的1953年，即开始进行有计划的社会主义建设，并于1955年通过了发展国民经济的第一个五年计划。

4. 想一想

为什么说新民主主义社会是一个过渡性的社会？为什么说社会主义改造是中国历史上最深刻、最伟大的社会变革？

视频内容简介

6.1 土地改革

历史上，每到朝代鼎革之际，均田地都会成为号召农民参与反抗的最有效的口号。中国共产党从成立那天起，就已经注意到了这个问题。新民主主义革命时期，"打土豪、分田地"更是成为中国共产党动员农民参加革命最有效的途径之一。因此，中华人民共和国成立后，土地改革成为中国共产党改变农村土地结构、稳定社会局面的重要手段。

早在1947年7—9月，中共中央工作委员会就在河北省平山县西柏坡召开全国土地会

---

① 新民主主义理论体系在中共七大被概括、命名为毛泽东思想。

议。会议制定并通过了《中国土地法大纲》。在这份文件的指导下，中华人民共和国成立前，华北、东北解放区的土地改革进行得如火如荼。1949年中华人民共和国成立后，在巩固解放区土地改革成果的基础上，中国共产党马上开展了更大规模的土地改革运动，推动中国乡村社会再造进程。1950年6月28日，中央人民政府委员会举行会议，讨论并通过了《中华人民共和国土地改革法》；同时，政务院也颁布了《农民协会组织通则》等与之相配套的法规、政策，确保土地改革顺利进行。随后，按照"依靠贫农、雇农，团结中农，中立富农，有步骤地有分别地消灭封建剥削制度，发展农业生产"的总方针，党和国家逐步在拥有两亿多农民的新解放区开展了一场新的土地改革运动。

从1950年冬到1953年春，中国共产党按照解放时间先后，由华东、中南到西北、西南（新疆、西藏少数民族地区除外）进行土地改革。这次土地改革，大致分为三个阶段：第一阶段从1950年冬开始，至1951年春结束，主要是在已具备土地改革条件的华东城市郊区和河南省等部分地区开展土地改革试点工作，在南方开展清匪反霸、减租退押工作，为全国实行土地改革做准备。第二阶段从1951年冬开始，至1952年春结束，在西南等地开展。第三阶段从1952年冬开始，至1953年春结束，主要在少数民族地区进行。至1953年春，除部分少数民族地区外，全国的土地改革基本完成，"封建主义的基础被彻底打垮了"。

中华人民共和国成立后的土地改革，使得广大农村的阶级结构发生了重大变化，中农在农村人口中的比例由20%上升到80%左右，贫雇农的比例则由70%下降到10%～20%；农村的权力分配发生了重大变化，地主、宗族势力退出，农会成为农村权力的拥有者。

中华人民共和国成立后的土地改革，使得广大农村的经济状况发生了翻天覆地的变化，废除了封建土地所有制后，生产力得到极大解放。1950—1955年，我国的农业总产值年均增长9.8%，粮食总产量年均增长6.8%，棉花总产量年均增产17%；粮食亩产量亦有较大提高，以粮食为例，每公顷产量，由1949年的1 035千克提高到1 425千克，年均递增5.5%。

中华人民共和国成立后的土地改革，推动了农村的移风易俗，科学和民主的思想在农村得到广泛传播，巫婆、神汉被取缔，早婚、溺婴等恶习被革除，农村中的"二流子"被改造，自由恋爱的风气逐渐在农村中流行，劳动光荣的新习俗逐渐形成。

中华人民共和国成立后的土地改革，不仅实现了几千年来中国农民梦寐以求的土地梦想，而且为推动中华人民共和国向现代化工业国家迈进奠定了坚实基础。没有广大农民对中华人民共和国经济建设的伟大奉献，就没有中国的工业化。

6.2 没收四大家族资本

随着解放战争进入到战略进攻阶段，解放战争的作战区域进入到国统区。如何处置以四大家族为首的官僚资本，被提上议事日程。四大家族是指以蒋介石、宋子文、孔祥熙、陈立夫为代表的庞大的家族势力，他们之间的关系十分亲密。其中，蒋介石与宋子文、孔祥熙是姻亲，陈立夫、陈果夫兄弟则是蒋介石结拜兄弟的亲属。自大革命以来，四大家族就相互援引，各取所需，形成了官商勾结、利益交织的国家垄断资本，或称官僚资本。官僚资本集中了价值达 100 亿~200 亿美元的财富。

以四大家族为首的官僚资产阶级操控了国家经济命脉，控制了全国银行总数的 70%、产业资本的 80%，控制了全部的铁路、公路和航空运输。他们把持着四大银行、经济委员会、资源委员会等国家财政金融机构，垄断了全国的石油、煤炭、钢铁等矿产资源，肆意发行纸币、债券、股票，倒卖黄金，聚敛财富，严重威胁了国家的发展与人民的生存。国统区内的人民生活在水深火热之中，抗议之声此起彼伏，游行队伍络绎不绝。

1947 年 12 月底，中共中央在杨家集召开会议，毛泽东做了题为《目前形势和我们的任务》的政治报告，鞭辟入里地分析了以四大家族为首的官僚资本的性质及其危害："这个垄断资本，和国家政权结合在一起，成为国家垄断资本主义。这个垄断资本主义，同外国帝国主义、本国地主阶级和旧式富农密切地结合着，成为买办的封建的国家垄断资本主义。这就是蒋介石反动政权的经济基础。这个国家垄断资本主义，不但压迫工人农民，而且压迫城市小资产阶级，损害中等资产阶级。"基于此，毛泽东斩钉截铁地指出："没收蒋介石、宋子文、孔祥熙、陈立夫为首的垄断资本归新民主主义的国家所有，保护民族工商业。这就是新民主主义革命的三大经济纲领""新民主主义的革命任务，除了取消帝国主义在中国的特权以外，在国内，就是要消灭地主阶级和官僚资产阶级（大资产阶级）的剥削和压迫，改变买办的封建的生产关系，解放被束缚的生产力。"

毛泽东的报告被迅速传播到战场前线，指导着接收工作的开展。在具体的接收过程中，中国共产党既态度坚决又严守纪律，大体遵循着"宁缓勿急，宁慢勿乱"的原则，稳中求进，将四大家族等官僚资产阶级控制的银行、股市、矿场、企业等收归国有；对于曾为其服务的旧人员，则尽量宽大处理，"一般地不能用裁撤遣散的方法解决，必须给予工作和生活的出路"，该政策被形象地表述为"三个人的饭五个人匀着吃，房子挤着住"，接收工作也得以顺利铺开。

没收以四大家族为首的官僚资本归国家经营，使新民主主义国家重新掌握了经济命脉，为巩固新政权提供了必要的物质保障，也为向社会主义过渡奠定了重要基础。

6.3 中华人民共和国成立后诞生的第一部法律

1950 年 5 月，中华人民共和国成立后颁布的第一部法律——《中华人民共和国婚姻法》正式施行。对于成立半年多的中华人民共和国来说，有多少大事、有多少难题等着新的人民政府去解决、去处理，人民政府何以能在这么短的时间内，制定出一部关系到几亿中国人婚姻家庭生活的法律呢？

早在 1948 年，刘少奇在西柏坡召开的解放区妇女工作会议上，就开始布置起草一部体现新民主主义制度的婚姻法的任务。稍后，中央妇女运动委员会成立了婚姻法起草小组，由刚从农村开展土地改革归来、对农村青年男女迫切要求婚姻自由有深刻理解的邓颖超领衔帅孟奇、杨之华、康克清、李培之、罗琼、王汝琪等人拟定初稿。对于这些妇女领袖来说，这是一场新的考验。起草小组在1931年毛泽东签发的《中华苏维埃共和国婚姻条例》的基础上，又结合解放区政府颁布的婚姻条例、实施经验等，经数月努力，终于拟订出了婚姻法初稿。

初稿经党中央书记处讨论修改后，转交中央人民政府。中央人民政府为此专门召开了座谈会，广泛征求了各民主党派、各人民团体及其他有关方面的意见。此后又召开了中国人民政治协商会议全国委员会常委、中央人民政府委员、政务院委员三方面的联席座谈会，与会人员对初稿进行了内容和文字方面的修改。1950年4月13日，《中华人民共和国婚姻法（草案）》提请中央人民政府委员会第七次会议讨论并获得通过。

1950年5月1日，中央人民政府正式颁布《中华人民共和国婚姻法》，宣布废除旧的婚姻制度。随后，全国开展贯彻《中华人民共和国婚姻法》的运动。《中华人民共和国婚姻法》以法律的形式，将婚姻稳固在男女婚姻自由、一夫一妻、男女权利平等、保护妇女和子女合法权益等新的婚姻制度上。

中华人民共和国成立之初，为了发展新中国的各项事业，打破一切束缚生产力发展的枷锁，新政权对社会进行了全面改造。同土地改革等措施一样，《中华人民共和国婚姻法》也是新政权对社会进行全面改造的一部分。《中华人民共和国婚姻法》的施行对于中国社会的变革起了颠覆性的作用。1950年颁布的《中华人民共和国婚姻法》一直使用了30年。作为中华人民共和国成立后颁布的第一部重要法律，《中华人民共和国婚姻法》的制定和修改经历了60多年的变革历程，其间经过了三次大的修改。1980年，《中华人民共和国婚姻法》增加了保护老人的合法权益和实施计划生育的原则。2001年，《中华人民共和国婚姻法》针对中国经济转型时期婚姻家庭出现的一系列新问题做出回应。

从中可以明显地看到，中国民众的婚姻家庭生活在立法与现实之间不断进行调适和整合，有政府不断根据社会发展的需要，因势利导，引领社会树立良好的道德风尚和健康的婚姻家庭关系所做的努力，体现了中国共产党以人为本，为中国人民谋幸福、为中华民族谋复兴的初心和使命。

6.4 东交民巷的"特权"

东交民巷，为晚清时期列强在中国设立的使馆区。一条东交民巷，见证了整个近代中国饱受列强欺凌的血泪史。

晚清国势日趋衰微，随着鸦片战争的爆发，中国开始沦为半殖民地半封建社会。1856—1860年，英、法再度挑起第二次鸦片战争，清政府再次战败求和，与英、法等列强签订了《天津条约》《北京条约》，除了割地、赔款及开放通商口岸外，清政府还被迫接受了列强公使常驻北京的要求。此时，清朝统治者仍未放弃传统的夷夏观念，视列强为藩夷，因而选定原来接待朝鲜、安南等藩属国使臣的东交民巷区域作为馆址，获取心理安慰后，又不得不将巷内几座王府腾出来，以接纳列强派出的公使。从此，东交民巷便成为列强公使常驻中国的使馆区。

1900年，义和团运动席卷北京，东交民巷因聚集了大量外国使者与教民而成为被清军与义和团团团攻打的对象。列强以保护使馆为名，组成英、法、俄、日、美、德、意、奥八国联军入侵北京。清军步步溃败，慈禧太后先是仓皇西逃，继而表示"量中华之物力，结与国之欢心"，接受了空前屈辱的《辛丑条约》，中国完全沦为半殖民地半封建社会。该条约规定，列强在东交民巷享有一系列"特权"，如东交民巷不许中国人居住，不准设立中国衙署，其行政管理权与驻兵权完全属于列强，中国政府无权过问。随后，列强又在东交民巷附近大肆扩建教堂、兵营与牢房，更改街道建筑的名称，如将东交民巷改名为使馆街，将长安街改称意大利街，将台基厂头条胡同改称赫德路，等等。东交民巷俨然成为"国中之国"，成为列强侵略中国的大本营，令国人羞愤不已。

此后，虽然历经辛亥革命、军阀混战、北伐战争，但是列强在东交民巷攫取的"特权"依然如故。即使在1927年南京国民政府成立，列强使馆迁往南京，直至抗战胜利之际，东交民巷被霸占的事实仍未发生实质性改变。这主要是因为南京国民政府对外采取妥协退让的态度，没有完全做到捍卫国家主权。这个任务只能由中国共产党来完成。

1949年1月31日，庆祝北平和平解放时，毛泽东指示入城式必须经过东交民巷，表明了中国共产党捍卫国家主权的坚定决心。几个月后，伴随着毛泽东的庄严宣告，中华人民共和国正式成立，中国人民从此站起来了！中华人民共和国逐步收回了东交民巷的列强攫取的"特权"，屈辱的历史一去不复返。

东交民巷的"特权"是近代中国遭受侵略、丧失国家主权的一个缩影。实践证明，中国共产党捍卫国家主权的决心无比坚定，决不允许任何有损民族利益的"特权"存在。正是中国共产党人艰苦卓绝、前赴后继，领导中国人民取得了新民主主义革命的伟大胜利，彻底推翻了帝国主义、封建主义和官僚资本主义三座大山，真正实现了民族独立，从而为中华民族的伟大复兴开辟了一个新的时代。

6.5 "一边倒"

随着人民解放军的胜利推进，新中国的成立被提上议事日程。面对已经形成的美、苏两大阵营，新政权采取何种外交方针引起人们的思考与讨论。部分党外人士发出了"不偏不倚""走第三条道路"等呼声，幻想在美、苏两大阵营之间保持中立。对此，毛泽东高瞻远瞩，在1949年6月30日发表了《论人民民主专政》一文，以自问自答的方式答疑解惑，明确提出了"一边倒"的外交方针。

该方针的提出，不仅驳斥了走第三条道路的主张，更为重要的是，这是中国共产党首次旗帜鲜明地公开了新中国所要采取的对外方针。简言之，"一边倒"即倒向以苏联为首的社会主义阵营一边，与苏联等人民民主国家结成国际统一战线，同时又不仅仅局限于此阵营之内，而是愿"联合世界上以平等待我之民族，共同奋斗"。由此可见，"一边倒"不是狭隘的、封闭的，它体现了独立自主的外交政策。这是特殊历史条件下的战略选择。本来，中国共产党及其领导下的军民爱好和平，不愿向任何政权主动挑起论争乃至公开决裂。但是，第二次世界大战结束后，美国加强了其一以贯之的扶蒋反共策略，提出了十年军事援蒋计划，公然支持蒋介石发动内战，实际上已经阻断了与中国共产党之间的和平交往之路。与美国的敌视态度相反，苏联对中国共产党领导的革命事业一直抱有同情之心，并提供实际援助，加之中、苏两党相近的意识形态，使得两党在革命与战争的洗礼中建立了稳固的友谊。在这种客观条件下，毛泽东和党中央审时度势，确立了"一边倒"的外交方针。

1949年10月1日，伴随着毛泽东的庄严宣告，中华人民共和国正式成立，中国历史进入新纪元。苏联第一个承认中华人民共和国，两国正式建交，"一边倒"的外交方针也正式启动实施。两个月后，毛泽东乘坐的火车从北京西直门徐徐发出，驶向苏联首都莫斯科。经过两个月的反复磋商，1950年2月14日，中、苏两国签订了《中苏友好同盟互助条约》，漫长的谈判过程，再次表明"一边倒"的外交方针并非无原则地"投靠"苏联，中、苏双方处于平等地位。此后，每当中、苏两国因主权问题发生摩擦时，以毛泽东为核心的党中央都进行坚决抵制和抗争。《中苏友好同盟互助条约》的签订标志着中、苏两国结成了战略同盟，以苏联为首的社会主义国家向中华人民共和国伸出了援助之手，包括提供贷款、派遣专家、输出技术等。更重要的是，营造了一个相对稳定的外部环境，这对于"一穷二白"且处于封锁中的新政权而言，无疑是雪中送炭。这是"一边倒"外交方针的重要成果，具有重大的历史意义。

中华人民共和国成立前后，以毛泽东为首的中国共产党人审时度势，通过确立"一边倒"的外交方针，不仅获得了大量的经济援助与相对稳定的外部环境，也彰显了独立自主的鲜明底色，为中华人民共和国的外交工作定下了基调。在中国共产党的领导下，历经磨难的中国人民终于站了起来，以崭新的对外姿态屹立于世界东方！

6.6 抗美援朝：屹立于世界东方的宣言书

1950年6月25日，朝鲜战争爆发。6月27日，美国总统杜鲁门发表声明，宣布出兵朝鲜，并派遣第七舰队侵入台湾海峡，公然干涉中国内政。此时，新中国还不满周岁，百废待兴，百业待举，人民渴望和平安宁。然而，9月美军仁川登陆后，朝鲜战局迅速恶化。美国飞机接二连三地侦查、空袭中国东北边境，造成严重的人员伤亡和财产损失。10月初，美国无视中国政府的严正警告，悍然越过三八线，向鸭绿江、图们江大举进犯，把战火烧到中朝边境，完全超越了中国能容忍的底线。10月8日，应朝鲜劳动党和政府的请求，中国共产党和人民政府做出"抗美援朝、保家卫国"的历史性决策，组建以彭德怀为总司令兼政治委员的中国人民志愿军。

1950年10月19日，中国人民志愿军第一批入朝部队约26万人跨过鸭绿江。10月25日，志愿军第40军第118师在两水洞、丰下洞地区全歼冒进的南朝鲜军一个加强营及一个炮兵中队，拉开了抗美援朝战争的序幕。这一天后来被定为中国人民志愿军抗美援朝纪念日。

抗美援朝战争历经两年零九个月，分为两个阶段。1950年10月25日至1951年6月10日，为第一阶段。这一阶段，中朝军队以运动战为主，辅以阵地战、游击战，连续发动了五次战略性战役，五战五捷，共歼敌23万余人，将侵略军赶回三八线以南，迫使其愿意进行停战谈判。1951年6月11日至1953年7月27日战争结束，为第二阶段。双方举行停战谈判，但由于美国缺乏诚意，企图以军事压力迫使中、朝屈服，停停打打，谈判时断时续。中朝军队则针锋相对，以打促谈，直至把美国人打服乖乖回到谈判桌前。1953年7月27日，走投无路的侵略者不得不在停战协定上签字。抗美援朝战争以胜利宣告结束。

抗美援朝战争的伟大胜利，是在敌我力量悬殊的条件下艰难取得的。然而，抗美援朝，保家卫国，这是一场正义与非正义、侵略与反侵略的战争。英勇的中国人民志愿军为了祖国和民族的尊严，无惧任何艰难险阻。他们英勇顽强、舍生忘死地投身到战场中。在长津湖、龙源里、松骨峰、大同江、上甘岭……一场场惊心动魄的战斗，一次次浴血奋战，令侵略者损失惨重，心生恐惧。抗美援朝战争中，涌现出了如杨根思、黄继光、邱少云、孙占元等30多万名英雄功臣和近6 000个功臣集体。无数英雄献出了年轻生命。据统计，约有19.8万战士长眠在朝鲜，其中包括毛泽东的长子——毛岸英。

伟大的抗美援朝战争拼来了山河无恙、家国安宁，铸就了中华民族历史上又一座不朽丰碑。经此一战，中国人民粉碎了侵略者陈兵国门、进而将新中国扼杀在摇篮之中的图谋，中国人民真正在世界民族之林站立起来了。

6.7　穷棒子社

穷棒子社是由全国劳动模范王国藩领导创建的。它之所以能名满全国，是因为当年毛泽东在《中国农村的社会主义高潮》一书的按语中，曾专门表扬了王国藩的"穷棒子社"。王国藩和他的穷棒子社到底创造了什么丰功伟绩，能得到毛泽东的高度赞赏呢？

1952年，河北省遵化县第十区风调雨顺，这个区的东小寨、王老庄两个农业生产合作社喜获丰收，而与其相邻的西铺村，收成却惨淡得很。因为西铺村只有互助组，合作生产的程度较低，一些在土地改革中分得土地的农民无法独立开展生产，有的已经开始通过卖地、卖房来维持生计了。

榜样就是力量。经过村支部集体协商，在第十区区委的支持下，西铺村决定效仿隔壁村庄，组织初级农业生产合作社，通过集体的力量共渡难关。经过几天的发动，报名入社的共有23户，社员绝大多数都是在旧社会扛活、讨饭、当劳工的贫苦农民。1952年10月26日，由西铺村23户贫农组成的第一个农业生产合作社正式成立了，王国藩担任社主任。入社的农民都比较穷，凑起来只有三条驴腿的牲畜股，没有农具，也没有车辆，有的只是对美好生活的向往。

王国藩组织的这个初级农业生产合作社，由于集体财产少得可怜，被西铺村的一些富裕户讥笑为"穷棒子社"，没几个人相信这些人能创造奇迹。外界的冷嘲热讽，未能浇灭王国藩带领大家过上好日子的热情。

1952年冬，副主任杜奎带领18个人到远离家乡的山上去打柴。在条件十分艰苦的情况下，靠着吃苦耐劳和勤俭节约的精神，社员克服了各式各样的困难，一个月下来，共打柴4万多斤。他们用卖柴的430元钱，购买了1辆车、1头驴、19只羊，从而使农业生产得以顺利进行。一年过后，合作社粮食亩产量达到254斤，超过互助组上年平均产量的近一倍，粮食总产量为45 800多斤，扣除集体留粮，平均每户分配的收入达190多元。"穷棒子社"一年就发生巨变的事实，使西铺村更多的农民看到了合作社的优越性，同时也说明这种合作生产模式在当时比每户单干要强得多。

王国藩带领"穷棒子社"迅速摆脱贫困的事实，使得党内在农业改造问题上的分歧不再，通过合作生产可以让贫穷落后的农民快速"致富"，并且可以避免土地改革后农村再次出现贫富两极分化和土地集中现象，使广大农民能够长期享有土地改革的成果。毛泽东正是看到了这一点，才对王国藩和他领导的"穷棒子社"赞誉有加，同时对生产合作化更加深信不疑。原本预计需要15~20年时间的变革过程，实际上只进行3年就宣布完成了。但合作化运动速度过快，导致农村变革中出现了一些问题。

如今的西铺村，"穷棒子社"已经成为历史，但其精神依然激励着一代又一代西铺村人为美好生活努力奋斗。王国藩和"穷棒子社"的成功，也告诉我们，只有实事求是，依据国情，团结一致，才能使国家逐步发展，人民生活更加幸福。

6.8 红色资本家

新民主主义革命时期，民族资产阶级、小资产阶级都是中国无产阶级革命的同盟军，大地主、大资产阶级才是革命的对象，中国共产党对资本家这个群体并非一视同仁，而是区别对待。因此，中华人民共和国成立后，有一部分"红色资本家"脱颖而出，党和人民不仅没有将其视为敌人，相反，鼓励他们为国家的建设与发展做出自己的贡献。

"红色资本家"，是中华人民共和国成立之初出现的一个新名词，指那些爱国的、愿意为中国革命和社会主义现代化建设服务的资本家。这其中，最典型的代表就是后来曾担任国家副主席的荣毅仁。

荣氏家族在中国近代实业发展史上，曾创造了辉煌的业绩，做出过巨大贡献。

1916年出生的荣毅仁，因享有得天独厚的优势，自身事业发展得非常顺利。1949年国民党政权崩溃前夕，荣氏企业也遭受重创。中华人民共和国成立后，国家通过发放贷款等多种方式，支持荣氏企业复苏，让荣毅仁父子感动不已。1954年，荣毅仁主动向上海市政府提出，可将他的产业实行公私合营，支持社会主义改造。在荣毅仁的率先垂范下，上海的公私合营工作顺利完成。时任上海市市长陈毅后来公开表扬荣毅仁，将他誉为"红色资本家"。"红色资本家"的称号不胫而走。

改革开放后，荣毅仁依然活跃在政坛和商界，继续为国家的经济发展、两岸的和平统一做贡献。1993年3月，荣毅仁出任国家副主席，这是对他多年来为国家为民族奔走操劳的肯定，也是中国共产党与民主党派肝胆相照、荣辱与共的生动体现。

在荣毅仁的感召下，不少香港实业家也纷纷加入到"红色资本家"的队伍里，霍英东即为新时期"红色资本家"的代表。他白手起家，建立了自己的财富帝国。1984年，霍英东出资10亿港元，成立"霍英东基金会"，致力于内地的投资和捐赠。截至2005年，霍英东基金会对内地的纯捐款已达20亿港元，霍英东爱国资本家的形象，已深入人心。

2002年，中国共产党第十六次全国代表大会在北京召开，大会将"三个代表"思想正式写入党章，并对党章进行了适当的修改，其中第一章第一条对关于申请入党对象的规定表述为："年满十八岁的中国工人、农民、军人、知识分子和其他社会阶层的先进分子，承认党的纲领和章程，愿意参加党的一个组织并在其中积极工作、执行党的决议和按期交纳党费的，可以申请加入中国共产党。"至此，中国共产党作为中华民族的先锋队，进一步向社会各阶层的先进分子敞开大门，越来越多的"红色资本家"加入进来，为建设祖国继续贡献着自己的力量。

6.9 激情燃烧的岁月

1950年6月25日，朝鲜内战爆发。朝鲜形成南北分裂的局面，本是第二次世界大战后美、苏两国以北纬38°线为界，分别接受日本投降的结果。在美苏冷战的国际背景下，美国对朝鲜半岛的事态迅速做出反应，先是派遣第七舰队开入台湾海峡，阻挠中国政府解放台湾；继而操纵联合国安理会通过决议，组成"联合国军"，公然武装援助南朝鲜。在朝美军不顾中国政府的多次严正警告，悍然越过"三八线"，向中朝边境进犯，轰炸中国东北边境的城乡，在事实上构成了对中国的侵略。

面对美国的蛮横态度，以毛泽东为首的党中央审时度势，反复权衡之后，毅然决然地做出了抗美援朝、保家卫国的决策。1950年10月19日，中国人民志愿军开赴朝鲜，与朝鲜人民一起抗击美国侵略者。志愿军虽然装备简陋，但不畏强敌。中朝军队密切配合，连续进行了五次大的战役，战况空前激烈。仅上甘岭一役，"联合国军"就调集6万余人，出动战机3 000余架，对志愿军不足4平方公里的阵地发射了190余万发炮弹，两个高地表面石土被炸松，致使阵地被削1~2米。志愿军威武不屈，凭借惊人的意志组成血肉长城，击退敌军900多次冲锋，确保阵地不失。经过艰苦的战斗与谈判，中、朝两国最终迫使美国代表于1953年7月27日在《朝鲜停战协定》上签字。"联合国军"总司令克拉克后来承认，他是美国历史上第一个在没有取得胜利的停战协议上签字的司令官。

抗美援朝战争的伟大胜利，具有深远的历史意义。通过这场正义之战，中国打败了美国侵略者，维护了自身的安全，中、朝两国人民用鲜血结成了革命友谊，这有利于促进亚洲的和平稳定。抗美援朝战争的胜利也提升了中国人民团结爱国的精神面貌。在志愿军出国作战前后，国内也发起了一场支援前线的运动。

在取得抗美援朝胜利的同时，中国共产党还带领人民打胜了国内建设的另一场硬仗——提前超额完成"一五"计划。为了尽快建立中国工业化的基础，使中华人民共和国由贫穷落后的农业国转变为先进的工业国，提升城乡居民的生活水平，中国政府在苏联的帮助下，积极调动人民高涨的建设热情，以156项工程为中心，既优先发展重工业，又注意保持各部门的比例；既重视国家建设积累，又兼顾改善民生。全党全国众志成城，迸发出前所未有的激情与活力，迅速加入到热火朝天的建设革命之中，1957年底"一五"计划的经济建设指标大幅度超额完成，创造了工业建设的一大奇迹。毛泽东曾为之慨叹的中国不能制造汽车、拖拉机、飞机的历史，随着长春第一汽车制造厂、洛阳拖拉机厂的建成投产及第一架喷气式飞机的试制成功而结束；武汉长江大桥的建成使得天堑变通途；一大批工矿能源企业的建立，极大地改变了旧中国工业门类残缺不全的面貌，国家独立完整的工业体系有了一个初步的基础。

中华人民共和国成立后，在中国共产党的领导下，饱受侵略的中国人民真正成为国家的主人，意气风发，斗志昂扬，击败了强敌入侵，开展了国内建设，取得了伟大成就。回首这段激情燃烧的岁月，我们得到的不仅是感动，更是发自内心的自豪。它激励着我们保持昂扬向上的姿态，创造属于我们自己的明天！

6.10 党的八大：适合中国国情社会主义道路的探索

1949年10月至1956年，是不平凡的7年。在这期间，中国共产党领导全国人民打赢了抗美援朝战争，完成了土地改革和合作化运动，党领导全国各族人民有步骤地实现从新民主主义到社会主义的转变，基本上完成了生产资料私有制社会主义改造。

八大是中华人民共和国成立后首次召开的党的全国代表大会。1956年9月15日至27日，中国共产党第八次全国代表大会在北京举行。毛泽东主持大会并致开幕词，刘少奇做《中国共产党中央委员会向第八次全国代表大会的政治报告》，周恩来做《关于发展国民经济第二个五年计划的建议的报告》，邓小平做《关于修改党的章程的报告》，朱德、陈云、董必武等代表做了重要发言。

与七大召开时相比，八大开幕前后国内外形势和国内主要矛盾已发生很大的变化。正如党的八大所指出的："由于社会主义改造已经取得决定性的胜利，我国无产阶级同资产阶级之间的矛盾已经基本上解决，国内的主要矛盾，已经是人民对于建立先进的工业国的要求同落后的农业国的现实之间的矛盾，已经是人民对于经济文化迅速发展的需要同当前经济文化不能满足人民需要的状况之间的矛盾。"矛盾变化了，任务自然随之调整。八大强调，国家的主要任务是在新的生产关系下保护和发展生产力，全党要集中力量发展生产力。八大坚持了1956年5月党中央提出的既反保守又反冒进即在综合平衡中稳步前进的经济建设方针，使得经济建设的步伐又稳又快。从此，中国这艘巨轮驶入了经济建设的新航程。为了改进上层建筑，八大要求进一步扩大国家的民主生活，开展反对官僚主义的斗争，要求逐步地、系统地制定完备的法律，健全国家的法制。八大还着重提出了执政党的建设问题。这些问题至今仍是执政党面临的考验。

八届一中全会选举了新的中央领导机构，邓小平等多位年富力强的同志走上中央领导岗位，给中国共产党领导集体增添了年轻的新鲜血液。

历史将永远记住这一刻。八大是在中国共产党领导中国进入全面建设社会主义时期后具有里程碑意义的一次党代会，对党执政以后地位的变化以及可能遇到的问题从理论上、政治上进行了深刻的分析，其最主要的成就是制定了一条指导党如何进行社会主义建设的正确路线。八大的主要成就和八大前后探索社会主义建设中取得的重要成果，是中国特色社会主义理论体系的源头活水，为建设中国特色社会主义奠定了重要理论和实践基础。社会主义中国的历史从此掀开了新的篇章，走在了社会主义建设的康庄大道上。

6.11 《论十大关系》：探索中国社会主义建设道路的良好开端

1956年，社会主义改造基本完成，社会主义基本制度也全面建立，中国已经是一个社会主义国家，但又是一个经济文化落后、人口众多、幅员辽阔、发展极不平衡的东方大国。怎样建设社会主义，怎样巩固和发展社会主义，是中国共产党面临的一个急迫的、崭新的课题。

中华人民共和国成立初期，主要是学习苏联经验，但实践表明，照搬苏联经验不符合中国国情。中国需要实现马克思主义同中国实际的"第二次结合"，探索出适合中国国情的社会主义建设道路。1956年春，为准备召开中国共产党第八次全国代表大会，毛泽东、刘少奇等领导人进行了大规模的调查研究，先后听取了国务院工业、农业、运输业、商业等35个部委的工作汇报。在此基础上，《论十大关系》的基本思想逐渐形成。毛泽东先后在4月25日的中央政治局扩大会议和5月2日的最高国务会议上做了《论十大关系》的报告。

《论十大关系》确定了一个基本方针："一定要努力把党内党外、国内国外的一切积极的因素，直接的、间接的积极因素，全部调动起来，把我国建设成为一个强大的社会主义国家。"这也成为1956年9月召开的中国共产党第八次全国代表大会的指导思想。围绕这一基本方针，毛泽东详细地阐述了我国社会主义建设应当处理好十个方面的关系。"十大关系"前五条主要讨论经济问题，着眼于调动经济工作各个方面的积极因素。第一条至第三条讲重工业和轻工业、农业的关系，沿海工业和内地工业的关系，经济建设和国防建设的关系。这里涉及的实际上是如何开辟一条与苏联有所不同的中国工业化道路的问题。第四条、第五条讲国家、生产单位和生产者个人的关系，中央和地方的关系，其实谈论的是经济体制改革的问题。后五条讲汉族和少数民族的关系、党和非党的关系、革命和反革命的关系、是非关系、中国和外国的关系，主要谈论的是政治生活和思想文化领域如何调动各种积极因素的问题。

毛泽东的十大关系和基本方针，适合当时我国多快好省地建设社会主义总路线的基本思想。在这种思想的指导下，我国社会经济快速发展，用28年完成了西方两三百年才完成的工业化，并跻身于世界工业强国，从根本上解决了工业化中"从无到有"的问题。在"一清二白"的东方大国建设社会主义，没有先例可循，如同攀登一座人迹罕至的高山，这里所取得的成就和经验更是弥足珍贵。

《论十大关系》是以毛泽东为主要代表的中国共产党人开始探索中国自己的社会主义建设道路的标志。毛泽东在《十年总结》中说，"前八年照抄外国的经验。但从一九五六年提出十大关系起，开始找到自己的一条适合中国的路线"。党中央对于《论十大关系》一直给予高度的评价。邓小平在《关于建国以来党的若干历史问题的决议》中提出：《论十大关系》初步总结了我国社会主义建设的经验，提出了探索适合我国国情的社会主义建设道路的任务。

6.12 一个伟大时代的荣耀——"两弹一星"

20世纪50年代末至70年代初，在党中央的正确领导下，我国科技工作者在国力十分衰弱的情况下，依靠自己的力量，在短短的时间里就创造了原子弹爆炸、导弹发射成功和人造卫星发射成功的奇迹，取得了"两弹一星"的辉煌成就，造就了一个时代的荣耀。

中华人民共和国成立之初，面对美苏争霸，美国到处挥舞"核大棒"的严峻国际局势，党中央果断做出研制"两弹一星"、重点突破国防尖端科学技术的重大决策，增强我国国防力量。我国的"两弹一星"工程，在坚持"自力更生为主，争取外援为辅"方针的基础上，轰轰烈烈地展开了。

我国的"两弹一星"工程历经坎坷。随着中苏关系的恶化，苏联于1960年单方面撕毁合同、撤走专家。我国原子弹、导弹的研制工作在此情况下开始进入全面自力更生的新阶段。在党和国家的高度重视下，各地方、各部门、各部队大力协作，邓稼先等一大批科学家坚持"自力更生，过技术关，质量第一，安全第一"的方针，攻克了一个又一个技术难关，终于在1964年10月16日成功爆炸了第一枚原子弹。仅仅两年后，即1966年10月27日，我国首次进行了导弹核武器试验。又用了不到一年时间，即1967年6月17日，我国第一颗氢弹又在罗布泊试验靶场上空爆炸成功。我国核武器的发展进入一个新阶段。

同时，航天事业也在有序地进行。1958年，我国科学家提出研制人造卫星的建议。同年5月17日，毛泽东在中共八大二次会议上提出"我们也要搞人造卫星"。1960年，我国第一枚探空火箭升空。1970年4月24日，我国又成功地把第一颗人造卫星送上了太空。

从原子弹到氢弹，美国用了七年多，苏联用了四年，法国用了八年多，我国仅用了两年零八个月。我国取得的以"两弹一星"为核心的国防尖端科技的辉煌成就,在国际上引起了巨大的反响,极大地增强了我国的国际地位。正如邓小平所说:"如果六十年代以来中国没有原子弹、氢弹,没有发射卫星,中国就不能叫有重要影响的大国,就没有现在这样的国际地位。"① 同时,它所体现的"热爱祖国、无私奉献,自力更生、艰苦奋斗,大力协同、勇于登攀"的"两弹一星"精神,也极大地鼓舞了我国人民建设社会主义的自信心和民族自豪感。

"两弹一星"的研制成功,是中国人民在攀登现代科学高峰征途中创造的人间奇迹,是中华人民共和国最初几十年科技实力发展的标志性事件。在全面建成小康社会,夺取新时代中国特色社会主义伟大胜利,实现中华民族伟大复兴的中国梦的关键时期,我们尤其需要贯彻落实"创新驱动发展战略",增强科技创新能力,传承老一辈科学家的科学风骨,让"两弹一星"精神再一次燃起。

学习检测

一、判断题

1. 中华人民共和国成立后,土地改革成为中国共产党改变农村土地结构、稳定社会局面的重要手段。(   )

2. 中华人民共和国成立后,先后从华东、中南到西北、西南进行了大规模的土地改革。(   )

3. 新民主主义革命在国内的任务就是消灭官僚资产阶级的剥削和压迫,改变买办的封建生产关系,解放被束缚的生产力。(   )

4. 毛泽东在《目前形势和我们的任务》中,鞭辟入里地分析了以四大家族为首的官僚资本的性质及其危害。(   )

5. 1949年1月31日,北平和平解放。入城式上人民解放军穿过东交民巷,表明了中国共产党捍卫国家主权的坚定决心。(   )

6. 《北京条约》中规定列强在东交民巷享有的一系列"特权"包括:东交民巷不许中国人居住,不准设立中国衙署,其行政管理权与驻兵权完全属于列强,中国政府无权过问。(   )

7. 毛泽东在1949年6月30日发表的《论人民民主专政》一文中,明确提出倒向以苏联为首的社会主义阵营一边,与苏联等人民民主国家结成国际统一战线的外交方针。(   )

8. 1949年10月,为了巩固中、苏两大国家的邦交和发展中苏人民的友谊,毛泽东第一次走出国门对苏联进行国事访问。(   )

---

① 邓小平. 邓小平文选:第三卷. 北京:人民出版社,1993:279.

9. 1952年10月26日，由西铺村23户贫农组成的第一个集体生产合作社正式成立。（　　）

10. 由于西铺村农业生产合作社成立时农民都比较穷，凑起来只有三条驴腿的牲畜股，没有农具和车辆，因此被人们称作"三条驴腿"穷棒子社。（　　）

11. "红色资本家"，是指那些爱国的、愿意为中国社会主义现代化建设服务的资本家。（　　）

12. 1993年3月，作为"红色资本家"最典型代表的荣毅仁出任国家副主席，是中国共产党与民主党派肝胆相照、荣辱与共的生动体现。（　　）

13. 在取得抗美援朝胜利的同时，中国共产党带领人民于1957年底超额完成了"一五"计划的大部分指标，创造了工业建设的一大奇迹。（　　）

14. 1954年7月27日，中、朝两国与美国代表签署了《朝鲜停战协定》。（　　）

15. 中华人民共和国成立初期的国家资本主义经济是私人资本主义经济向国营经济过渡的形式。（　　）

16. 第一个五年计划，为中国的工业化奠定了初步的坚实基础。（　　）

17. 社会主义改造是围绕社会主义工业化建设的任务进行的。（　　）

18. 党在过渡时期的总路线的主要内容被概括为"一化三改"，其中"一化"是指社会主义现代化。（　　）

19. 《论十大关系》确定了一个基本方针："一定要努力把党内党外、国内国外的一切积极的因素，直接的、间接的积极因素，全部调动起来，把我国建设成为一个强大的社会主义国家。"（　　）

20. 《论十大关系》是以毛泽东为主要代表的中国共产党人开始探索中国自己的社会主义建设道路的标志。（　　）

21. 1950年5月，中华人民共和国成立后颁布的第一部法律——《中华人民共和国婚姻法》正式施行。（　　）

22. 作为中华人民共和国成立后颁布的第一部重要法律，《中华人民共和国婚姻法》的制定和修改经历了60多年的变革历程，其间经历了三次大的修改。1980年，《中华人民共和国婚姻法》针对中国经济转型时期婚姻家庭出现的一系列新问题做出回应。（　　）

23. "两弹一星"的研制成功，是中国人民在攀登现代科学高峰征途中创造的人间奇迹，是中华人民共和国最初几十年科技实力发展的标志性事件。（　　）

24. 1965年6月17日，中国第一颗氢弹在罗布泊试验靶场上空爆炸成功。（　　）

二、单项选择题

1. 以四大家族为首的官僚资产阶级操控了国家经济命脉，把持着四大银行、经济委员会、（　　）等国家财政金融机构，严重威胁了国家的发展与人民的生存。

　　A. 资源委员会　　　　　　　　　　B. 信托中心
　　C. 金融中心　　　　　　　　　　　D. 投资中心

专题六　中华人民共和国的成立与中国社会主义建设道路的探索

2. 没收以四大家族为首的官僚资本归国家经营，使新民主主义国家重新掌握了经济命脉，为巩固新政权提供了必要的（　　）。
   A. 经济基础　　　　　　　　B. 基本条件
   C. 物质保障　　　　　　　　D. 发展条件

3. 东交民巷见证了整个近代中国饱受列强欺凌的血泪史，是（　　）时期，列强在中国设立的使馆区，1949年1月31日，庆祝北平和平解放，人民解放军全副武装通过东交民巷，表明了中国共产党捍卫国家主权的决心。
   A. 明末　　　　　　　　　　B. 晚清
   C. 民国　　　　　　　　　　D. 清初

4. 中国共产党领导中国人民彻底推翻了帝国主义、封建主义和官僚资本主义三座大山，取得了新民主主义革命的伟大胜利，真正实现了民族独立，为中华民族的（　　）开辟了一个新的时代。
   A. 伟大复兴　　　　　　　　B. 崛起
   C. 振兴　　　　　　　　　　D. 光复

5. "一边倒"的外交方针体现了中国（　　）的外交政策，它是特殊历史条件下的战略选择。
   A. 团结合作　　　　　　　　B. 独立自主
   C. 独立平等　　　　　　　　D. 平等包容

6. 下列表述不属于"一边倒"外交方针的重大成果的是（　　）。
   A. 营造了一个相对稳定的外部环境　　B. 获得了大量的经济援助
   C. 为中国的外交工作定下了基调　　　D. 确立了中国在国际上的大国地位

7. 被毛泽东所赞赏的"穷棒子社"是由全国劳动模范（　　）领导创建的。
   A. 杜奎　　　　　　　　　　B. 吴秀英
   C. 王国藩　　　　　　　　　D. 周振华

8. "穷棒子社"充分体现了合作生产的优越性，这个优越性表现在（　　）。
①避免土地改革后农村再次出现贫富两极分化　②按劳分配，多劳多得　③避免土地改革后农村再次出现土地集中的现象　④广大农民能够长期享有土改成果
   A. ①②④　　　　　　　　　B. ②③④
   C. ①③④　　　　　　　　　D. ①②③

9. 1954年，荣毅仁主动提出将其产业实行公私合营，支持社会主义（　　）。
   A. 发展　　　　　　　　　　B. 改造
   C. 建设　　　　　　　　　　D. 革命

10. （　　）于1984年出资10亿港元，成立由其本人名字命名的基金会，致力于内地的投资和捐赠，成为新时期"红色资本家"的代表。
    A. 李嘉诚　　　　　　　　　B. 刘百川

C. 霍英东   D. 胡应湘

11. 中国人民志愿军雄赳赳气昂昂，跨过鸭绿江，正式开赴朝鲜前线是在（　　）。

    A. 1950 年 6 月   B. 1950 年 10 月

    C. 1951 年 6 月   D. 1951 年 10 月

12. 抗美援朝上甘岭一役，中国人民志愿军威武不屈，凭借惊人的意志组成血肉长城，击退敌军（　　）多次冲锋，确保阵地不失。

    A. 700   B. 800

    C. 900   D. 1 000

13. 中华人民共和国成立后的土地改革，使得广大农村的阶级结构发生了重大变化，中农在农村人口中的比例由 20% 上升到（　　）左右，贫雇农的比例则由 70% 下降到（　　）。

    A. 60%，10%~20%   B. 70%，10%~20%

    C. 80%，10%~20%   D. 80%，10%~30%

14. 对于土地改革，下列表述不正确的是（　　）。

    A. 为推动中华人民共和国向现代化工业国家迈进奠定了坚实基础

    B. 为全国农业生产合作化的推行准备好了基本条件

    C. 推动了科学和民主思想在农村的广泛传播

    D. 形成了有中国特色的新农村发展模式

15. （　　）年，中国共产党提出过渡时期总路线，开始制定和实施第一个五年计划。

    A. 1951   B. 1952

    C. 1953   D. 1954

16. 过渡时期总路线确定的国家的主要任务是（　　）。

    A. 实现社会主义工业化

    B. 完成社会主义改造

    C. 实现对资本主义工商业的社会主义改造

    D. 确立社会主义制度

17. 中国共产党创造性地完成了（　　），实现了中国历史上最伟大、最深刻的社会变革，开始了在社会主义道路上实现中华民族复兴的历史征程。

    A. 中华人民共和国的成立

    B. 由新民主主义向社会主义的过渡

    C. 新民主主义革命的胜利

    D. 人民民主专政的确立

18. 我国由新民主主义向社会主义过渡的时期是（　　）。

    A. 从过渡时期总路线提出，到建成社会主义

    B. 从中华人民共和国成立，到社会主义改造基本完成

    C. 从国民经济恢复，到社会主义改造完成

D. 从解放战争胜利，到社会主义改造基本完成

19. 我国在由新民主主义向社会主义过渡的过程中，对生产资料私有制进行社会主义改造的目的是（　　）。
    A. 消灭资本主义
    B. 恢复国家经济
    C. 解放和发展生产力
    D. 建立国营经济

20. 我国20世纪50年代改造资本主义工商业的主要形式是（　　）。
    A. 股份制
    B. 无偿没收
    C. 国家资本主义
    D. 合作化

21. 我国进入社会主义初级阶段的标志是（　　）。
    A. 中华人民共和国的成立
    B. 国民经济恢复
    C. 社会主义改造的基本完成
    D. 确立过渡时期总路线

22. 下列不属于中华人民共和国成立后中共中央提出过渡时期总路线的历史条件是（　　）。
    A. 完成了民主革命遗留的历史任务
    B. 巩固了人民民主专政
    C. 恢复了国民经济
    D. 完成了发展国民经济的第一个五年计划

23. 下列关于中华人民共和国成立之初新民主主义政权性质的论述，不正确的是（　　）。
    A. 人民民主专政的任务是彻底完成新民主主义革命，巩固新生的国家政权
    B. 这一政权是实行工人阶级领导的各革命阶级联合专政的人民民主专政
    C. 在经济上实行的是五种经济成分并存的社会主义经济制度
    D. 在文化上实行的是马克思主义指导下的新民主主义的文化

24. 下列几组词，最能准确反映"过渡时期"这一特殊年代的是（　　）。
    A. 工业化　抗美援朝　三大改造
    B. "一边倒"　人民公社　"另起炉灶"
    C. "大跃进"　"两弹一星"　和平共处
    D. 合作化　求同存异　三个面向

25. 党在过渡时期的总路线是（　　）。
    A. 社会主义建设的路线
    B. 社会主义改造的路线
    C. 社会主义建设和社会主义改造同时并举的路线
    D. 发展生产的路线

26. 我国对资本主义工商业的社会主义改造采取的方法是（　　）。
    A. 没收
    B. 和平赎买
    C. 租赁
    D. 征收

27. 国家资本主义的高级形式是（　　）。

A. 委托加工　　　　　　　　B. 统购包销
C. 公私合营　　　　　　　　D. 计划订货

28. 三大改造基本完成是在（　　）。
A. 1953 年　　　　　　　　B. 1954 年
C. 1955 年　　　　　　　　D. 1956 年

29. 1956 年 4 月，毛泽东首次提出探索适合中国自己的社会主义建设道路的著作是（　　）。
A. 《关于正确处理人民内部矛盾的问题》
B. 《论十大关系》
C. 《论人民民主专政》
D. 《关于党在过渡时期的总路线》

30. "两弹一星"不包括（　　）。
A. 氢弹　　　　　　　　　　B. 原子弹
C. 人造卫星　　　　　　　　D. 中子弹

31. 我国于（　　）成功爆炸了第一枚原子弹。
A. 1964 年 10 月 16 日　　　B. 1962 年 10 月 16 日
C. 1964 年 8 月 16 日　　　 D. 1962 年 8 月 16 日

重点・难点・热点

一、为什么说新民主主义社会是一个过渡性的社会？

中华人民共和国的成立，标志着我国新民主主义革命的基本结束和社会主义革命的开始。从中华人民共和国成立到社会主义改造基本完成，是我国从新民主主义向社会主义过渡的时期。这一时期，我国社会的性质是新民主主义社会。新民主主义社会不是一个独立的社会形态，而是由新民主主义向社会主义转变的过渡性的社会形态。

在新民主主义社会中，存在五种经济成分，即社会主义性质的国营经济、半社会主义性质的合作社经济、农民和手工业者的个体经济、私人资本主义经济和国家资本主义经济。在这些经济成分中，通过没收官僚资本而形成的社会主义性质的国营经济，掌握了主要经济命脉，居于领导地位。主要的经济成分是三种：社会主义经济、个体经济和私人资本主义经济。与新民主主义时期三种不同性质的主要的经济成分相联系，我国社会的阶级构成主要表现为三种基本的阶级力量：工人阶级、农民阶级及其他小资产阶级、民族资产阶级。由于农民和手工业者的个体经济既可以自发地走向资本主义，也可以被引导走向社会主义，其本身并不代表一种独立的发展方向。随着土地改革的基本完成，工人阶级和资产阶级的矛盾逐步成为国内的主要矛盾。而解决这一矛盾，必然使我国社会实现向社会主义的转变。

在新民主主义社会中，社会主义的因素无论是在经济上还是在政治上都已经居于领导地位，加上当时有利于发展社会主义的国际条件，决定了社会主义因素将不断增长并获得最终胜利，非社会主义因素将不断受到限制和被改造。为了促进社会生产力的进一步发展，实现国家富强、民族振兴，新民主主义社会必须适时地逐步过渡到社会主义社会。因此，我国新民主主义社会是属于社会主义体系的，是逐步过渡到社会主义社会的过渡性质的社会。

二、为什么说过渡时期总路线反映了历史的必然性？

1. 过渡时期总路线的提出（必要性）

（1）确定且从未动摇过的奋斗目标。

完成民主革命，在中国建立社会主义社会，这是中国共产党自成立之日起就确定了的奋斗目标，并且从来没有动摇过。毛泽东在七届二中全会的报告中明确指出："在革命胜利以后，迅速地恢复和发展生产，对付国外的帝国主义，使中国稳步地由农业国转变为工业国，把中国建设成一个伟大的社会主义国家。"[①]

中华人民共和国成立之初，中共中央根据当时民主革命遗留任务尚未彻底完成、国民经济亟待恢复的具体情况，决定先不急于明确提出向社会主义过渡的任务。至于中国到底何时向社会主义过渡，当时的设想大致是：经过一段相当长的时间（估计至少要10年，多则15年或20年），工业发展了，国营经济壮大了，就可以采取"严重的社会主义的步骤"，一举实行资本主义工商业的国有化和个体农业的集体化。

（2）对社会主义过渡步骤的认识发生变化。

1952年9月24日，毛泽东在中共中央书记处会议上提出，我们要在"十年到十五年基本上完成社会主义，不是十年以后才过渡到社会主义"。刘少奇、周恩来等也论述过"从现在逐步过渡到社会主义去"的设想。这种认识上的改变，首先在于实践性质本身。中华人民共和国成立后的最初三年，在着重完成民主革命的遗留任务的同时，社会主义革命的任务实际上已经开始实行。主要有三个方面的事实依据和经验：一是没收官僚资本，确立社会主义性质的国营经济的领导地位；二是开始将资本主义纳入国家资本主义轨道；三是引导个体农民在土地改革后逐步走上互助合作的道路。其次在于实践的发展所引起的变化。主要有两个方面的变化：其一，随着民主革命的遗留任务的彻底完成，国内的阶级关系和主要矛盾发生了深刻变化。毛泽东指出："在打倒地主阶级和官僚资产阶级以后，中国内部的主要矛盾即是工人阶级与民族资产阶级的矛盾，故不应再将民族资产阶级称为中间阶级。"明确提出向社会主义过渡的任务已经成为必要的了。其二，随着国民经济的恢复和初步发展，中国社会的经济成分（生产关系）发生了重大变化。这集中表现在公私比例的变化上。以工业为例，1949—1952年，国营经济从33.9%上升到50%，私营经济从62.7%下降到42%。这种变化，用周恩来的话说，就是社会主义成分的比重一天一天增加，国营经济的领导地位一天一天加强。这说明，中国向社会主义过

[①] 毛泽东. 毛泽东选集：第四卷. 2版. 北京：人民出版社，1991：1437.

渡在实际上已经开始了。

（3）过渡时期总路线的提出。

中共中央在1952年底开始酝酿并于1953年正式提出党在过渡时期的总路线，即"要在一个相当长的时期内，逐步实现国家的社会主义工业化，并逐步实现国家对农业、对手工业和对资本主义工商业的社会主义改造"。当时，对这条总路线的内容有过一种通俗的解释："好比一只鸟，它要有一个主体，这就是发展社会主义工业；它又要有一双翅膀，这就是对农业、手工业和资本主义工商业的社会主义改造。"这里所要表达的意思再清楚不过：主要任务是实现国家工业化；而要实现国家工业化，就必须进行社会主义改造，全面确立社会主义的基本制度。历史表明，中共中央提出的过渡时期总路线是完全正确的。

2. 实行社会主义改造的国内外条件（必然性）

从1953年开始，在过渡时期总路线的指引下，中国共产党开始领导人民进行有计划的社会主义建设和有系统的社会主义改造。当时中国之所以要着力进行社会主义改造，主要是因为：

（1）社会主义性质的国营经济力量相对来说比较强大，它是实现国家工业化的主要基础。国家的社会主义工业化，是国家独立和富强的当然要求和必要条件。发展工业，一方面是要充分利用原有的工业，另一方面是要建设新的工业。

随着没收官僚资本工作的完成和工业建设的初步开展，中国已经有了比较强大的社会主义性质的国营经济。在这种情况下，所谓充分利用原有的工业，首先和主要的，就是要办好已有的国营工业，并依据需要和可能改建、扩建这些工业。所谓建设新的工业，首先和主要的，就是要投资兴建新的、足以为国家工业化奠定基础的那种大型工业骨干企业，发展国营工业。办好已有的国营工业和发展国营工业，都必须依靠国营经济，依靠国家力量。中国的经济虽然落后，但中国是一个大国。中华人民共和国成立后，全国财政经济统一，国家掌握了一笔相当可观的资金，可以用来投资搞建设。1953年开始执行的第一个五年计划规定的大型工业建设项目，基本上是由国营经济来承担的。当时工业的建设和发展，首先就意味着社会主义性质的国营经济的发展和它在整个国民经济中比重的增加。这是中国选择社会主义的一个基本因素。

（2）资本主义经济力量弱小，发展困难，不可能成为中国工业起飞的基础。其一，民族资本对国家和国营经济有很大的依赖性，不可避免地要向国家资本主义的方向发展。在帝国主义对华经济封锁的情况下，民族资本由于向外发展的渠道被阻断，就更加重了它对国家和国营经济的这种依赖性。中国的民族资本主要是商业资本和金融资本，工业资本只占1/5。民族资本主义工业又主要是轻纺工业和食品工业。据中华人民共和国成立初期的统计，民族资本主义工业企业雇工在500人以上的工厂只占0.11%，69.7%的工厂只有不到10个工人，79.1%的工厂是工场手工业，难以独立发展为国民经济的基础。其二，原有的民族资本主义工业企业是中国工业建设中一个重要的、不可忽视的力量。但要真正发挥民族资本主义工业企业的力量，就必须对这些企业逐步实行社会主义改造。为了改变这种情况，就必须在这些企业中改善生产经营管理，提高产品质量，并且按照国家的需要增加生产，培养技术人才，不断积累资金等，彻底改变这些企业的设备利用率和劳动生产率低、成本高、资金不足、扩大再生产能力十分有限的状况。民族资本主义工业企业在依靠国家和国营经济帮助解决困难、发展生产的过程中，逐步被纳入各种形式的国家资本主义，这是生产发展本身的需要。资本主义经济与国营经济和社会需求的矛盾及其发展，特别是"五反"运动，更使人们认识到，资本主义工商业不仅需要进一步改组，而且需要通过国家资本主义的过渡形式逐步改造为社会主义。

1950年以后，在对资本主义工商业进行调整的过程中，加工订货、经销代销、统购包销、公私合营等形式的国家资本主义有了相当程度的发展。这就为对资本主义工商业进行社会主义改造积累了初步的经验。

（3）对个体农业进行社会主义改造，是保证工业发展、实现国家工业化的一个必要条件。

土地改革以后，由于摆脱了封建生产关系的束缚，农业生产在一个时期有过较大程度的发展，1949—1952年，其发展速度较快。但是，由于是个体经营，这种发展又受到很大限制。因为个体农户耕地较少，经营规模十分小，生产工具严重缺乏，资金十分短缺，到1953年至1954年，发展速度明显减慢。问题在于，要兴修农田水利设施，平整土地和改良土壤，使用新农具以至机器来进行生产，实行分工制度来发展多种经营等，农民都面临很大困难，更缺少抵御自然灾害的能力。许多农户连简单再生产也难以维持。所以，如果不引导农民走组织起来的道路，不仅广大农民不能进一步改善自己的生活，而且农业生产力的发展会受到很大限制，农村也不可能为工业的发展提供必要的商品粮、轻工业原料、工业品市场和积累工业发展的资金等条件，从而成为工业发展的严重制约因素。事实上，土地改革后许多地区的农民就从发展生产的需要出发，探索组织起来的途径，开始有了互助合作的实践。这就为对个体农业进行社会主义改造积累了初步的经验。

1955年下半年，中国农村出现了农业合作化的高潮。中共中央之所以在此时做出加快农业合作化进程的决策，主要是因为，第一个五年计划建设的开展，城镇和工矿区人口的迅速增加，既要求增产粮食，有足够的商品粮供应，又要求提供更多的农产品原料，以满足轻工业发展的需要。1956年4月陈云说：在农业增产方面，中国摸索了六年。东北和西北开荒，必须移民和用机器，花钱多，收获不大，不是三五年内实现粮食大增产的好办法。至于搞大型水利工程，投资巨大，工期长，所以也不能成为三五年内增产粮食的主要措施。1955年下半年，中国农业合作化高潮到来，这是中国短时期内花钱最少又可能实现最大增产计划的一条路。长江以北要增产，要把大量旱地变成水浇地；长江以南要增产，要增加复种面积，关键都在于兴修水利。合作化后，组织起来的农民自己动手搞水利。人还是那些人，但组织起来力量就大得多。积肥、改良农具和种子、改进耕作技术等以前不易办的事，合作化之后都不难了。这就是说，通过农业合作化增产粮食和其他农产品，以满足日益增长的人民生活和工业发展的需要，这也是中国选择社会主义的基本因素之一。

（4）当时的国际环境也促使中国选择走社会主义。中华人民共和国成立后，长期受到美国等西方资本主义国家经济上、外交上和军事上的严密封锁与遏制。只有社会主义国家和第二次世界大战后为争取民族独立而斗争的国家同情和支持中国，只有苏联能够援助中国。这种国际环境，也是中国选择社会主义的基本因素之一。

总之，中国经济在20世纪50年代的最重要事件就是选择了社会主义。中国在当时实行社会主义改造，是历史发展的客观必然，既具备了比较充分的客观条件，又得到了广大人民群众（包括民族资产阶级在内）的衷心拥护。通过这一历史性的选择，中国共产党创造性地完成了由新民主主义向社会主义的过渡，实现了中国历史上最伟大、最深刻的社会变革，开始了在社会主义道路上实现中华民族伟大复兴的历史征程。

三、请深入理解有中国特点的向社会主义过渡的道路。

1. 社会主义工业化与社会主义改造同时并举

（1）社会主义工业化与社会主义改造是互相关联而不可分离的。

过渡时期的总路线，一方面要求把实现社会主义工业化作为摆在全党、全国人民面前的基本任务，另一方面又要求通过对农业、手工业和资本主义工商业的社会主义改造来促进生产力的发展，以利于社会主义工业化的实现。这两个任务是互相关联而不可分离的。

（2）实现社会主义工业化是摆在全党、全国人民面前的基本任务。

1953年，中国在提出有系统地进行社会主义改造的同时，实际上就开始进行有计划的社会主义工业化建设。

编制发展国民经济的第一个五年计划的工作于1951年着手进行。1952年12月，中共中央发出《关于编制一九五三年计划及五年建设计划纲要的指示》。1953年4月，中央批准下达《关于编制一九五三年计划及五年建设计划纲要的指示》。历时四年，五易其稿，到1954年9月形成草案。1955年7月召开的一届全国人大二次会议通过了这个计划。

计划规定：从当时中国的实际出发，集中主要力量发展重工业，建立国家工业化和国防现代化的初步基础；相应地发展交通运输业、轻工业、农业和商业；相应地培养建设人才；保证在发展生产的基础上逐步提高人民的物质生活和文化生活的水平。五年内国家用于建设的投资总额为766.4亿元，折合黄金7亿两。这在中国历史上是空前的。没有全国财政经济的统一，不发挥社会主义可以集中力量办大事的优越性，中国在当时进行这样巨额的投资是不可想象的。

"一五"期间，在苏联的援助下，中国着重建设了一大批基础性的重点工程，为国家的工业化奠定了初步的坚实基础。鞍山、包头、武汉三大钢铁基地的建设取得重大进展。到1956年，中国在工业化建设上接连实现了具有历史意义的许多项零的突破。例如，长春第一汽车制造厂建成投产，沈阳飞机制造厂成功试制第一架喷气式飞机，沈阳机床厂建成投产，北京电子管厂建成投产。1957年，武汉长江大桥通车。青藏公路、康藏公路、新藏公路先后建成通车。限额以上的项目，平均每天都有一个项目开工或竣工。全国城乡呈现出一派建设的繁忙景象。这些建成的大中型工业骨干企业，都是国家统一规划、统一投资的国营企业。这些建设成就,极大地加强和壮大了国营经济的领导力量,为顺利过渡到社会主义社会奠定了强大的物质基础。

"一五"计划完成后,国内生产总值从"一五"计划实施前的679亿元,跃升到1957年的1 068亿元;财政收入从1952年的183.7亿元增长到1957年的310.2亿元;粮食从1.639 2亿吨增至1.950 5亿吨;钢从135万吨增至535万吨;发电量从73亿度增至193亿度;货运量从3.516亿吨增至8.036 5亿吨。

(3)社会主义改造是围绕社会主义工业化建设的任务进行的。

在社会主义改造过程中,党和政府采取的实际步骤总是力求与经济发展的要求相适应,以促进生产力的发展。正因为如此,社会主义改造这样一场极其深刻的社会变革,不仅没有引起激烈的社会动荡和经济破坏,而且使生产逐年增加。它成了社会主义建设的直接推动力量。第一个五年计划规定的到1957年应达到的指标,在1956年底就提前达到了。

2. 对农业的社会主义改造——农业合作化运动的发展

(1)农业合作化任务的提出。

土地改革后,一方面,农业生产迅速得到发展,农民的生活有了明显的改善;另一方面,许多农民尤其是贫下中农由于缺少农具、耕畜和资金,生产经营上的困难较大。而且由于小农经济的不稳定性,农村开始有了贫富分化。根据这个实际,党和人民政府决定,不待农民在土地改革中激发出来的政治热情冷却,不待农村发生剧烈的贫富两极分化,就采取积极领导的方针,教育、推动和帮助农民走互助合作的道路。于是,土地改革之后,互助组很快在广大农村相当普遍地发展起来。

互助组能否再前进一步呢?毛泽东调查研究后指出:既然西方资本主义在其发展过程中有一个不用蒸汽动力机械而依靠工场分工以形成新的生产力的阶段,那么中国依靠统一经营形成新的生产力的合作社,去动摇私有基础,也是可行的。他的观点得到了中共中央其他领导人的赞同。

1951年12月,中共中央下发的《关于农业生产互助合作的决议(草案)》指出,中国农民在土地改革基础上发扬起了两种积极性,即个体经济的积极性和劳动互助的积极性。党不能忽视和粗暴地挫伤这种积极性,而要"按照自愿和互利的原则,发展农民劳动互助的积极性"。国家从1953年起对粮食、棉花、油料作物实行统购统销,基本取消了粮食等主要农产品的自由市场,限制农村的商业投机;大力发展供销合作,削弱城市资本主义和农村小资产阶级自发势力的联系;大力发展信用合作,缩小农村中高利贷活动的地盘。这样,既保证了人民对粮食、棉花、油料等的需要,又为全面推进农业的社会主义改造创造了有利的条件。

(2)有中国特点的农业合作化道路。

1953年12月,中共中央在《关于发展农业生产合作社的决议》中总结了互助合作运动的经验,概括提出引导农民走向社会主义的几种过渡性经济组织形式:一是互助组。这具有社会主义萌芽的性质。二是初级农业生产合作社，在土地及牲畜、大农具私有的基础上土地入股、统一经营，有较多的公共财产，实行土地分红和按劳分配相结合的原则。这具有半社会主义的性质。三是高级农业生产合作社，将土地及其他主要生产资料归集体所有，统一经营、集体劳动，实行各尽所能、按劳分配的原则。这具有社会主义的性质。逐步过渡，是中国农业合作化运动中的一项重要创造。

（3）农业合作化的发展和基本完成。

农业合作化运动前期，其发展是健康的。到1954年底，互助组发展到近1 000万个；初级社，1953年为1.4万个，1954年秋为10万个，1954年底猛增到48万个。参加互助合作的农户增加到1954年底的7 000万户，在全国农户总数中的比重从19.2%增加到60.3%。80%以上的合作社都做到了增产增收。

关于农业合作化发展速度问题的争论。1955年夏，中国共产党内引发了关于农业合作化发展速度问题的争论。7月31日，毛泽东在省、市、自治区党委书记会议上做《关于农业合作化问题》的报告。报告对农业合作化运动的基本经验做了比较全面的总结，阐明了农业合作化的基本道路、基本方针、基本政策，并对农业合作化同机械化、社会改革同技术改革的关系做了比较全面的论述。但报告不点名地错误指责邓子恢主持的中央农村工作部犯了"右倾机会主义错误"，是站在群众运动后面指手画脚的"小脚女人"，从而将正常的党内争论说成是两条路线的分歧。

农业合作化运动的高潮。到1956年底，农业合作化基本完成。加入合作社的农户占全国农户总数的96.3%，其中参加高级社的农户达到87.8%。但由于要求过急，工作过粗，改变过快，形式过于简单划一，以致在长期间遗留了一些问题。

在1953年到1956年的农业合作化运动期间，农业生产力不断发展，全国农业总产值平均每年递增4.8%。农民安居乐业，生产有所发展，生活有所改善。中国农村在发展稳定的气氛中完成了从几千年的分散个体劳动向集体所有、集体经营的历史性转变。这是中国历史上一次伟大的社会变革、社会进步。

（4）手工业合作化的实现。

农业合作化的迅猛发展，极大地加快了手工业合作化的步伐。手工业合作化的组织形式，是由手工业生产合作小组、手工业供销合作社到手工业生产合作社，步骤是从供销入手，由小到大，由低到高，逐步实行社会主义改造和生产改造。1955年底，党和国家提出要在两年内基本完成手工业合作化。实际上，由于改变了过去按行业分期、分批、分片改造的办法，而采取手工业全行业一起合作化的办法，到1956年底，参加合作社的手工业人员已占全体手工业人员的91.7%。手工业合作化也基本完成了。

3. 对资本主义工商业赎买政策的实施

（1）经过国家资本主义走向社会主义。

在农业合作化运动迅速发展的同时，对资本主义工商业的社会主义改造也开始积极推进。

区别对待中国资产阶级。把官僚资产阶级作为敌人,在政治上推翻其统治,在经济上没收其资本。由于民族资产阶级在社会主义时期仍然具有两面性,因此,对于民族资产阶级,则把他们当作朋友,在团结他们的同时,用和平的方法逐步地改造他们。

改造政策。对资本主义工商业进行社会主义改造,就是要把民族资本主义企业改造成为社会主义性质的企业,并对民族资产阶级实行赎买政策。采取这样的政策,既可以在一定时期利用资本主义工商业的积极作用(如增加产品供应、扩大商品流通、维持工人就业、为国家提供税收等),又有利于争取民族资产阶级及其知识分子,并减少他们接受社会主义改造的阻力。正因为如此,中国共产党和人民政府对资本主义工商业采取了利用、限制、改造的政策。毛泽东曾明确指出:国家资本主义是改造资本主义工商业和逐步完成社会主义过渡的必经之路。

国家资本主义经济。它是在人民政府管理之下的,用各种形式与国营社会主义经济联系着的,并受工人监督的资本主义经济。初级形式的国家资本主义企业仍由资本家经营,它同国营社会主义经济通过订立合同等办法,在企业外部建立多种联系。其形式,在工业中有收购、加工、订货、统购、包销等,在商业中有经销、代销、代购代销、公私联营等。高级形式的国家资本主义即公私合营。实行公私合营以后,原有的民族资本主义企业同国营社会主义经济的联系已经不仅限于流通领域,而是深入到了企业内部,深入到了生产领域。此时,国营社会主义经济在企业中已经具有决定意义的作用了。

国家资本主义的发展。中华人民共和国成立初期,着重发展的是初级形式的国家资本主义。1954年1月,中央人民政府财政经济委员会提出《关于有步骤地将有十个工人以上的资本主义工业基本上改造成为公私合营企业的意见》后,高级形式的国家资本主义进一步发展起来。开始是个别企业的公私合营,在这种合营企业中,公方代表居于领导地位。企业利润采取"四马分肥"的办法,即分为国家所得税、企业公积金、工人福利费、股金红利四个部分。企业收益大部分归国家和工人,资本家所得不足1/4。这种企业已经具有不同程度的社会主义性质。到1955年,合营工业的产值占到全部私营工业产值(包括已合营的在内)的49.6%。同年,在北京、上海、天津的一些行业先后实行全行业公私合营。国家对资本家原有的生产资料进行清理估价,以核实私股股额;在合营期间,国家每年发给资本家5%的股息,这就叫定股定息。全行业公私合营以后,这种企业基本上具有社会主义的性质。除资本家领取定息外,这种企业同国营企业已经没有原则的区别了。1956年1月,北京市首先完成全行业公私合营。到1956年底,全国私营工业户的99%、私营商业户的82.2%,都走上了全行业公私合营的道路。

(2)和平赎买政策的实现。

经过国家资本主义来改造资本主义工商业意味着国家对资本家采取和平赎买的政策。中共中央在《关于资本主义工商业改造问题的决议》中指出:"我们对于资产阶级,第一是用赎买和国家资本主义的方法,有偿地而不是无偿地,逐步地而不是突然地改变资产阶级的所有制；第二是在改造他们的同时，给予他们以必要的工作安排；第三是不剥夺资产阶级的选举权，并且对于他们中间积极拥护社会主义改造而在这个改造事业中有所贡献的代表人物给以恰当的政治安排。在资产阶级没有别的出路的条件下，这是他们能够接受的方案。"

对民族资产阶级实行赎买政策，是马克思、恩格斯提出的设想。十月革命后，列宁拟对"文明的资本家"采取赎买政策，但俄国资产阶级不接受。中国共产党把这种设想付诸实践并取得成功，绝大多数资本家公开表示接受这样的方案。在实行全行业公私合营时，国家为资本家安排了工作，许多人担负了一定的领导职务。这既有利于发挥他们经营管理的特长，又为使他们成为自食其力的劳动者创造了条件。国家还安排他们进行学习和组织他们到各地参观访问，帮助他们了解国内外形势，更好地掌握自己的命运。许多原工商业者提高了觉悟，拥护中国共产党的领导和社会主义制度，为国家建设事业做出了贡献。

邓小平说："我国资本主义工商业社会主义改造的胜利完成，是我国和世界社会主义历史上最光辉的胜利之一。这个胜利的取得，是由于中国共产党领导全体工人阶级执行了毛泽东同志根据我国情况制定的马克思主义政策，同时，资本家阶级中的进步分子和大多数人在接受改造方面也起了有益的配合作用。"①

四、试述社会主义改造的意义。

（1）1956年社会主义改造的基本完成，标志着中国继建立社会主义基本政治制度之后，社会主义基本经济制度也建立起来了。中国进入社会主义社会。中国已经胜利地完成从新民主主义到社会主义的过渡，社会主义基本制度在中国得到了全面的确立。

（2）社会主义改造是在生产关系方面由私有制到公有制的一场伟大的变革，它对生产力的发展直接起到了促进作用。农业和手工业由个体所有制变为社会主义的集体所有制，私营工商业由资本主义所有制变为社会主义所有制，这就使社会生产力从旧的生产关系的束缚中解放出来。

（3）社会主义改造的胜利，为中国全面进行社会主义建设奠定了基础，开辟了道路。同时，也为在社会主义条件下取得比资本主义更快、更好的现代化发展速度铺平了道路。

（4）社会主义改造是中国历史上最深刻、最伟大的社会变革。1981年6月中共十一届六中全会通过的《关于建国以来党的若干历史问题的决议》明确指出：社会主义改造尽管存在某些缺点和偏差，"但整个来说，在一个几亿人口的大国中比较顺利地实现了如此复杂、困难和深刻的社会变革，促进了工农业和整个国民经济的发展，这的确是伟大的历史性胜利"。2002年，中共十六大再次肯定："新中国成立后，我们党创造性地完成由新民主主义到社会主义的过渡，实现中国历史上最伟大最深刻的社会变革，开始了在社会主义道路上实现中华民族伟大复兴的历史征程。"

---

① 邓小平．邓小平文选：第二卷．2版．北京：人民出版社，1994：186．

延伸阅读文献

1. 毛泽东：《在中国共产党第七届中央委员会第二次全体会议上的报告》（1949年3月5日）
2. 中共中央宣传部：《为动员一切力量把我国建设成为一个伟大的社会主义国家而斗争——关于党在过渡时期总路线的学习和宣传提纲》（1953年12月）
3. 刘少奇：《在中国共产党第八次全国代表大会上的政治报告》（1956年9月15日）
4. 毛泽东：《论十大关系》（1956年4月25日）
5. 毛泽东：《关于正确处理人民内部矛盾的问题》（1957年2月27日）
6. 毛泽东：《在扩大的中央工作会议上的讲话》（1962年1月30日）
7. 邓小平：《答意大利记者奥琳埃娜·法拉奇问》（1980年8月21日）
8. 习近平：《在纪念毛泽东同志诞辰120周年座谈会上的讲话》（2013年12月26日）

专题七 改革开放与中国特色社会主义的开创和发展

学习目标

1. 列举新时期我国改革开放的历史背景、主要历程和取得的伟大成就；
2. 举例说明改革开放和现代化建设时期的主要经验与实现的历史性跨越，增强实现中华民族伟大复兴的决心和责任感；
3. 分析中国特色社会主义是怎样接续发展的。

专题导学

1. 背景

以党的十一届三中全会的召开为标志，中国迈入改革开放和社会主义现代化建设新时期，实现了历史性的伟大转折。40多年间，中国共产党领导全国各族人民，在继承以往的革命和建设成果的基础上，勇于创新，锐意进取，开辟了中国特色社会主义道路，形成了中国特色社会主义理论体系，踏上了中国特色社会主义开创与接续发展的征程。以邓小平为主要代表的中国共产党人，成功开创了中国特色社会主义。以江泽民为主要代表的中国共产党人，成功把中国特色社会主义推向21世纪。以胡锦涛为主要代表的中国共产党人，成功在新形势下坚持和发展了中国特色社会主义。

注：这部分内容同学们将在毛泽东思想和中国特色社会主义理论体系概论这门课程中更系统、更详细地学习，在本课程中仅作为导入学习。

2. 视频学习中的重要事件坐标

- 党的十一届三中全会：开启改革开放新时期
- 南方谈话：中国改革进入新阶段
- 香港回归："一国两制"结硕果
- 中国特色社会主义理论是一脉相承的统一的科学体系

3. 影响

粉碎"四人帮"后，人民群众强烈要求彻底扭转十年内乱造成的严重局面，使党和国家从危难中重新奋起。这个时期，世界经济快速发展，科技进步日新月异。国内外发展大势要求中国共产党尽快就关系党和国家前途命运的大政方针做出政治决断和战略抉择。党的十一届三中全会的胜利召开，实现了新中国成立以来党的历史上具有深远意义的伟大转折，开启中国特色社会主义的接续发展。

4. 想一想

为什么在"文化大革命"结束之后，短短两年多的时间就能够实现党的伟大历史转折？世纪之交的关键时刻，中国面临举什么旗、走什么路的历史抉择，怎样发展中国特色社会主义事业的历史抉择，又是如何把建设有中国特色社会主义事业全面推向21世纪的？

视频内容简介

7.1 党的十一届三中全会：开启改革开放新时期

1978年12月18日，京西宾馆，一次特殊的会议在这里召开，让整个中国都感受到了融融的春意。中国经历了徘徊中前进的两年，真正的春天自党的十一届三中全会开始。在真理标准问题大讨论的基础上，1978年12月13日，邓小平在中央工作会议闭幕会上做题为了《解放思想，实事求是，团结一致向前看》的讲话，这成为党的十一届三中全会的主题报告。12月18日，党的十一届三中全会召开。这是一个载入中华民族历史、中国共产党历史、中华人民共和国史册的重要日子。

改革开放是中国共产党的一次伟大觉醒，正是这个伟大觉醒，孕育了中国共产党从理论到实践的伟大创造。党的十一届三中全会的中心议题是讨论把全党的工作重心转移到社会主义现代化建设上来。全会做出了从1979年起把全党工作重点转移到社会主义现代化建设上来的战略决策。邓小平曾用十分概括的语言指出"从十一届三中全会到十二大，我们打开了一条一心一意搞建设的新路"。而"一心一意搞建设"的目标是什么？1982年在党的十二大开幕词中，邓小平给出了答案，那就是"建设有中国特色的社会主义"。

党的十一届三中全会带来的思想解放运动，让人们的思想认识和精神面貌都焕然一新。全会重新确定了马克思主义的思想路线，彻底否定了"两个凡是"的错误方针，充分肯定了必须完整、准确地掌握和运用毛泽东思想的科学体系，高度评价了关于真理标准问题的讨论，确定了解放思想、开动脑筋、实事求是、团结一致向前看的指导方针。

党的十一届三中全会是对中华人民共和国成立后前30年的继承和创新。全会重新确立了马克思主义的政治路线，果断停止使用"以阶级斗争为纲"的口号，否定了"无产阶级专政下继续革命"等"左"倾错误观点。全会重新确立了马克思主义的组织路线，决定在组织上健全党规党纪，健全党的民主集中制，反对接受和制造个人崇拜，加强集体领导。全会还审查和解决了中国共产党历史上一批重大冤假错案和一些重要领导人的功过是非问题。全会提出了要注意解决好国民经济重大比例严重失调的要求，制定了加快农业发展的决定，提出首先在农村实行改革，推行联产计酬责任制。全会提出了健全社会主义民主和加强社会主义法制的任务。

党的十一届三中全会通过的这些政策和措施，具有重大意义，标志着中国共产党重新确立了马克思主义的思想路线、政治路线和组织路线，开始形成了以邓小平同志为核心的第二代中央领导集体。

历史不会忘记，功绩写在人民的心中。建立中国共产党、成立中华人民共和国、推进改革开放和中国特色社会主义事业，成为五四运动以来中国三大历史性事件，也是近代以来实现中华民族伟大复兴的三大里程碑。

7.2 南方谈话：中国改革进入新阶段

1992年初，中国改革开放的总设计师邓小平不顾88岁高龄，以马克思主义政治家的宏大气魄到武昌、深圳、珠海、上海等地视察，发表了具有非凡历史意义的南方谈话。

20世纪八九十年代，世界局势风云际会，变化莫测。国际上，东欧剧变，苏联解体，两极格局结束，世界共产主义运动遭受重大挫折。在国内，政治风波发生后，"左"的错误思想蔓延，姓"社"姓"资"争论激烈，部分干部和群众对党的基本路线产生动摇。中国改革之路到底该往哪里走？亟待党做出科学解答，指明方向。

1992年1月17日，88岁的邓小平，以普通党员的身份南下。凭着对党和人民伟大事业的深切期待，在历史的紧要关头，邓小平还要勇担责任。正如他在深圳所说："在重要关头，我还是要说话的。"

1月18日上午，火车路过武昌，短暂停靠了20多分钟。邓小平在站台散步时接见了湖北负责同志。他殷切地告诉湖北负责同志："要腾出时间来多办实事，多做少说。"同时，他深刻总结历史，精辟地谈"左"论右。他指出，"现在，有右的东西影响我们，也有'左'的东西影响我们，但根深蒂固的还是'左'的东西。""中国要警惕右，但主要是防止'左'。"他明确指出"发展才是硬道理""能快就不要慢"。

1月19日上午，邓小平抵达深圳，在深圳、珠海总共停留了11天。其间，他以极大的精力和兴趣，观看市容市貌，考察商场企业，视察通商口岸，走进民俗文化村和植物园，听取地方领导汇报……他目睹到处充满现代化气息、生机勃勃的景象，十分高兴，发表了一系列重要讲话。主要内容有：

关于坚持党的基本路线问题。他坚定地指出："不坚持社会主义，不改革开放，不发展经济，不改善人民生活，只能是死路一条，基本路线要管一百年，动摇不得。"他鼓励党员干部要有敢闯敢干的精神，改革开放胆子要大一些，敢于试验。看准了的，就大胆地试，大胆地闯。没有一点闯的精神，没有一点"冒"的精神，就干不出新的事业。

关于市场经济的认识问题。邓小平更是石破天惊地指出："计划多一点还是市场多一点，不是社会主义与资本主义的本质区别。""计划经济不等于社会主义，资本主义也有计划；市场经济不等于资本主义，社会主义也有市场，计划和市场都是经济手段。"他以马克思主义者的实干精神和创新精神,创造性地提出社会主义本质论:"社会主义的本质,是解放生产力,发展生产力,消灭剥削,消除两极分化,最终达到共同富裕。"

邓小平在整个考察过程中反复告诫各地官员,要始终站在人民的立场,"只要群众生活好,我就高兴"。他以非凡的智慧提出:"改革开放迈不开步子,不敢闯,说来说去就是怕资本主义的东西多了,走了资本主义道路。要害是姓'资'还是姓'社'的问题。判断的标准,应该主要看是否有利于发展社会主义社会的生产力,是否有利于增强社会主义国家的综合国力,是否有利于提高人民的生活水平。"

2月初,他来到南方谈话的最后一站——上海,又语重心长地指出:"中国的事情能不能办好,社会主义和改革开放能不能坚持,经济能不能快一点发展起来,国家能不能长治久安,从一定意义上说,关键在人。""中国要出问题,还是出在共产党内部。对这个问题要清醒,要注意培养人。""人选好了,帮助培养,让更多的年轻人成长起来。他们成长起来,我们就放心了。"

东方风来满眼春。邓小平的南方谈话是对党的十一届三中全会以来改革开放理论和实践的深刻总结,是对长期束缚人们思想的许多重大认识问题的科学回答。它犹如一股强劲的春风,迅速吹遍中国大地,把中国的改革开放和现代化建设推进到一个新的阶段。

7.3 香港回归:"一国两制"结硕果

1997年7月1日,在香港飘扬了150多年的英国米字旗最后一次在这里降落后,接载查尔斯王子和离任港督彭定康回国的英国皇家游轮"不列颠尼亚"号驶离维多利亚港湾。

中华人民共和国成立后,中国政府的一贯立场是:香港是中国的领土,中国不承认帝国主义强加的不平等条约,主张在适当时机通过谈判解决这一问题,未解决前暂时维持现状。

1979年3月29日,邓小平在同香港总督麦理浩谈话时,首次提到香港问题。他说:"香港是中国的一部分,这个问题本身不能讨论。但可以肯定的一点,就是即使到了一九九七年解决这个问题时,我们也会尊重香港特殊地位。"从这一天起,中国政府把香港问题提上了议事日程。

从"叶九条"到"一国两制",中国政府解决香港问题的政策日渐成熟。1981年9月30日,全国人大常委会委员长叶剑英就台湾回归祖国、实现和平统一问题发表谈话,提出著名的九条方针政策,又称"叶九条"。1982年1月11日,邓小平在会见美国华人协会主席李耀滋时,把"叶九条"进一步概括为"一个国家,两种制度",即"一国两制"。4月6日,邓小平在北京会见英国前首相希思,勾勒出"香港回归"的基本路径。"一个国家,两种制度"的构思,从香港的历史和现实出发,其根本点在于尊重香港人民,相信香港人民,一切为了香港人民和整个中华民族的利益。

1982年9月22日,英国首相撒切尔夫人访问北京。中英两国开始就香港问题进行谈判。会谈前,邓小平曾说:"香港不是马尔维纳斯,中国也不是阿根廷。"9月24日上午9

时，人民大会堂福建厅。"铁娘子"撒切尔夫人首先抛出"有关香港的三个条约仍然有效"的主张。邓小平寸步不让，毫不含糊地回应道："我们对香港问题的基本立场是明确的，这里主要有三个问题。一个是主权问题；再一个问题，是一九九七年后中国采取什么方式来管理香港，继续保持香港繁荣；第三个问题，是中国和英国两国政府要妥善商谈如何使香港从现在到一九九七年的十五年中不出现大的波动。"

撒切尔夫人担心香港回归会出现"严重的波动"，提出以主权换治权的建议。邓小平不为所动，铿锵有力地回答："如果在十五年的过渡时期内香港发生严重的波动，中国政府将被迫不得不对收回香港的时间和方式另作考虑。"

围绕香港是否驻军，邓小平态度坚决。1984年4月18日，邓小平在接见英国外交大臣杰弗里·豪时表示："1997年后，我们派一支小部队去香港，这不仅象征中国收回了主权，更大的好处是对香港来说是一个稳定的因素。"5月25日，邓小平在会见港澳地区全国人大代表和政协委员时，所言更加斩钉截铁："没有驻军这个权力，还叫什么中国领土！"

经过艰苦的谈判，香港问题瓜熟蒂落。1984年12月19日下午5时半，《中英关于香港问题的联合声明》签字仪式在人民大会堂隆重举行。邓小平出席了签字仪式。中国总理和撒切尔夫人在长桌本国国旗一侧入座，用中国的台式英雄金笔，各自代表本国政府在联合声明上签字。

此后，香港回归走上快车道。1990年4月4日，七届全国人大三次会议审议通过《中华人民共和国香港特别行政区基本法》及其三个附件。1995年12月28日，八届全国人大常委会第十七次会议经过表决，通过了全国人大香港特别行政区筹备委员会组成人员名单。这标志着中国在香港恢复行使主权进入具体实施阶段。1996年12月11日，在香港特别行政区第一届政府推选委员会举行的第三次会议上，董建华当选为香港特别行政区首任行政长官。

1841年1月26日，英国远征军第一次将米字旗插上香港岛。1997年6月30日的最后一分钟，英国对香港长达一个半世纪的统治宣告终结，中国从此恢复对香港行使主权。

7.4 中国特色社会主义理论是一脉相承的统一的科学体系

2017年10月18日，中国共产党第十九次全国代表大会在人民大会堂隆重召开。江泽民、胡锦涛、习近平三任中共中央总书记同台而坐，再次凸显了中国共产党的凝聚力、向心力。

在革命、建设、改革的实践中，中国共产党大力推进马克思主义中国化时代化，产生了两次历史性飞跃，形成了毛泽东思想和中国特色社会主义理论体系。中国特色社会主义理论体系，是马克思主义中国化时代化的最新成果，包括邓小平理论、"三个代表"重要思想、科学发展观、习近平新时代中国特色社会主义思想，同马克思列宁主义、毛泽东思想是坚持、发展和继承、创新的关系。马克思列宁主义、毛泽东思想一定不能丢，丢了就丧失了根本。同时，我们一定要以改革开放和现代化建设的实际问题、以我们正在做的事情为中心，着眼于马克思主义理论的运用，着眼于对实际问题的理论思考，着眼于新的实践和新的发展。

中国特色社会主义是党和人民90多年奋斗、创造、积累的根本成就，是改革开放以来党的全部理论和实践的主题。习近平在十八届中共中央政治局第一次集体学习时指出："我们要永远铭记党的三代中央领导集体和以胡锦涛同志为总书记的党中央为中国特色社会主义作出的历史性贡献。以毛泽东同志为核心的党的第一代中央领导集体，为新时期开创中国特色社会主义提供了宝贵经验、理论准备、物质基础。以邓小平同志为核心的党的第二代中央领导集体，成功开创了中国特色社会主义。以江泽民同志为核心的党的第三代中央领导集体，成功把中国特色社会主义推向二十一世纪。新世纪新阶段，以胡锦涛同志为总书记的党中央，成功在新的历史起点上坚持和发展了中国特色社会主义。可以看出，中国特色社会主义，承载着几代中国共产党人的理想和探索，寄托着无数仁人志士的夙愿和期盼，凝聚着亿万人民的奋斗和牺牲，是近代以来中国社会发展的必然选择，是发展中国、稳定中国的必由之路。"

党的十一届三中全会以后，以邓小平为主要代表的中国共产党人，重新确立了解放思想、实事求是的思想路线，彻底否定了"以阶级斗争为纲"的错误理论和实践，以巨大的政治勇气和理论勇气进行改革开放，成功开创了中国特色社会主义。邓小平在党的十二大开幕词中指出：把马克思主义的普遍真理同中国具体实践相结合，走自己的道路，建设有中国特色的社会主义。这就是我们总结长期历史经验得出的基本结论。

党的十三届四中全会以后，以江泽民为主要代表的中国共产党人，与时俱进，在复杂严峻的国内外形势下捍卫中国特色社会主义，依据新的实践确立了党的基本纲领、基本经验，开创了全面改革开放新局面。围绕"建设一个什么样的党、怎样建设党"这一核心命题，创立了"三个代表"重要思想。党的十六大以后，以胡锦涛为主要代表的中国共产党人，坚持走科学发展道路，开始形成建设中国特色社会主义总体布局，着力推进党的执政能力建设和先进性建设，成功在新的历史起点上坚持和发展了中国特色社会主义。

2017年7月26日，习近平在省部级主要领导干部"学习习近平总书记重要讲话精神，迎接党的十九大"专题研讨班开班式上发表重要讲话时强调："中国特色社会主义是改革开放以来党的全部理论和实践的主题，全党必须高举中国特色社会主义伟大旗帜，牢固树立中国特色社会主义道路自信、理论自信、制度自信、文化自信，确保党和国家事业始终沿着正确方向胜利前进。"

学习检测

一、判断题

1. 党的十一届三中全会的主题报告是《解放思想，实事求是，团结一致向前看》。（   ）
2. 党的十一届三中全会做出了从1978年起把全党工作重点转移到社会主义现代化建设

上来的战略决策。（　　）

3. 邓小平的南方谈话是对党的十一届三中全会以来的改革开放理论和实践的深刻总结，是对长期束缚人们思想的许多重大认识问题的科学回答。（　　）

4. 1984年12月19日下午5时半，《中英关于香港问题的联合声明》签字仪式在北京人民大会堂隆重举行。（　　）

5. 1990年4月4日，七届全国人大三次会议审议通过了《中华人民共和国香港特别行政区基本法》。（　　）

6. 中国特色社会主义理论体系是马克思主义中国化时代化的最新成果，包括邓小平理论、"三个代表"重要思想、科学发展观、习近平新时代中国特色社会主义思想，同马克思列宁主义、毛泽东思想是坚持、发展和继承、创新的关系。（　　）

二、单项选择题

1. 揭开中国社会主义改革开放和现代化建设新时期序幕的是（　　）。
　　A. 党的十一大　　　　　　　　B. 党的十一届三中全会
　　C. 党的十二大　　　　　　　　D. 党的十二届三中全会

2. 香港回归的时间是（　　）。
　　A. 1995年　　　　　　　　　　B. 1996年
　　C. 1997年　　　　　　　　　　D. 1999年

3. 1992年初，中国改革开放的总设计师邓小平以马克思主义政治家的宏大气魄到以下等地视察，发表了具有非凡历史意义的南方谈话，错误的地点是（　　）。
　　A. 杭州　　　　　　　　　　　B. 深圳
　　C. 珠海　　　　　　　　　　　D. 武昌

4. 2022年是香港回归祖国25周年。25年来，香港背靠祖国、联通世界，两地经贸关系更加紧密，民主法治建设不断完善，科技创新协调发展，民间交流血脉相连……这说明（　　）。
　　①民族区域自治是祖国统一的最佳制度安排
　　②"一国两制"实践取得了举世公认的成功
　　③实现祖国统一符合中华民族的根本利益
　　④"两制"是实行"一国"的前提和基础
　　A. ①③　　　　　　　　　　　B. ①④
　　C. ②③　　　　　　　　　　　D. ②④

5. 把马克思主义的普遍真理同中国具体实践相结合，走自己的道路，建设有中国特色的社会主义，这就是我们总结长期历史经验得出的基本结论，体现在（　　）。
　　①党的十一届三中全会以后，以邓小平为主要代表的中国共产党人，以巨大的政治勇气和理论勇气进行改革开放，成功开创了中国特色社会主义
　　②党的十三届四中全会以后，以江泽民为主要代表的中国共产党人，依据新的实践确立

了党的基本纲领、基本经验，开创了全面改革开放新局面，推进党的建设新的伟大工程，成功把中国特色社会主义推向 21 世纪

③党的十六大以后，以胡锦涛为主要代表的中国共产党人，坚持走科学发展道路，开始形成建设中国特色社会主义总体布局，在新的历史起点上坚持和发展了中国特色社会主义

④党的十八大以来，以习近平为主要代表的中国共产党人，理论和实践相结合，系统回答了新时代坚持和发展什么样的中国特色社会主义、怎样坚持和发展中国特色社会主义这个重大时代课题，把新时代中国特色社会主义不断推向前进

A. ①②③
B. ①③④
C. ②③④
D. ①②③④

重点·难点·热点

一、为什么说党的十一届三中全会是中华人民共和国成立后的伟大历史转折？

1978 年 11 月 10 日至 12 月 15 日，中共中央召开中央工作会议。会议前，根据邓小平的提议，中共中央政治局常委会议、政治局会议决定，这次会议先讨论从 1979 年起把全党工作重心转移到社会主义现代化建设上来的问题。会议开始后，陈云提出要系统地解决历史遗留问题的意见，得到与会者的响应，从而改变了会议议程。在与会者的强烈要求下，11 月 25 日，中央政治局决定为"天安门事件""反击右倾翻案风"等重大错案平反。12 月 13 日，邓小平在中央工作会议闭幕会上做了《解放思想，实事求是，团结一致向前看》的讲话，为随即召开的党的十一届三中全会提出了基本指导思想，为确定具有划时代意义的新认识和新决策奠定了理论基础，成为改革开放的第一个宣言书。

1978 年 12 月 18—22 日，党的十一届三中全会在北京召开。会议的主题为：把全党工作重心转移到以经济建设为中心的社会主义现代化建设上来。

(1) 从根本上否定了"左"倾错误。会议坚决批判了"两个凡是"的错误方针，高度评价了关于真理标准问题的讨论，充分肯定了必须完整、准确地掌握毛泽东思想的科学体系，并在新的历史条件下加以发展，为克服多年来的"左"倾思想的束缚，恢复党的优良传统，按正确方向寻求适合国情的社会主义建设奠定了思想基础。

(2) 实现了工作重心的转移。断然否定了"以阶级斗争为纲"的指导思想，拨乱反正，把党的工作重心转移到社会主义现代化建设的轨道上来，实行改革开放的战略决策。

(3) 为经济、政治体制改革创造了思想条件。重新确立了马克思主义的思想路线、政治路线和组织路线，恢复了党的民主集中制的优良传统，审查和解决了"文化大革命"及以前的重大冤假错案和一些重要领导人的功过是非问题，决定健全党的民主集中制和党规党纪，加强社会主义民主和法制建设。

(4) 党的十一届三中全会的深远历史意义：党的十一届三中全会是中华人民共和国历史上具有深远意义的伟大转折。会议结束了党和国家工作在徘徊中前进的局面，开始了在思

想、政治、组织等领域的全面拨乱反正，形成了以邓小平为核心的党的第二代中央领导集体，揭开了改革开放的序幕，标志着中国进入了改革开放和社会主义现代化建设的历史新时期。

二、南方谈话的主要内容是什么？

邓小平的南方之行在1992年1月18日至2月21日，他先后视察武昌、深圳、珠海、上海等地，以极大的精力和兴趣，观看市容市貌，考察商场企业，视察通商口岸，走进民俗文化村和植物园，听取地方领导汇报等，一向寡言的邓小平针对许多问题，不再惜字如金，一路走一路讲，发表了重要谈话。

关于坚持党的基本路线问题。邓小平坚定地指出："不坚持社会主义，不改革开放，不发展经济，不改善人民生活，只能是死路一条，基本路线要管一百年，动摇不得。""革命是解放生产力，改革也是解放生产力。"他鼓励党员干部，要有敢闯敢干的精神："改革开放胆子要大一些，敢于试验。看准了的，就大胆地试，大胆地闯。没有一点闯的精神，没有一点'冒'的精神，就干不出新的事业。"

关于市场经济的认识问题。邓小平更是石破天惊地指出："计划多一点还是市场多一点，不是社会主义和资本主义的本质区别。""计划经济不等于社会主义，资本主义也有计划；市场经济不等于资本主义，社会主义也有市场，计划和市场都是经济手段。"他以马克思主义者的实干精神和创新精神，创造性地提出社会主义本质论："社会主义的本质，是解放生产力，发展生产力，消灭剥削，消除两极分化，最终达到共同富裕。"

邓小平在整个考察过程中反复告诫各地官员，要始终站在人民的立场上，"只要群众生活好，我就高兴"。他以非凡的智慧提出："改革开放迈不开步子，不敢闯，说来说去就是怕资本主义的东西多了，走了资本主义道路。要害是姓'资'还是姓'社'的问题。判断的标准，应该主要看是否有利于发展社会主义社会的生产力，是否有利于增强社会主义国家的综合国力，是否有利于提高人民的生活水平。"

邓小平指出，中国要出问题，还是出在共产党内部。对这个问题要清醒。要坚持两手抓，一手抓改革开放，一手抓打击各种犯罪活动，这两只手都要硬。在整个改革开放过程中都要反对腐败。

邓小平强调，我们搞社会主义才几十年，还处在初级阶段。巩固和发展社会主义制度，还需要一个很长的历史阶段，需要我们几代人、十几代人，甚至几十代人坚持不懈地努力奋斗，决不能掉以轻心。社会主义经历一个长过程发展后必然代替资本主义。这是社会历史发展不可逆转的总趋势，但道路是曲折的。一些国家出现严重曲折，社会主义好像被削弱了，但人民经受锻炼，从中吸取教训，将促进社会主义朝着更加健康的方向发展。

邓小平的南方谈话，在重大历史关头科学地总结了十一届三中全会以来党的基本实践和基本经验，明确回答了长期困扰和束缚人们思想的许多重大认识问题，对中国整个社会主义现代化建设事业产生了重大而深远的影响。

三、党的十一届三中全会以来，改革开放和现代化建设所取得的巨大成就主要有哪些？

党的十一届三中全会以来，改革开放和现代化建设取得了巨大成就。

（1）国民经济保持持续快速健康发展，人民生活总体上达到小康水平，现代化建设事业稳步推进，综合国力和国际竞争力显著提高。

从1978年到2012年，中国国内生产总值由3 645亿元增长到51.9万亿元；中国依靠自己的力量稳定解决了13亿人口的吃饭问题；国家先后启动了东部地区率先发展战略、西部大开发战略、东北等老工业基地振兴战略和中部地区崛起战略，激发了各大经济区域的发展活力；国家创新体系、科技基础设施和自主创新能力建设得到加强。正负电子对撞机、籼型杂交水稻、亿次"银河"巨型计算机、低温核反应堆、纳米技术、载人航天飞船成功返回和绕月探测卫星成功发射、神舟八号飞船与天宫一号目标飞行器实现首次交会对接、载人深潜、北斗卫星导航系统、第一艘航母"辽宁舰"入列等，标志着中国在科技研究的一些"高、精、尖"领域取得重大进展；人民生活总体上实现了由温饱到小康的历史性跨越。从1978年到2012年，城镇居民人均可支配收入由343元增加到24 565元；农村居民人均纯收入由134元增加到7 917元。社会建设全面发展。截至2012年底，全国共有2 142.5万城市居民、5 340.9万农村居民得到政府提供的最低生活保障，545.9万人纳入农村五保供养。人民总体健康水平已超过中等收入国家的平均水平，处于发展中国家前列。2010年，中国人口平均预期寿命达到74.83岁。

（2）社会主义市场经济体制初步建立并不断完善，各项改革事业取得重大进展。

社会主义市场经济体制初步建立并不断完善，更具活力、更加开放的经济体系正在形成。确立了公有制为主体、多种所有制经济共同发展这一社会主义初级阶段的基本经济制度，实行按劳分配为主体、多种分配方式并存的基本分配制度；财税、金融、流通、住房、医疗、教育等改革不断深化；国有企业改革稳步推进。

（3）全方位对外开放取得新突破，形成全方位、多层次、宽领域的对外开放格局。

2001年12月11日中国加入世界贸易组织后，对外贸易进入新的发展阶段。1978年到2012年，中国外贸进出口总额从206亿美元提高到38 668亿美元，跃居世界第二，其中出口额跃居世界第一位，进出口结构优化，贸易大国地位进一步巩固。在"引进来"的同时，加快实施"走出去"战略。

（4）社会主义民主政治建设取得重要进展。

人民代表大会制度、中国共产党领导的多党合作和政治协商制度，进一步健全和完善。更好地发挥全国人民代表大会作为国家最高权力机关的作用，促进政治协商进一步制度化、规范化，促使广泛的爱国统一战线继续得到巩固和发展；以农村村民委员会、城市居民委员会和企业职工代表大会为主要内容的基层民主自治体系开始形成；社会主义法制建设取得显著成就。

（5）社会主义精神文明建设成效显著。

坚持用马克思主义中国化时代化的最新成果武装全党、教育人民，大力推进马克思主义理论研究和建设工程，努力繁荣和发展哲学社会科学。全国城乡广泛开展爱国主义、集体主义、社会主义教育；教育、科学、文化等各项事业取得长足的进步。

（6）民族政策和宗教政策得到全面贯彻。

认真坚持实行民族区域自治制度，积极支持各少数民族参与管理国家事务，充分行使宪法和法律赋予的各项自治权利，自主管理本地区、本民族的内部事务，形成了中华各族人民团结奋斗、共同繁荣发展的良好局面；在中央政府的大力支持下，民族自治地方经济迅速发展；尊重和保护各民族宗教信仰自由，积极引导宗教与社会主义社会相适应。

（7）推进国防和军队建设。

人民解放军坚持以新时期军事战略方针为统揽，以推进中国特色军事变革为主线，以军事斗争准备为龙头，按照建设信息化军队、打赢信息化战争的战略目标，全面推进国防和军队现代化建设。

（8）祖国统一大业取得重大进展。

1997年和1999年香港、澳门相继回归祖国，祖国统一大业进入新的发展阶段。中央政府严格实行"一国两制""港人治港""澳人治澳"和高度自治的方针，保持了香港和澳门特别行政区的繁荣与稳定；中国大陆同台湾地区的经济文化交流和人员往来不断发展，反对"台独"等各种分裂图谋的斗争深入发展；通过长期不懈的努力，两岸直接双向"三通"全面实现，开创了两岸关系和平发展新局面。

（9）积极开展全方位外交。

面对深刻变化的国际形势，中国政府坚持高举和平、发展、合作的旗帜，坚持独立自主的和平外交政策，坚定不移地走和平发展的道路，致力于建设一个持久和平、共同繁荣的和谐世界，全方位地开展对外工作；中国的国际影响力日益扩大，国际地位显著提高，在国际社会发挥着重要的作用；截至2011年7月，中国已同172个国家建立了外交关系；中国还积极参与应对国际金融危机、气候变化等全球性问题的国际合作，积极开展公共外交。

（10）全面推进党的建设新的伟大工程。

在改革开放和现代化建设的进程中，逐步形成了以全面推进党的建设新的伟大工程来推动中国特色社会主义伟大事业发展的格局；从1999年起，先后开展"三讲"教育、以实践"三个代表"重要思想为主要内容的保持共产党员先进性教育活动和深入学习实践科学发展观活动。

四、新中国是如何开创和发展中国特色社会主义的？

新中国最大的历史成就，就是探索、开创、坚持、发展了中国特色社会主义。这是几代中国共产党人接续奋斗的结果。

（1）以毛泽东为主要代表的中国共产党人，把马克思列宁主义的基本原理同中国革命的具体实践结合起来，创立了毛泽东思想。毛泽东思想是马克思列宁主义在中国的运用和发展，是被实践证明了的关于中国革命和建设的正确的理论原则和经验总结，是中国共产党集体智慧的结晶。在毛泽东思想的指引下，中国共产党领导全国各族人民，经过长期的反对帝国主义、封建主义、官僚资本主义的革命斗争，取得了新民主主义革命的胜利，建立了人民民主专政的中华人民共和国；中华人民共和国成立以后，顺利地进行了社会主义改造，完成了从新民主主义到社会主义的过渡，确立了社会主义基本制度，发展了社会主义的经济、政治和文化。

（2）党的十一届三中全会以来，以邓小平为主要代表的中国共产党人，总结中华人民共和国成立以来正反两方面的经验，解放思想，实事求是，实现全党工作中心向经济建设的转移，实行改革开放，开辟了社会主义事业发展的新时期，逐步形成了建设中国特色社会主义的路线、方针、政策，阐明了在中国建设社会主义、巩固和发展社会主义的基本问题，创立了邓小平理论。邓小平理论是马克思列宁主义的基本原理同当代中国实践和时代特征相结合的产物，是毛泽东思想在新的历史条件下的继承和发展，是马克思主义在中国发展的新阶段，是当代中国的马克思主义，是中国共产党集体智慧的结晶，引导着我国社会主义现代化事业不断前进。

（3）党的十三届四中全会以来，以江泽民为主要代表的中国共产党人，在建设中国特色社会主义的实践中，加深了对什么是社会主义、怎样建设社会主义和建设什么样的党、怎样建设党的认识，积累了治党治国新的宝贵经验，形成了"三个代表"重要思想。"三个代表"重要思想是对马克思列宁主义、毛泽东思想、邓小平理论的继承和发展，反映了当代世界和中国的发展变化对党和国家工作的新要求，是加强和改进党的建设、推进我国社会主义自我完善和发展的强大理论武器，是中国共产党集体智慧的结晶，是党必须长期坚持的指导思想。始终做到"三个代表"，是我们党的立党之本、执政之基、力量之源。

（4）党的十六大以来，以胡锦涛为主要代表的中国共产党人，坚持以马克思列宁主义、毛泽东思想、邓小平理论和"三个代表"重要思想为指导，根据新的发展要求，深刻认识和回答了新形势下实现什么样的发展、怎样发展等重大问题，形成了以人为本、全面协调可持续发展的科学发展观。科学发展观是同马克思列宁主义、毛泽东思想、邓小平理论、"三个代表"重要思想既一脉相承又与时俱进的科学理论，是马克思主义关于发展的世界观和方法论的集中体现，是马克思主义中国化时代化重大成果，是中国共产党集体智慧的结晶，是发展中国特色社会主义必须长期坚持的指导思想。

（5）党的十八大以来，以习近平为主要代表的中国共产党人，顺应时代发展，理论和实践相结合，系统回答了新时代坚持和发展什么样的中国特色社会主义、怎样坚持和发展中国特色社会主义这个重大时代课题，创立了习近平新时代中国特色社会主义思想。习近平新时代中国特色社会主义思想是对马克思列宁主义、毛泽东思想、邓小平理论、"三个代表"重要思想、科学发展观的继承和发展，是马克思主义中国化时代化最新成果，是党和人民实践经验和集体智慧的结晶，是中国特色社会主义理论体系的重要组成部分，是全党全国人民为实现中华民族伟大复兴而奋斗的行动指南，必须长期坚持并不断发展。在习近平新时代中国特色社会主义思想指导下，中国共产党领导全国各族人民，统揽伟大斗争、伟大工程、伟大事业、伟大梦想，推动中国特色社会主义进入了新时代。

延伸阅读文献

1. 《中国共产党第十一届中央委员会第三次全体会议公报》（1978年12月22日）
2. 邓小平：《解放思想，实事求是，团结一致向前看》（1978年12月13日）
3. 邓小平：《在武昌、深圳、珠海、上海等地的谈话要点》（1992年1月18日至2月21日）
4. 胡锦涛：《准确把握科学发展观的深刻内涵和基本要求》，《胡锦涛文选（第二卷）》，人民出版社，2016年
5. 江泽民：《在庆祝中国共产党成立八十周年大会上的讲话》，《江泽民文选（第三卷）》，人民出版社，2006年
6. 习近平：《在纪念邓小平同志诞辰110周年座谈会上的讲话》，人民出版社，2014年
7. 习近平：《在庆祝改革开放40周年大会上的讲话》（2018年12月18日）
8. 《中国共产党章程》（2022年10月）

 专题八 中国特色社会主义进入新时代

学习目标

1. 概述中国特色社会主义进入新时代的内涵和意义；
2. 总结党的十八大以来，党和国家事业发生了怎样的历史性变革及其意义；
3. 举例说明全面建成小康社会的历史意义；
4. 分析中国式现代化的内涵及其本质。

专题导学

1. 背景

党的十八大以来，在以习近平同志为核心的党中央坚强领导下，在习近平新时代中国特色社会主义思想科学指导下，中国共产党以巨大的政治勇气和强烈的责任担当，自信自强、守正创新，解决了许多长期想解决而没有解决的难题，办成了许多过去想办而没有办成的大事，推动党和国家事业取得历史性成就、发生历史性变革。经过长期努力，中国特色社会主义进入了新时代，开拓了中国特色社会主义更为广阔的发展前景，夺取伟大胜利，全面建成小康社会，开启全面建设社会主义现代化国家新征程。党的二十大的胜利召开，必将为带领全党全军全国各族人民坚定信念、踔厉奋发、勇毅前行、团结奋斗，奋力谱写全面建设社会主义现代化国家崭新篇章，提供根本的方向和战略指引。

注：这部分内容同学们将在习近平新时代中国特色社会主义思想课程中更系统、更详细地学习，在本课程中仅作为导入学习（另"百年大党恰是风华正茂：中国共产党迎来百年华诞""在中华大地上全面建成小康社会""党的二十大擘画第二个百年奋斗目标"等视频建设中）。

2. 视频学习中的重要事件坐标

- 党的十八大：中国特色社会主义进入新时代
- 党的十九大：开启全面建设社会主义现代化国家新征程

3. 影响

中国特色社会主义进入了新时代，这是我国发展新的历史方位。今天，站在实现全面建成小康社会第一个百年奋斗目标的基础上，中国共产党团结带领中国人民又踏上了实现第二

个百年奋斗目标新的赶考之路。党用伟大奋斗创造了历史伟业，也一定能用新的伟大奋斗在全面建设社会主义现代化国家、全面推进中华民族伟大复兴的伟大实践中创造新的伟业。

4. 想一想

当前，全面建设社会主义现代化国家，面对更加明显的世界之变、时代之变、历史之变，迫切需要新时代的中国青年用青春智慧和汗水打拼出一个更加美好的中国，迫切需要广大青年做起而行之的行动者、当攻坚克难的奋斗者，充分发挥青春才智，以永不懈怠的精神状态和一往无前的奋斗姿态，参与到社会主义现代化国家建设的火热实践中，用知重负重、攻坚克难的实际行动，诠释对党的忠诚、对人民的赤诚，你准备好了吗？

视频内容简介

8.1 党的十八大：中国特色社会主义进入新时代

1982年，邓小平在党的十二大致开幕词时，第一次提出"建设有中国特色的社会主义"的响亮口号。从那时起，中国特色社会主义旗帜犹如一条红线，贯穿党的历次全国代表大会，矗立起一座座实践创新推动理论创新的里程碑。党的十六大以来，中国特色社会主义乘风破浪，步伐越走越雄壮。

2012年11月8日至14日，举世瞩目的中国共产党第十八次全国代表大会在北京隆重召开。党的十八大报告的主题是：高举中国特色社会主义伟大旗帜，以邓小平理论、"三个代表"重要思想、科学发展观为指导，解放思想，改革开放，凝聚力量，攻坚克难，坚定不移沿着中国特色社会主义道路前进，为全面建成小康社会而奋斗。报告对过去十年的成就和经验进行了科学的总结，是党的指导思想的与时俱进，是中国特色社会主义的高度自信，是全面建成小康社会的战略部署。

中国共产党是一个善于创新的政党，保持了理论之树常青。提出全面建成小康社会的新要求，确定科学发展观为党的指导思想，构建"五位一体"的中国特色社会主义现代化建设总体布局，概括中国特色社会主义新的丰富内涵，建设美丽中国的诗意目标，保证城乡居民收入翻一番实现同步增长，培育和凝练社会主义核心价值观，对党的建设做出新部署，成为党的十八大的创新和亮点。

最引人注目的时刻到来了。2012年11月15日，新当选的中共中央总书记习近平和中共中央政治局常委李克强、张德江、俞正声、刘云山、王岐山、张高丽，在人民大会堂同中外记者亲切见面。穿越近百年光辉历程的中国共产党，再次挺立于承载人民期望、担当复兴使命的新起点。

在中国特色社会主义理论史上，党的十八大吹响了中国特色社会主义进入新时代的号角。2012年11月17日，习近平在第十八届中共中央政治局第一次集体学习时讲话指出："坚持和发展中国特色社会主义是贯穿党的十八大报告的一条主线。我们要紧紧抓住这条主线，把坚持和发展中国特色社会主义作为学习贯彻党的十八大精神的聚焦点、着力点、落脚点，只有这样，才能把党的十八大精神学得更加深入、领会得更加透彻、贯彻得更加自觉。"

2012年11月29日，习近平总书记在参观《复兴之路》展览时，首次提出实现中华民族伟大复兴的"中国梦"。"中国梦"这个词虽未见诸党的十八大报告，但作为"中国梦"核心的"中华民族伟大复兴"一词在报告中多次出现，成为"两个一百年"奋斗目标的形象概括和通俗说法。

"中国梦"归根到底是人民的梦，人民幸福是"中国梦"的核心内容，也是中国共产党人的价值追求。"我的执政理念，概括起来说就是：为人民服务，担当起该担当的责任。"这是2014年2月7日，习近平在俄罗斯索契接受俄罗斯电视台专访谈执政理念时的深情告白。

党的十八大以来，以习近平同志为核心的党中央，心怀强烈的责任感和使命感，勇担重任，接力奋斗，以前所未有的大气魄治党治国治军，以令人惊叹的大手笔处理国内国际重大问题，推动改革发展稳定、内政外交国防各领域出现崭新局面。

8.2 党的十九大：开启全面建设社会主义现代化国家新征程

党的十九大是在新的历史起点召开的一次盛会。会议的胜利召开吹响了决胜全面建成小康社会、开启全面建设社会主义现代化国家新征程的嘹亮号角。2017年10月18日至24日，中国共产党第十九次全国代表大会在北京隆重召开。大会的主题是：不忘初心，牢记使命，高举中国特色社会主义伟大旗帜，决胜全面建成小康社会，夺取新时代中国特色社会主义伟大胜利，为实现中华民族伟大复兴的中国梦不懈奋斗。

在大会上，习近平总书记做了《决胜全面建成小康社会 夺取新时代中国特色社会主义伟大胜利》的报告。报告虽然只有3.2万字，但它是党和国家面向新时代的政治宣言和行动纲领。党的十九大科学地把握住了中国发展的脉搏，做出了一个重大政治判断——"经过长期努力，中国特色社会主义进入了新时代，这是我国发展新的历史方位"。这一判断，精辟概括了当代中国发展变革的阶段性特征，准确标定了中国特色社会主义航船前行的时代坐标。这一判断不是凭空产生的，是以辩证唯物主义和历史唯物主义为指导，基于中国社会主要矛盾发生新变化做出的科学判断。中国社会的主要矛盾已经是人民日益增长的美好生活需要和不平衡不充分的发展之间的矛盾，这一认识不仅为推动党和国家事业发展提供了准确前提，而且为解决当代中国发展问题指明了根本着力点。

党的十九大最重要的理论成果是明确提出和概括了习近平新时代中国特色社会主义思想，并且把这一思想确立为党的指导思想写入了党章。习近平新时代中国特色社会主义思想系统回答了新时代坚持和发展什么样的中国特色社会主义、怎样坚持和发展中国特色社会主义这一重大时代课题，是马克思主义中国化时代化最新成果，是党和人民实践经验和集体智慧的结晶，是当代中国马克思主义、21世纪马克思主义，在马克思主义中国化时代化进程中具有里程碑意义。

党的十九大还清晰勾勒出了中华民族伟大复兴的路线图，制定了时间表。从党的十九大召开到2020年，是全面建成小康社会决胜期。从2020年到2035年，在全面建成小康社会的基础上，再奋斗15年，基本实现社会主义现代化。从2035年到本世纪中叶，在基本实现现代化的基础上，再奋斗15年，把我国建成富强民主文明和谐美丽的社会主义现代化强国。这种战略安排展现了党和国家事业发展的美好未来，催人奋进，必将汇聚起14亿中国人民团结奋斗的磅礴力量。每一名中华儿女都愿意在党的坚强领导下，为全面建设社会主义现代化强国撸起袖子加油干。

学习检测

一、判断题

1. 党的十八大的主题是：高举中国特色社会主义伟大旗帜，以邓小平理论、"三个代表"重要思想、科学发展观为指导，解放思想，改革开放，凝聚力量，攻坚克难，坚定不移沿着中国特色社会主义道路前进，为全面建设小康社会而奋斗。（　　）

2. 坚持和发展中国特色社会主义是贯穿党的十八大报告的一条主线。（　　）

3. 党的十九大科学地把握住了中国发展的脉搏，做出了一个重大政治判断——"经过长期努力，中国特色社会主义进入了新时代，这是我国发展新的历史方位"。（　　）

4. 党的十九大最重要的理论成果是明确提出和概括了习近平新时代中国特色社会主义思想，并且把这一思想当作党的指导思想写入了党章。（　　）

5. 党的二十大的主题是：高举中国特色社会主义伟大旗帜，全面贯彻新时代中国特色社会主义思想，弘扬伟大建党精神，自信自强、守正创新，踔厉奋发、勇毅前行，为全面建设社会主义现代化国家、全面推进中华民族伟大复兴而奋斗。（　　）

6. 党的二十大报告指出，从现在起，中国共产党的中心任务就是团结带领全国各族人民全面建成社会主义现代化强国、实现第二个百年奋斗目标，以中国式现代化全面推进中华民族伟大复兴。（　　）

二、单项选择题

1. 中国共产党第十九次全国代表大会，是在全面建成小康社会决胜阶段、中国特色社会主义进入（　　）的关键时期召开的一次十分重要的大会。

A. 新时期　　　　　　　　　B. 新阶段
C. 新征程　　　　　　　　　D. 新时代

2. 综合分析国际国内形势和我国发展条件，从二〇二〇年到本世纪中叶可以分两个阶段来安排。第一个阶段，从_____到_____，在全面建成小康社会的基础上，再奋斗十五年，基本实现社会主义现代化。第二个阶段，从＿＿＿＿到＿＿＿＿，在基本实现现代化的基础上，再奋斗十五年，把我国建成富强民主文明和谐美丽的社会主义现代化强国。（　　）

  A. 二〇二〇年，二〇三五年；二〇三五年，本世纪中叶
  B. 二〇二五年，二〇四〇年；二〇四〇年，二〇五〇年
  C. 二〇二〇年，二〇三〇年；二〇三〇年，二〇四五年
  D. 二〇三五年，二〇四五年；二〇四五年，二〇六五年

3. 中国共产党第十八次全国代表大会对我国经济建设、政治建设、文化建设、社会建设和（　　）"五位一体"的中国特色社会主义建设进行了部署。
  A. 物质文明建设   B. 法制建设
  C. 思想建设   D. 生态文明建设

4. "不忘初心，牢记使命，高举中国特色社会主义伟大旗帜，决胜全面建成小康社会，夺取新时代中国特色社会主义伟大胜利，为实现中华民族伟大复兴的中国梦不懈奋斗。"是（　　）报告的主题。
  A. 党的十八大   B. 党的十九大
  C. 党的十八届三中全会   D. 党的十八届三中全会

5. 2022年10月16日，中国共产党第二十次全国代表大会在北京开幕。习近平总书记在大会报告中指出，十年来，我们经历了对党和人民事业具有重大现实意义和深远历史意义的三件大事。这三件大事是（　　）。
①实现第一个百年奋斗目标
②迎来中国共产党成立一百周年
③中国特色社会主义进入新时代
④全面建设社会主义现代化国家
  A. ①②③   B. ①②④
  C. ①③④   D. ②③④

重点·难点·热点

一、如何理解中国特色社会主义进入新时代？

经过长期努力，中国特色社会主义进入新时代。

（1）这个新时代，既与改革开放40多年来的发展一脉相承，又有很大的不同，面临许多新情况新变化：一是党的十八大以来，在中华人民共和国成立特别是改革开放以来我国发展取得重大成就的基础上，党和国家事业发生历史性变革；二是世界进入大变革大调整时期，面临千年未有之大变局，如何在乱局中保持定力、在变局中抓住机遇，对我们统筹国际国内两个大局提出了更高要求；三是中国共产党执政面临的社会环境和现实条件发生深刻变

化、发展理念和方式有重大转变，发展水平和要求更高；四是我国社会的主要矛盾已经转化为人民日益增长的美好生活需要和不平衡不充分的发展之间的矛盾，经济建设仍然是中心任务，但需要更加注重全面协调可持续发展，需要着力解决好发展不平衡不充分问题；五是从党的十九大到二十大，是"两个一百年"奋斗目标的历史交汇期，我们要在全面建成小康社会、实现第一个百年目标之后，开启全面建设社会主义现代化国家新征程，向第二个百年目标进军。

（2）这个新时代，是承前启后、继往开来、在新的历史条件下继续夺取中国特色社会主义伟大胜利的时代，是决胜全面建成小康社会进而全面建设社会主义现代化强国的时代，是全国各族人民团结奋斗、不断创造美好生活、逐步实现全体人民共同富裕的时代，是全体中华儿女勠力同心、奋力实现中华民族伟大复兴中国梦的时代，是我国日益走近世界舞台中央、不断为人类做出更大贡献的时代。

（3）中国特色社会主义进入新时代，这是世情、国情、党情变化的必然结果，是社会主义矛盾运动的必然结果，也是党的十八大以来党和国家事业发生历史性变革的结果，是中国共产党人带领全国各族人民长期不懈奋斗的结果。

（4）中国特色社会主义进入新时代，在中华人民共和国发展史上、中华民族发展史上具有重大意义，在世界社会主义发展史上、人类社会发展史上也具有重大意义。中国特色社会主义进入新时代，意味着近代以来久经磨难的中华民族迎来了从站起来、富起来到强起来的伟大飞跃，迎来了实现中华民族伟大复兴的光明前景；意味着科学社会主义在21世纪的中国焕发出强大的生机活力，在世界上高高举起了中国特色社会主义伟大旗帜；意味着中国特色社会主义道路、理论、制度、文化不断发展，拓展了发展中国家走向现代化的途径，给世界上那些既希望加快发展又希望保持自身独立性的国家和民族提供了全新选择，为解决人类问题贡献了中国智慧和中国方案。

二、中国共产党百年奋斗的历史意义是什么？

一百年来，党始终践行初心使命，团结带领全国各族人民绘就了人类发展史上的壮美画卷，中华民族伟大复兴展现出前所未有的光明前景。

（1）党的百年奋斗从根本上改变了中国人民的前途命运。近代以后，中国人民深受三座大山压迫，被西方列强辱为"东亚病夫"。一百年来，党领导人民经过波澜壮阔的伟大斗争，中国人民彻底摆脱了被欺负、被压迫、被奴役的命运，成为国家、社会和自己命运的主人，人民民主不断发展，十四亿多人口实现全面小康，中国人民对美好生活的向往不断变为现实。

（2）党的百年奋斗开辟了实现中华民族伟大复兴的正确道路。近代以后，创造了灿烂文明的中华民族遭遇到文明难以赓续的深重危机，呈现在世界面前的是一派衰败凋零的景象。一百年来，党领导人民不懈奋斗、不断进取，成功开辟了实现中华民族伟大复兴的正确道路。中国从四分五裂、一盘散沙到高度统一、民族团结，从积贫积弱、一穷二白到全面小康、繁荣富强，从被动挨打、饱受欺凌到独立自主、坚定自信，仅用几十年时间就走完发达国家几百年走过的工业化历程，创造了经济快速发展和社会长期稳定两大奇迹。

（3）党的百年奋斗展示了马克思主义的强大生命力。马克思主义揭示了人类社会发展规律，是认识世界、改造世界的科学真理。同时，坚持和发展马克思主义，从理论到实践都需要全世界的马克思主义者进行极为艰巨、极具挑战性的努力。一百年来，党坚持把马克思主义写在自己的旗帜上，不断推进马克思主义中国化时代化，用博大胸怀吸收人类创造的一切优秀文明成果，用马克思主义中国化的科学理论引领伟大实践。马克思主义的科学性和真理性在中国得到充分检验，马克思主义的人民性和实践性在中国得到充分贯彻，马克思主义的开放性和时代性在中国得到充分彰显。马克思主义中国化时代化不断取得成功，使马克思主义以崭新形象展现在世界上，使世界范围内社会主义和资本主义两种意识形态、两种社会制度的历史演进及其较量发生了有利于社会主义的重大转变。

（4）党的百年奋斗深刻影响了世界历史进程。党和人民事业是人类进步事业的重要组成部分。一百年来，党既为中国人民谋幸福、为中华民族谋复兴，也为人类谋进步、为世界谋大同，以自强不息的奋斗深刻改变了世界发展的趋势和格局。党领导人民成功走出中国式现代化道路，创造了人类文明新形态，拓展了发展中国家走向现代化的途径，给世界上那些既希望加快发展又希望保持自身独立性的国家和民族提供了全新选择。党推动构建人类命运共同体，为解决人类重大问题，建设持久和平、普遍安全、共同繁荣、开放包容、清洁美丽的世界贡献了中国智慧、中国方案、中国力量，成为推动人类发展进步的重要力量。

（5）党的百年奋斗锻造了走在时代前列的中国共产党。党成立时只有五十多名党员，今天已成为拥有九千五百多万名党员、领导着十四亿多人口大国、具有重大全球影响力的世界第一大执政党。一百年来，党坚持性质宗旨，坚持理想信念，坚守初心使命，勇于自我革命，在生死斗争和艰苦奋斗中经受住各种风险考验、付出巨大牺牲，锤炼出鲜明政治品格，形成了以伟大建党精神为源头的精神谱系，保持了党的先进性和纯洁性，党的执政能力和领导水平不断提高，正领导中国人民在中国特色社会主义道路上不可逆转地走向中华民族伟大复兴，无愧为伟大光荣正确的党。

三、习近平在庆祝中国共产党成立 100 周年大会上的讲话中指出，在中华大地上全面建成了小康社会是中华民族的伟大光荣、中国人民的伟大光荣、中国共产党的伟大光荣。谈谈全面建成小康社会的历史意义。

在庆祝中国共产党成立 100 周年大会上，习近平总书记代表党和人民，向世界庄严宣告："经过全党全国各族人民持续奋斗，我们实现了第一个百年奋斗目标，在中华大地上全面建成了小康社会，历史性地解决了绝对贫困问题，正在意气风发向着全面建成社会主义现代化强国的第二个百年奋斗目标迈进。"全面建成小康社会，是中国共产党历史、中华人民共和国发展史、中华民族复兴史上的一个重要里程碑。在中国共产党成立 100 周年这个重大而庄严的日子里，习近平总书记宣告"全面建成小康社会"第一个百年奋斗目标圆满实现，具有重大的世界影响和国际意义。

（1）中国共产党将"小康"从理想变为现实。"小康"一直是中国人民千百年来孜孜以求的一个美好梦想。无论在落后的农耕文明时代，还是在积贫积弱的近代，小康对百姓来说，都只能是遥不可及的奢望。只有在中国共产党的领导下，这一梦想才逐渐从理想变为现实。"全面建成小康社会"，标志着中国共产党向全国人民交出了一份彪炳史册的答卷，兑现了"把人民对美好生活的向往作为奋斗目标"的承诺，中国发展和人民生活水平跃上了新的台阶。

（2）"全面建成小康社会"，是迈向中华民族伟大复兴的关键一步。"小康梦"是中国梦的阶段性目标，没有全面小康的实现，民族复兴就无从谈起。如期全面建成小康社会，为中国共产党实现第二个百年奋斗目标和中华民族伟大复兴中国梦，奠定了坚实的物质基础和精神根基，在中华民族文明史上具有重大意义，实现了从大幅落后于时代到大踏步赶上时代的新跨越。

（3）"全面建成小康社会"，是对人类社会的伟大贡献。一个有着14亿多人口的世界大国全面建成小康社会，是人类发展史上的伟大壮举，使得世界上人均国内生产总值超过1万美元的人口数量翻了将近一倍，充分彰显了中国特色社会主义制度的强大生命力和巨大优越性。全面建成小康社会的理论和实践，深化了对社会主义本质的认识和理解，开拓了社会主义发展新境界，使科学社会主义在21世纪的中国焕发出强大生机活力。全面建成小康社会的成功探索，拓展了发展中国家走向现代化的路径，给世界上那些既希望加快发展又希望保持自身独立性的国家和民族提供了全新选择，为解决人类问题贡献了中国方案、中国经验和中国智慧。

四、如何理解中国式现代化的内涵？它的本质要求是什么？

党的二十大报告阐述了中国式现代化的中国特色和本质要求，强调以中国式现代化全面推进中华民族伟大复兴。

中国式现代化，是中国共产党领导的社会主义现代化，既有各国现代化的共同特征，更有基于自己国情的中国特色。一是人口规模巨大。我国14亿多人口整体迈进现代化社会，规模超过现有发达国家人口的总和，艰巨性和复杂性前所未有，必须保持历史耐心，坚持稳中求进、循序渐进、持续推进。二是全体人民共同富裕。共同富裕是中国特色社会主义的本质要求，我们坚持把实现人民对美好生活的向往作为现代化建设的出发点和落脚点。三是物质文明和精神文明相协调。物质富足、精神富有是社会主义现代化的根本要求，我们不断促进物的全面丰富和人的全面发展。四是人与自然和谐共生。人与自然是生命共同体，我们坚定不移走生产发展、生活富裕、生态良好的文明发展道路。五是走和平发展道路。我国不走一些国家通过战争、殖民、掠夺等方式实现现代化的老路，我们在坚定维护世界和平与发展中谋求自身发展，又以自身发展更好地维护世界和平与发展。这五个中国特色，充分彰显了中国式现代化扎根中国大地，切合中国实际，体现了社会主义建设规律，体现了人类社会发展规律，为人类实现现代化提供了新的选择。

中国式现代化的本质要求主要体现在9个方面。一是坚持中国共产党领导，这是对中国式现代化领导力量的本质要求，是中国式现代化最鲜明的特征和最突出的优势，是推进中国式现代化必须坚持的最高原则。二是坚持中国特色社会主义,这是对中国式现代化社会制度的本质要求,是中国式现代化同西方现代化道路的根本区别。三是实现高质量发展,这是对中国式现代化经济建设的本质要求。四是发展全过程人民民主,这是对中国式现代化政治建设的本质要求。五是丰富人民精神世界,这是对中国式现代化文化建设的本质要求。六是实现全体人民共同富裕,这是对中国式现代化社会建设的本质要求。七是促进人与自然和谐共生,这是对中国式现代化生态文明建设的本质要求。八是推动构建人类命运共同体,这是对中国式现代化对外交往的本质要求,彰显中国式现代化开创了通过合作共赢实现共同发展、和平发展的现代化发展模式。九是创造人类文明新形态,这是对中国式现代化文明形态的本质要求,彰显中国式现代化拓展了发展中国家走向现代化的途径,为解决人类问题贡献了中国智慧和中国方案。这9个本质要求,是对我国社会主义现代化建设长期探索和实践的科学总结,是对世界现代化理论的重大创新。

延伸阅读文献

1. 习近平:《决胜全面建成小康社会 夺取新时代中国特色社会主义伟大胜利——在中国共产党第十九次全国代表大会上的报告》(2017年10月18日);《中华民族伟大复兴历史进程的大跨越》(2020年10月29日);《中共中央关于党的百年奋斗重大成就和历史经验的决议》(2021年11月8日)、《高举中国特色社会主义伟大旗帜 为全面建设社会主义现代化国家而团结奋斗——在中国共产党第二十次全国代表大会上的报告》(2022年10月16日)

2. 中共中央宣传部:《习近平新时代中国特色社会主义思想学习问答》,学习出版社、人民出版社,2021年2月版

3. 中共中央党史和文献研究院编:习近平《论中国共产党历史》和《毛泽东 邓小平 江泽民 胡锦涛关于中国共产党历史论述摘编》,中央文献出版社,2021年2月版;《中国共产党简史》,人民出版社、中共党史出版社,2021年2月版;《中华人民共和国大事记(1949年10月至2019年9月)》,人民出版社,2019年10月版;《中国共产党一百年大事记》(1921年7月至2021年6月),人民出版社,2021年7月版

4. 本书编写组:《党的二十大报告辅导读本》(人民出版社,2022年版)、《党的二十大报告学习辅导百问》(党建读物出版社、学习出版社,2022年版)和《二十大党章修正案学习问答》(党建读物出版社,2022年版)

开放教育融媒体教材

中国近现代史纲要
学习指导

登录"开放云书院"获取更多助学/助考数字资源

1/下载 扫描本书二维码下载安装开放云书院App

2/注册 使用App注册账号或登录网站注册账号 http://ysy.crtvup.com.cn

3/使用 打开App，单击首页左上角的 图标，再次扫描本书二维码获取资源

注：本二维码资源仅限绑定一个账户　　服务电话：010-68182532　　微信服务号：ysymedi

· 本资源2023年修订 ·

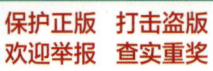
保护正版　打击盗版
欢迎举报　查实重奖
举报电话：(010) 68182820
举报邮箱：OUCP@ouchn.edu.cn

http://www.crtvup.com.cn
国家开放大学出版社

ISBN 978-7-304-09464-5

定价：18.50元